U0943634

常春藤之约

（美国）李丽萍

中国文史出版社

谨以此书献给我亲爱的母亲李先荣。您教我懂得了知识的价值,并尽一切努力让我成功完成我的研究生教育。也献给永远离开我们的女儿甜甜。对她的无尽思念都化作了我写作的动力。她用有限的生命教我成为充满大爱的母亲。

常春藤之约

（美国）李丽萍

前 言

美国八所名校组成的常春藤盟校（Ivy League Colleges）分别为：布朗大学（Brown University），哥伦比亚大学（Columbia University），康奈尔大学（Cornell University），达塔矛斯学院（Dartmouth College），哈佛大学（Harvard University），普林斯顿大学（Princeton University），宾西法尼亚大学（University of Pennsylvania），耶鲁大学（Yale University），加上斯坦福大学（Stanford University）和麻省理工学院（Massachusetts Institute of Technology）。十所大学已经成为世界顶尖学府的象征，代表着美国的优秀教育。

进入这些著名的常春藤大学学习，是美国乃至世界高中毕业生的梦想。在美国的华人父母们，常将子女努力进入常春藤盟校的过程称为“爬藤”。而对在世界名列前茅，被人们称之为“金藤”的宾夕法尼亚大学沃顿商学院更是趋之若鹜。

最近几年，由于申请人数不断增加，常春藤盟校的录取率已降至历史新低，据2015年《纽约时报》公布的统计数字，常春藤各校平均录取率已降至申请人总数的8%以下，可见竞争之激烈。想进入以美国常春藤为代表的顶尖名校，要靠学生自己的努力，靠自己拼，同时，也要靠家长投入大量的人力、精力和财力。如果孩子未来的目标是这些名校，家长就要早做准备，提早做好各项规划，按照一流大学选拔人才的标准来培养孩子。

父母都希望能给自己的子女最好的教育，给孩子美好的未来。然而，教育是一个长期的、系统的工程。一个积极的、充满个性、阳光向上全面发展的孩子，不是短时间内能够突击培养出来的，是父母和孩子长期共同努力的成果。

2014 年春天，美国大学录取结束，我的儿子王天伟被美国几所常春藤大学和其他著名大学录取。最终，他选择了宾夕法尼亚大学的沃顿商学院，作为他未来四年学习生活的学校。儿子进入了他梦想的学校。回顾这十几年陪伴儿子共同走过的风雨之路和奋斗历程，不仅感慨万千。儿子进入大学后，我抽出时间，将自己在这十几年中断断续续的记录，以及儿子的日记做了整理，将自己的亲身经历和感受变成文字写出来，希望能给华人家长及学生以启示。也希望能给学校老师提供一个窗口，以此了解美国学校的教育经验。为更多的华人子女进入美国一流大学提供参考。

我和我丈夫现居住于美国纽约，是那种极典型的、保留着中国传统和文化的普通三口之家。我和我丈夫都是在中国完成了大学教育，是中国改革开放之后的早期赴美自费留学生。我们没有在美国接受基础教育的经历。在儿子出生之前，我们对美国的小学、中学及高中教育体制并不了解，更不知道如何为大学申请做准备，也不知道美国大学的入学标准是什么，美国大学是如何录取学生的。儿子出生后，随着孩子年龄的增长，我们才有机会接触到了美国的基础教育。美国基础教育自幼稚园（学前班）开始，直到高中结束。在十三年的教育过程中，学校和教师更注重将学生培养成有独立思考能力，具有批判性思维能力和有创新精神的“人”，而不是对学生进行简单的教授和知识的灌注。

美国的学校和整个社会一样，是在一定规范之内的“自由发展和开放”，教育自始至终都贯穿着对人性的尊重。儿子将我们带入了美国的学校，让我们和他一起，在美国经历了从幼稚园到大学的完整过程。我们边看边学习，边探讨边摸索，逐渐熟悉了这个对我们完全陌生的基础教育体系。在这期间，为了了解美国的学校，我常常花时间“泡”在图书馆和书店里，查阅了大量的中英文资料。凡是与儿童教育有关的资料和报道我都感兴趣，凡是我认为对孩子有帮助的书都买来或借来读。我丈夫更是积极地参与学校的活动和学校事务，从儿子小学一直到高中，他都担任过学校

家长会负责人。正是这种参与意识，让我们在了解学校教育的同时，更多地了解了自己的孩子，有的放矢地对儿子的学业和品格做出正确的判断和指导。儿子也算是很争气，无论是学业，还是课外活动，样样做得很出色。

在儿子申请大学的过程中，我们深刻地体会到，美国顶尖大学对人才的选拔标准是极其严格的，其录取标准与世界其他国家的名校相比，有很多不同之处。他们在录取学生时精挑细选，挑选那些他们认为最好、最优秀、最符合他们要求的学生。他们的学生考试分数可能不是最高的，但却可能是最有潜力、毕业后能为社会做最大贡献的人。可以说，名校对学生的要求，就是未来世界对精英人才的素质要求。名校的录取标准似乎有些神秘，有点让人捉摸不透。但是，任何事物无论它怎样神秘，只要认真研究，都有它的规律可循。每一年，都有无数美国本土和来自世界各国的申请人，竞争这些为数不多的、进入美国常春藤名校的门票。可以说，每一位申请人都是非常优秀的，都希望自己被选上。但最终，只有极少数幸运的学生能够争取到这极小的机会。儿子是幸运的。

儿子得益于美国这种先进的教育体制，在学校、家庭和社会良好的环境中健康地成长。下面我将儿子的成长历程奉献给读者，希望这些经验和经历，能对那些在中国的父母了解美国的教育有一点点的帮助。

2014年3月27日下午五点左右，我正在厨房里做饭。突然，儿子从他的书房里冲了出来，对着我大声地喊道："I am admitted by Wharton, Mama！妈妈，我进去沃顿了！我进去了！"儿子一边喊，一边高兴地紧紧抱住了我。一瞬间，我看到泪水从他的脸上流了下来。儿子哭了。听到这突如其来的好消息，我也激动得说不出话来，拥抱着儿子，眼泪也止不住地流淌下来。"金榜题名时"，自古以来就被中国人视为人生几大幸事之一。十多年的时间，为了这个梦想的结果，每一天我们都没有放弃过努力。在经历了无数的艰辛之后，我们终于盼来了这期待以久、令人激动的好消息。酸甜苦辣，难以言表的感情一齐涌上了心头。

儿子平息了一下情绪，返回自己的书房，从计算机里将录取通知书打印出来拿给我看，他自己也坐下来反复地读着。大学申请有了可喜的结果，应该高兴才对，可我的心情却怎么也平静不下来。

宾夕法尼亚大学（The University of Pennsylvania）是美国建国前就建立的几所大学之一。是由美国国父之一的本杰明·富兰克林（Benjamin Franklin）于1740年创建的。历经275年历史，学校为美国和全世界培养了无数的精英人才，成为美国著名的常春藤盟校之一（据统计，全世界亿万富翁中，有25位本科就读于宾大，位于世界之首。与它相接近的是哈佛大学22位。紧随其后的是耶鲁大学20位）。而沃顿（Wharton School of Business）又是这座宝塔尖上的一颗明珠。它是美国第一所大学商学院，也是世界最著名的商学院之一。多年来，它的本科生和研究生教育都是全美无可争议的第一名。2016年美国总统竞选人之一、亿万富豪川普（Donald Trump）和具有“股神”之称的巴菲特（Warren Buffett）都就读于此校。它是无数学子梦寐以求的学校，也是竞争最激烈的学校之一，即使在儿子就读的著名纽约市亨特学院高中，每年也只有一两名学生被录取。能够在激烈的竞争中脱颖而出，可以说是有“运气”的存在，但更重要的还是申请人的表现和实力。这是儿子多年努力的结果。

目录 CONTENTS

儿子的童年 / 1
倔强的个性 / 6
在纽约上幼儿园 / 8
五彩缤纷看世界 / 14
爱问问题的孩子 / 17
不容忽视的学前教育 / 19
认真每一天,扎实打基础 / 23
培养课堂参与意识 / 25
小蚂蚁引发思考 / 28
竞争天才班 / 30
亲历美国天才教育 / 33
有趣的英文教学 / 36
学做第一个科学小项目 / 39
写作训练从小抓起 / 41
动脑筋的趣味数学 / 45
第一本纪念册 / 47
竞选学生会理事 / 50
第一个生日聚会(Party) / 52
获小学毕业第一名奖 / 54
注重情商培养 / 58

父母的参与和榜样 / 63
营造学习环境 / 70
学校里的素质教育 / 72
激发孩子内在动力 / 74
防止网瘾 / 77
如何培养阅读习惯 / 81
记日记 / 86
美国基础教育概述 / 91
坚持不懈的体能训练 / 95
好习惯受益一生 / 101
交谈是最好的教育方式 / 104
学习美国妈妈,培养自立精神 / 108
做有责任感的人 / 111
一个温暖的家 / 117
陪儿子学中文 / 122
平淡的生活 / 125
去曼哈顿读中学 / 130
上学途中 / 134
竞争激烈的纽约亨特学院高中 / 139
参加美国天才搜寻项目 / 142
挫折面前,越战越勇 / 144
提早准备大学申请 / 148
不得不打的疲劳战 / 152
标准化考试 / 155

高中选课 / 158
课外活动 / 161
顽强的拼搏精神 / 163
六岁开始音乐教育 / 168
选钢琴老师的风波 / 171
曼哈顿音乐学院的学生 / 176
高中恋情 / 179
社区服务收获大 / 183
暑期活动规划 / 186
美国国会金奖 / 190
美国数学竞赛(AMC) / 193
美国国家优秀奖 / 195
备考 SAT / 197
捷报频传 / 200
免费 SAT 辅导班 / 202
大学申请论文 / 206
选专业的冲突 / 212
细节决定成败 / 215
个人简历 / 217
推荐信的重要性 / 219
补充推荐信 / 223
面　谈 / 224
初战失利 / 226
胜利的喜悦 / 229

分享成功经验 / 233
结束语 / 235

附　录

美国大学是如何录取学生的？/ 238
高中四年准备计划 / 267
国际申请人注意要点 / 272
面试中常遇到的问题及回答 / 275
选择大学需要考虑的几个因素 / 287
常用大学搜索网站 / 291

儿子的童年

1991 年 8 月，我丈夫考取了美国亚利桑纳大学的博士研究生，赴美自费留学。第二年的三月，已经获得白求恩医科大学硕士学位、在吉林省医院担任主治医师的我，放弃了国内优越的工作来到美国，与我丈夫团聚。本想来美国继续学习与医学相关的专业，但实际情况却与我的想法完全不同。我们俩只能一人上学，一人必须出去找工作。学校当时为我丈夫提供的是学费全免的奖学金。就是说，除了要交注册费之外，我们不用交学费。这样的优惠条件已经让我们很满足了。没有什么经济来源，迫于生活压力，我只能出去打工，赚取生活费用，支持我丈夫的学业。我曾帮人带过小孩，看护过老人，替人打扫卫生，也去餐馆洗过盘子。那时候，为了赚钱，我经常一天要打几份工，周末常常是两个人都要出去工作，生活很辛苦。

丹丹在宾大创始人本杰明·富兰克林的塑像前

1996 年 6 月 7 日，儿子出生了。小生命的诞生，为我们的艰苦生活带来了无限的生气和希望。我们为儿子取中文名“天伟”，意思是，这是上帝送给我们的礼物。英文名 Dan（丹丹），希望他能健康快乐地成长。

因为我丈夫要上学，我又想去学校修课，我们便将我的父母亲接到美国帮忙照顾儿子。父母来后，为我们承担了几乎所有的家务。阅历丰富的母亲告诉我说：“要给孩子多喂水果，帮助他养成好的生活习惯，水果可以帮助孩子长得高。要多逗孩子玩，多刺激他，让他高兴，对孩子的头脑发育有好处。”这两句话我一直记在心上。我母亲当时还比较年轻，经常抱着他又唱又跳地玩儿，和他说话。丹丹也很活泼、爱笑，只要有人逗他，就咯咯咯大声地笑。同住在一个小区的中国留学生曾对我说：“常常听到你们孩子在笑，很远就听到了。”

正确的抚养方法的确能够对孩子产生积极的影响。丹丹的性格很开朗，生活和饮食习惯也很好，从不挑食，不爱喝含糖饮料，水果是他最爱吃的。自从上了小学，每天放学回来不是先吃饭，而是要先吃一碗水果。在孙辈中，丹丹是姥姥姥爷最疼爱的，也是他们认为将来最有出息的。同他在一起时，姥姥总是像对待大人一样和他说话。只可惜两年前，母亲因病去世，没能实现最后见外孙一面的愿望，在我的心中留下了永远的痛。

同外祖父、外祖母在拉斯维加斯

丹丹小时候就很有个性，但是很好带。只要吃饱了便睡，醒来不哭不闹，逗他玩，他就会咿咿呀呀地和你说话。儿子长得很结实，很少生病。喜欢玩汽车和恐龙等动物玩具，不论走到哪里，手里都握

着个玩具小汽车，每次带他出门，如果忘记了拿玩具车，都要爸爸返回家里给他取来。直到今天，我们家的车库里仍然保留着一纸箱袖珍玩具车，搬了几次家也舍不得扔掉。

儿子在十个月大时便会走路。只是比其他同龄的孩子说话晚一些。两岁半以前，他只会说“爸爸”，连妈妈都很少叫，常常用点头、摇头来表达他的思想和要求。他似乎正在静静地观察着这个世界。儿子的安静让我有点儿担心。我曾经问过我母亲：“孩子这么大了，还不会说话，会不会有什么问题?”我母亲反问我说：“你看他这么灵敏的反应，会有问题吗?别着急，我们再等一等。”

丹丹很注意观察大人的行动。姥姥带他在小区的院子里玩儿，他会经常回头看看，如果看到姥姥离他远了，他就不再继续跑，停下来等姥姥。有时和邻居的小伙伴在一起玩儿，跑得稍微远了点，只要是姥姥在后面一喊，他就立刻停下来等着。

两岁半的一天，我们全家开车去拉斯维加斯旅游，路上经过一座桥时，儿子突然开口说道：“过了一个桥，又过了一个桥。”我们所有在车上的人都非常惊讶，也非常高兴。儿子终于会说话了！而且是出口成句。此后，他便喜欢模仿大人说话，你说什么，他就学着说什么，很快便什么话都会说了。

同所有的孩子一样，丹丹小时候也有一些玩具。但玩得最多、最喜欢的是微型玩具车、堆积木和摆拼图游戏。我们从最简单的动物、水果拼图开始，锻炼儿子的耐心和注意力。只要把那些拼图倒在地板上，将图片混合在一起，儿子就会趴在地上，聚精会神地把那些碎图板重新放回原处，摆好后还要用小拳头砸一砸。过一段时间，见儿子玩熟了，玩会了，我们就去买些新的、更复杂的来摆。有一次，邻居一个比他大一岁的女孩儿来家里玩，两人一起摆拼图，女孩儿摆了一会儿就没了耐心，站起来去玩别的玩具了，丹丹抬头看了看，没有说话，低头继续做自己的，直到最后将整个图案拼完。

玩沙坑是美国孩子的传统活动之一。为了我丈夫上学校方便，我们一直租住在大学附近的小区里。我们住的连栋屋后面，就有一个供孩子们玩儿的大沙坑，每天放学后，都有一些孩子在那里玩儿。孩子们在沙坑里玩

尝试一下流水的感觉（在美国西部开发博物馆）

儿完了，玩具汽车、铲车、小桶小锹等是不拿回家的，无论是谁，都可以用这些玩具玩儿，在这样的沙坑里，孩子们慢慢地学会"分享"。沙坑也是儿子小时候在美国西部的家里最喜欢去的地方。儿子在那个沙坑里玩耍，在同小朋友玩的时候，学习了生活的智慧，也学会了同别人分享自己的玩具。

小时候的儿子比较安静，不吵也不闹，常常能够集中较长的时间和注意力去玩一件玩具。除了摆积木和拼图，还喜欢翻看那些五颜六色的儿童图书，常常拿来书要你给他读。每天晚上睡觉前，我必须要先准备好一本书，等洗完澡上床后读给他听，一直到他睡着为止。经常是一本书反复多次地给他读。记得那时候，他最喜欢听的一个故事叫 *Doctor Dan*，只要看我闲下来，就把书塞到我手里，要我给他读。同样的故事，讲得我都有些不耐烦了，可他还是听不够。后来，在回中国探亲时，我还特意买来中文的《世界童话故事》、《中国寓言故事》等书，有时间就看一看，看熟，记住了，准备好睡觉前给儿子讲。睡前读书、讲故事的习惯一直坚持到儿子上了小学，八九岁之后。

丹丹说话不太多，更不会调皮捣蛋。他可以安静地听你讲话，并且按照你的要求去做，从来没有大哭大闹过。我们当时租住的是一座二层楼的房子，有楼上和楼下。有一次，我看到刚刚一岁多的儿子从楼上下来，怕

自己从楼上摔下来，竟然爬在楼梯上，撅起小屁股，一点一点地向后退着下楼。带他去商店买东西，看到喜欢的玩具，他也只是停下来，站在那里多看上一会儿，经常是我们看出来他喜欢，主动买给他。可以说，从小到大，无论是在幼儿园，还是在学校里，儿子从未给我们找过什么麻烦。他十几岁之前，我的感觉都还是：没觉得养孩子有多难。直到他上了高中，进入了青春期以后，很多压力出来了，我才意识到，培养一个好孩子真的很不容易。

现在看见有的孩子不听话，不好管教，让父母担心，我就觉得自己很幸运。感谢上帝对我的眷顾，赐给了我一个好儿子。

丹丹从小就表现出很强的记忆力。一本书给他读过一两次，他就能简单地叙述出来。姥姥从中国带来了两盒中文儿童识字卡片，只教两遍他就能记住。简单的数字和数字的加减法也很快就学会了。开车时走过的一些街道，下一次再经过时，儿子就能准确地说出英文路名。三岁多时，有一次感冒发烧，我们晚上带他去一家医院看病。谁知，过了一段时间，当再次开车经过那家医院时，丹丹突然指着医院大楼，对姥姥说：“这是我发烧的医院。”一句话把大家都给说糊涂了，停了一下，我才想起来，前些天确实是带他来这里看过医生。

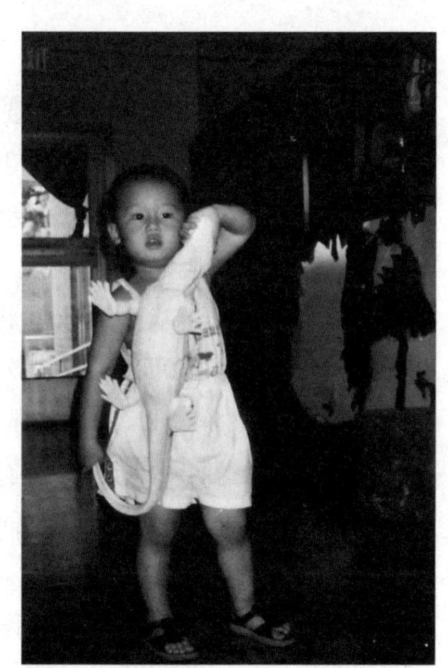
我同鳄鱼比高低

倔强的个性

丹丹自幼就表现出了倔强和要强的性格。我们当年住在美国西部，那里没有中文电视。为了能让我父母看上中文节目，我们在家里安装了中文卫星有线电视。当时的中国电视台正在转播电视连续剧《西游记》。丹丹非常喜欢看剧中的美猴王孙悟空。每天下午时间还不到，就早早地坐在电视机前等着，并且学戏里的孙悟空，拿着一根拖把棍子，嘴里唱着："你挑着担，我牵着马，迎来春风，送走晚霞……"还告诉我们："你们谁都不能唱，这是我的歌儿。"每天都拎着根棍子，吃饭也拎着，睡觉要把棍子放在床旁边。每天晚上睡觉前刷牙，他要跑在最前面，嘴里还要说："我先刷，我先刷。"现在，有时候同他讲起小时候这些有趣的故事，他也和我们一起大笑。

在我和我丈夫不上课、不工作时，我们就带上父母及儿子去运动场、公园、博物馆玩。儿子两岁多时，有一次带他去商店购物，在玩具部见到儿童自行车，我就把他抱上去让他试试看。没有想到，在我的帮扶下，他竟然能够把它骑走。于是，我们决定将自行车买下来。回家后就在院子里练习骑。刚开始还需要大人扶着走，很快他就会自己骑车在院子里跑了。丹丹还特别喜欢踢球，常和他爸爸在小区的球场里，或附近的公园踢足球。有一天傍晚，我丈夫要去学校写论文，丹丹却拦着他不让走，说："不行！踢一百个球再走！"我丈夫只好留下，陪他踢几个球才能走。

丹丹在四岁前由姥姥姥爷带，所以不会说英文。姥姥使用中国传统的

启蒙方法，教外孙唱中文歌，认中文字，学数字，背唐诗。尽管由于语言环境的原因，这些唐诗、中文字和中文歌后来都被他忘记了，但是，对丹丹早期的智力开发也起到了一定的作用。

我是孙悟空

2000 年 5 月，姥姥姥爷要回中国了。我要去工作，我们只好将快到四岁的儿子送去幼儿园。因为英语既不会听，也不会说，刚开始还哭闹过。但只要我们一离开，他就不哭了，乖乖地跑去和其他小朋友玩。

同年 5 月，我丈夫拿到了博士学位。8 月，又获得了图书馆硕士学位，并且顺利地在纽约市找到了工作。2000 年 8 月下旬，我辞去了在当地一家医院实验室的工作，带上刚刚熟悉了幼儿园的儿子，全家开车去了纽约。到达纽约的第二天，我丈夫便去工作单位报到了。

我们从相对偏远安逸的美国西部，来到繁华的世界之都纽约，虽然同为美国，但还是感受到了巨大的变化。曼哈顿高耸的摩天大厦，经常被堵塞在公路上的汽车长龙，如潮水般的人流，通宵闪烁的霓虹灯，让人感觉仿佛置身于地球之外的什么地方。由于短期内很难找到合适的住房，无奈之下，我们只能临时租住在我丈夫一位同事家楼上的一间屋子里。

我们原本以为，这只是个临时的住所，几天后就能找到房子搬出去。没想到，因为环境生疏，我丈夫工作又忙，根本没有时间出去找房。就这样，在这个只有 20 平方米的小屋子里，我们一家三口一住就是两个多月。我不想耽误孩子的时间，只好让我丈夫从图书馆借来一些儿童图书，每天在家里给他读书，教他一些简单的数字，讲故事，看电视，或者带他去附近的公园散步游玩。

直到两个多月后的 10 月，我们才终于在纽约市的皇后区找到房子搬了出去。

在纽约上幼儿园

待一切安顿好后，我又在纽约市皇后区的一家医学中心实验室找到了一份半职工作，上早班。每天早上，凌晨四点多我就开车去工作，中午之前回家，下午可以照顾儿子。丹丹也有了新的学校。

在我们租住的房子旁边，就有一所幼儿园——苹果树幼儿学校。这是一间私立学校，校长是一位和善的白人女士。儿子的新老师是一位从事幼教多年的白人苏珊太太（Susan）。

2000 年 10 月末的一天，儿子终于能去幼儿园了。金秋十月的纽约很美丽。天气已经转凉了，街道两旁的树变得一片金黄，地上也积了厚厚的树叶。我们在幼儿园办公室里办完了入学手续，将儿子送到苏珊老师班里。面对生疏的环境，儿子紧张地四处张望着。热情的老师迎了过来，将儿子拉进自己的怀里，和他轻声地交谈，又让班上几个小朋友带他去玩儿。儿子很快就消除了恐惧感，不再理睬我们，高兴地和小伙伴玩去了。

同世界上的所有国家一样，美国的幼儿学校是对孩子最初的启蒙教育，是未来教育的基础。幼儿园的教学重点不是简单地传授知识，而是要开启孩子智慧的大门，引领孩子认识这个多姿多彩的世界。为了吸引儿童的注意力，也为了引起孩子对学习的兴趣，这里每一间并不太大的教室，都用气球、彩纸和图形、图片、玩具做装饰，显得丰富多彩，让人感觉像进了彩色的梦幻世界。

幼儿园老师先教孩子们认识图形，颜色，认识人，动物，甚至是自己

在幼儿园和老师及小朋友做游戏

的身体。有一次丹丹放学回家，拿回来一张他在课堂上完成的画，画的题目是“测量自己”。他测量了自己的头围，腰围，从头顶到脚趾的距离，从脚趾到足跟的距离，老师帮助他把这些数据记录下来，丹丹又将画上的小人儿涂上颜色。这就是一天的主要教学内容。

美国孩子的动手能力强，也是从小开始培养的。在课堂上，四岁的孩子要学会用糨糊、剪刀做手工。如果有小朋友过生日，孩子们要亲手做一顶皇冠帽给小寿星戴上。午餐时，大家还要分享一块生日蛋糕。过万圣节，每个人做一件纸衣服穿上。手工课是幼儿园的主要课程，老师经常将小朋友的活动拍成照片，又将冲洗好的照片发给孩子，孩子们自己做个相框，各自把自己的照片镶在相框里。我家里至今还留着很多儿子在幼儿园时的作品。在图画

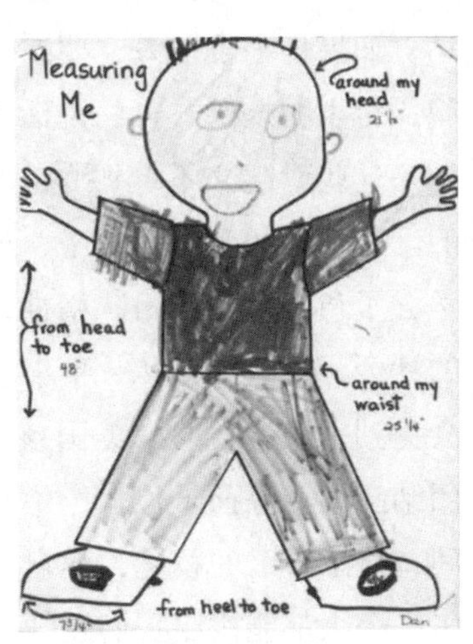

测量我自己

课上，老师不是教孩子如何画苹果，画香蕉，而是要孩子们凭自己的想象随意涂抹。想画什么就画什么，想怎么画就怎么画。下午放学，丹丹常常向我展示他在学校里完成的“作品”，有他自己画的图画，手工剪纸和自己亲手做成的相框等。有一次，看他在纸上乱涂了一气，我实在看不懂他画的是什么，儿子却告诉我说：“这是天上的太阳和云彩。”经他这么一说，我才慢慢地分辨出来。原来，儿童看物体的角度和眼光与成人是不同的，孩子眼中的天空和我们看到的不一样，不能用成年人的标准来评定孩子的对与错。

就是这样看起来有些凌乱的“作品”，老师写的评语却总是：“非常好”“非常棒”。儿子当然也就自豪地向我展示这“非常好”的作品了。

在另一幅画里，丹丹画了一台电视机，下面是一辆奔跑的火车，天空中有太阳和云，画的旁边，有老师写的题名：“这就是我”。儿子用画笔展示出了他自己的生活。丹丹在家里就是常常卧在地上，边玩儿玩具火车，边看电视。四岁多的孩子，虽然还不会使用文字，但却能运用他丰富的想象力，用绘画来准确地述说他每天的生活状况，这个时期的儿童，是用图画代替文字来表达他的思想的。

除了涂抹画画，剪剪贴贴，唱歌跳舞之外，幼儿园里老师还教会孩子最基本的生活常识。例如，要学会与人分享（share），包括自己的玩具，食物；公平地玩游戏；不能打人骂人；诚实不说谎；不是自己的东西不能动；如果伤害了别人，要赔礼道歉；要保持整洁，物归原处。待人要有礼貌，对小朋友要友善，说话要用“请”“对不起”“谢谢”“请原谅”等词。这些看起来不起眼的生活习惯和常识，是每一个孩子都要受用终生的。在很多的生活常识中，最为重要的是“分享”。孩子学会了与人分享，学会了与人合作和团队精神，也学会了善良。在美国这个文明程度比较高的社会，那些太自私、事事为自己打算、只知索取、不愿付出的人，是不会受到别人赞赏的。美国孩子从小就被老师和父母教会与朋友分享玩具，团结互助。等孩子长大，中学时期，就开始去社区做义工，奉献自己的时间，贡献自己的技能，尽自己的力量去帮助别人。在我们成人之后，如果每一个人都能按照我们在幼儿园里学到的这些品德去做，这个世界将会变得多么美好。

幼儿园里的孩子还要学会保护环境，不乱丢垃圾。吃饭用过的餐具、玩儿过的玩具都要自己清理干净。在行为规范之内，美国的教师又非常尊重孩子的个性和他们的想象力。孩子们可以自由自在地做他们喜欢做的事。折纸，画画，涂鸦，想干什么都行。写什么，画什么都很随意。孩子画完画，常问老师的一句话是："好不好?"而不是："像不像?"听到的回答也总是："太好了。"老师不教如何画画，也不会批评孩子画得不好，不像，更不用成年人的标准去纠正。这种鼓励式教学法极大地保护了儿童的积极性，保护了儿童的想象力和创造力，让每个孩子的聪明才智得到充分的发挥，每人都有不同的思想、特点和个性。不会变成"小大人"，也不会变成别人说什么就做什么的"机械人"。

从儿子的幼儿园里，我了解了一些美国的幼儿教育之后，慢慢地理解了这种教育方法的好处。美国的儿童启蒙教育不是教幼儿读书识字，而是教孩子们认识世界，认识环境，认识自我。训练孩子自我管理和自我约束的能力，教孩子做人要遵守的行为准则和生活中的基本常识。这种尊重人性、尊重儿童成长客观规律的教育，对孩子未来的发展有极大的好处。

美国五岁以下孩子的主要任务就是玩儿，即使是上了小学，很多时间也是玩，孩子在玩中学习到很多知识，不会对以后的读书学习产生厌倦。人到了什么年龄，就应该做这个年龄阶段需要做的事情。太过急功近利，恐怕会事与愿违。

从出生到学龄前的最初启蒙教育，无论是在家庭，还是在幼儿园，儿子接触到的都是正面的、启发诱导和鼓励式的教育。在充满了爱的环境里成长，让他幼小的心里也充满了爱：爱父母，爱老师，爱他人，爱学校。为他后来人格的培养和健康成长奠定了极好的基础。

在写这段文字时，我看到美国中文电视台播出的一条消息：说现在中国的很多父母怕孩子"输在起跑线"，已经把小学一二年级的语文、数学和英语课本搬到幼儿园来上了。很多家长在选择幼儿园时，还把是否提供这些课程作为一条标准来考量。我听到后感到很不安。家长望子成龙，心情迫切可以理解，但做事不能违背客观发展规律。对儿童的启蒙教育无可非议，可是，智力启蒙并不等于简单的知识灌注。看书识字的多少不能作为儿童智力的测量标准。学龄前的孩子能够集中注意力的时间很短，对文字和数字等生硬死板的东西不会有太大的兴趣，强行灌输有可能伤害孩子对未来学习的兴趣，降低学习的积极性，还有可能限制了幼儿思维的自由发展。这样教出的孩子，小学一二年级可能还不错，再往上读，就不一定有优势了。升入小学后，还要重复在幼儿园里已经学习过的知识，儿童没有了新鲜感，如果再养成上课不专心的不良习惯，对以后的学习就更加不利了。如果照这种教育方式以此类推，幼儿园的孩子要学习小学的课程，进了小学后要学习中学的课，等孩子上了大学，难道还要补教在幼儿园里就应该学习的基本行为习惯和礼仪教育吗?

现代科技的进步，为我们带来生活便利和物质享受的同时，也给我们带来更多的忙碌和焦虑。父母们又常常将这种情绪传染给我们的孩子，让他们从小就在忙碌中生存，在焦虑中成长，甚至学习知识也带有强烈的功利心。幼儿园里的孩子做游戏都要比个谁是第一名，老师和家长还给这种现象冠了一个好听的名词——“从小培养竞争意识”。在这种由大人们创造的竞争环境中，孩子们没有时间与同伴玩游戏和思考，没有时间享受他们的童年，没有机会发现自己的激情所在，更别提培养合作精神了。

十多年前的夏天，丹丹五岁时，我带他回中国探望祖父母，住在我父母家。在母亲居住的军区干休所大院里，一到了傍晚，很多孩子都在院子里玩耍，熙熙攘攘很热闹。可是在白天，这里却非常安静。我很奇怪地问母亲：“放暑假了，那些孩子白天都去了哪里?”母亲告诉我：“这些孩子都很忙，暑假里都有很多辅导班要上。”我发现，我的儿子在这个大院儿里，白天是找不到玩伴的。就连亲戚的孩子都不能陪他玩儿。钢琴课、英语辅导、绘画课、芭蕾舞课、奥数辅导，把大部分孩子的暑假时间塞得满满的。只有两三岁大的孩子就开始学习音乐课程或英语练习了。和这些孩子相比，儿子的童年是轻松快乐的。

丹丹白天在幼儿园里几个小时，下午回家后，我就给他一些幼儿读物让他自己翻看。考虑到孩子要上学了，就教给他一点简单的数学计算，但数量是非常有限的。做完之后就看电视里的儿童动画片，跟着电视学习英语。电视里播放的美国著名的动画片：《大红狗》（Clifford the Big Red Dog）[①] 和《卡尤》（Caillou）[②]，《弗兰克林》（Franklin）[③]，都是他喜欢看的。丹丹小时候很多英语就是这样，跟着电视机学会的。

前些天，我在家里看电视，意外地调到了儿童台，那里正在播放动画片《卡尤》，我还看了一会儿。想起十多年前，这是儿子最爱看的，十多年后还在播放。很多经典的影视作品被一批又一批的儿童所喜爱而经久不衰，成千上万的孩子是看着它们长大的。它用最简单的儿童语言，把生活常识、为人处世的基本哲理和一些科学知识传授给孩子。如果生活在中国的孩子，也能看上这样的原版英语动画片该有多好啊。

丹丹喜欢看动画片，后来又收集了很多著名的儿童系列动画片和儿童电影，这些影视作品大多是在商店减价时购买的。作为纪念，一直保留着。

---

① Clifford the Big Red Dog is an eponymously titled American children's book series about a big red dog named Clifford. His human and animal friends adventure in Birdwell Island, where good times and good friendships are always the order of the day (as are lessons in life for children ages 3 to 7).

② Caillou is a Canadian educational children's television series that was first shown on Télétoon and Teletoon, with its first episode airing on the former channel on September 15, 1997; the show later moved to Treehouse TV, with its final episode being shown on that channel on October 3, 2010. The series is based on the books by author Christine L'Heureux and illustrator Hélène Desputeaux. It centers on a 4 - year - old boy named Caillou who is fascinated by the world around him.

③ The TV series is based on the popular children's books. It is about a turtle named Franklin. Each episode has a story of Franklin and his friends. The children will meet his parents, Bear (his best friend), Goose, Beaver, Rabbit, Mr. Owl, Badger and Snail along with other animal friends. Children will follow the adventures of Franklin as he learns about the world around him, and how to be an honest turtle with good character.

五彩缤纷看世界

纽约是世界级大都市，聚集着来自世界各国的人，是全世界多种族文化的聚居地。同时，纽约又是一座充满了挑战、生机与希望的城市。纽约有着最丰富的教育资源，有庞大又方便的公共图书馆系统，现代化的大书店，也有世界顶级的博物馆。即使是人们每天乘坐的地铁，也是世界上最古老、最发达、最拥挤繁忙的。几乎每一个地铁车站，每一座古老的建筑，都有它们自己的历史故事。我们能够幸运地来到纽约，就要抓紧一切机会，充分利用这块稀少的世界文化资源宝地，最大限度地开拓儿子的视

世贸中心双子塔前留下一张珍贵照片

野，用大量的信息来丰富儿子的知识和见识。

丹丹小时候，节假日和休息日，我们很少待在家里。在我和我丈夫都休息的周末，我们就带上水和午饭，乘地铁去曼哈顿，去书店或是博物馆，一待就是一整天。在书店里，我们每个人都依照自己的需求，找自己喜欢的书，坐在那里慢慢地读。也让儿子随意地翻看儿童图书，参加书店里为幼儿组织的故事会。在书店里，常有孩子坐在地毯上看书，儿子也学他们的样子，坐在地上看书。我们带他去博物馆看世界各国的历史文化遗产。去动物园、植物园看那些有生命的小精灵。看植物、动物和恐龙化石标本。开春时节，我们带儿子去曼哈顿中央公园赏樱花，同儿子躺在草地上，一起看蓝天白云，听中央公园里免费的露天音乐会。参观著名的纽约帝国大厦、联合国总部和世贸中心，等等。冬季的感恩节和圣诞节里，我们常带儿子去看曼哈顿美丽的节日夜景，看布置在洛克菲勒中心漂亮的圣诞树和商店的节日橱窗。在那些多彩艳丽的展览橱窗前，常常吸引着很多孩子顿足观看。我们也带儿子去洛克菲勒中心的露天冰场滑冰。

到儿子再长大一些，能理解和领悟更多的知识了，我们就尽可能多地带儿子参观美国名人博物馆和故居，例如，参观美国著名作家马克·吐温故居，美国革命时期著名的乔治·华盛顿养兵之地雾谷、第一艘欧洲移民船在美洲登陆地点，以及美国宪法中心等历史景点。

在这些游览中，丹丹最喜欢去的地方是位于曼哈顿中央公园西部的美国自然历史博物馆，最喜欢看那些巨大的恐龙化石标

在康涅迪格州看水族馆

本。博物馆是我们最常去的地方，每次去都在那里逗留很长时间。有些博物馆太大了，一天看不完，我们就分几次去，每次仔细地看一小部分。儿子喜欢去博物馆的习惯一直保留到他长大。

爱问问题的孩子

在接受了幼儿园的启蒙和大量的外来信息刺激之后，丹丹开始变得爱动脑筋，爱观察思考，喜欢问问题了。比如，带他乘坐地铁去曼哈顿，他就问我们："为什么我们的车在外面的车道上走，有的车在中间的车道走？在中间走的车到车站不停，开得快。为什么我们的车到站要停，中间走的车就不停？"他总是有一大堆类似的问题要问你。对他提出的很多"为什么"，有些问题我们也回答不出来，有些要认真地想一想才做出回答。并且尽量用比较简单的方式，或者他能够理解的语言说出来，直到儿子听懂为止。有时候，我又故意把他提出的问题延伸一点，借机会向他讲更多的知识。

父母在孩子提问时，要认真、耐心、老实地回答孩子的问题，不知道就告诉孩子你不知道。既不能简单生硬地把他顶回去，也不能没有理由地乱说一气。这个时期的孩子对父母是非常信任的，你说的他都会相信。提问题说明孩子动脑思考了，是有求知欲望的表现，这种欲望应该受到保护和赞赏。如果家长的回答太过简单或者没有耐心，下一次他就不再问了。在不知不觉中，伤害孩子思考和提问的积极性，降低了孩子的求知热情。

经过七个多月幼儿园的学习，丹丹的英文进步很快，为他日后上小学奠定了基础。幼儿园的老师看到我，经常说的一句话就是："丹每天都有进步，每天都在学习新东西。"幼儿园毕业前，Susan 老师分别将班上每个孩子做得好的作业，以及记录着孩子们活动的照片等，装订成册，送给每位家长。我们至今还保存着这份珍贵的记念，也永远感谢在儿子成长路上给予他帮助的第一位启蒙老师。

2001 年 5 月，丹丹在苹果树幼儿学校毕业。六月份的暑假，我带他第一次回中国探亲。在儿子的眼中，中国是如此的陌生和新奇。纽约飞往北京的飞机上，儿子就问了我无数个“为什么”。在北京一下飞机，他就又问我：“妈妈，为什么中国人长得都一样呢?”（美国是一个种族、肤色多样的国家）“中国有这么多自行车，为什么美国没有呢？为什么有这么多人骑自行车呢？一定是自行车比赛!”看到交通路口，有人举着小红旗在指挥交通，丹丹又自己给自己解释：“你看，就是比赛！这个人是第一，那个人是第二。”他的话把周围的人都逗乐了。

回到家里，有一次，很多亲戚聚在一起吃饭。丹丹钻到桌子底下，蹲在那里看了一会儿，突然冒出了一句：“怎么有这么多的腿呀!”一句话逗得在场的人哄堂大笑。

不容忽视的学前教育

时间过得真快。一转眼，儿子五岁，到了该上学前班的年龄。

在幼儿园过五岁生日

美国教育从小学到大学，基本分为公立和私立两大体系。私立中小学校的价格不菲，学费一年从一两万美元到三万多美元不等。由于私立学校学费昂贵，学生少，班级小，老师对学生的照顾会更好一些，但昂贵的学费却是美国大多数中产阶级和工薪阶层所不能承受的。很多公立学校也提供很好的教育。美国的公立小学按学区划分，各个行政区的自主权比较大。富裕地区和普通地区的地税收入有很大不同。而政府要将地税收入的大部分，用于当地社区的服务设施和学校教育。比较富裕的区域房地产税收比较高，用于学校教育的资金就比较多，学校就能聘请更好的老师，有更多的经费用于课后辅导和教学。这样的学区就被称为“好学区”。而那些普通的或者居民收入比较低的区域，地税收入低，学生的生源和学校教育质量与好的区域相比有着很大的差距。所以，美国各个城市和地区的教育的确存在着不平衡现象。

我们的首选是纽约市的公立学校。

学前班，英语又称 Kindergarten，归属在小学里。按照家庭住址划分，儿子在 2001 年 9 月进入纽约市皇后区 26 学区公立 188 小学的学前班学习。

在皇后区，公立中小学校按区域划分成七个学区，从 24 到 30 学区。26 学区位于皇后区的东北角。它以学生成绩优异而闻名。历届纽约州会考，该学区的成绩都名列前茅，因此也成为纽约亚裔居民比较多的学区之一。26 学区设有两个天才班，每年招收的五十个资优学生，分别放在这两个天才班里。其中的一个天才班就设在 188 小学。如果孩子能考进天才班，将来就有可能升入好的高中，甚至好的大学，既能让孩子接受优质教育，又为家长节省下上私立学校的一大笔费用，是家长们最好的选择。26 学区有 21 所小学。188 小学是这些学校中比较好的学校，学校的毕业率和考试成绩都位于学区的排名之首。尤其是设在该校的天才班，更是很多华人家长竞争的目标之一。儿子所在的学校就有许多华裔学生。有华人的地方，学生竞争力都很大，相伴而来的，是学校周围的房价直线上升。

开学第一天，学校的礼堂聚集了很多学前班的新生和家长。新入学的孩子们被集中在了一起。首先是女校长讲话，致新生欢迎词。然后，学前班的老师过来将学生带走。六十多个孩子被分成三个班。这些五岁多的孩子，面对崭新的环境，一个个都把眼睛瞪得圆圆大大的，紧张而又好奇地四处张望着。我旁边一个胆小的女孩儿，边哭边拉着妈妈的手，说什么也不肯松开。我看到，丹丹虽然没有哭，但小脑袋却伸着，眼睛一直向我们这里张望，很紧张、很无助的样子。我看得心里酸酸的，脑海里突然浮现出我小时候的一些往事。幼年时的我，胆子很小，怕见陌生人。每天上幼儿园都哭哭啼啼不爱去。直到我成年之后，母亲还常提起我儿时的那些事儿。丹丹现在比我小时候强多了。刚想到这儿，看见老师走进来，将学生带出了学校礼堂。儿子跟随老师去教室了。我还站在那里继续张望着不想走。我丈夫拉了我一下，说：“还看什么呢？回去吧！从今往后，就靠孩子自己了。”是啊，孩子大了，总是要离开娘的。现在上小学，将来还要

上大学，工作，生活。今天只是个开始，住后的日子还长呢。当父母的必须学会向后退一步，学会放手，孩子才能向前迈进一大步。

学校下午两点半放学。因为是第一天，我怀着忐忑的心情，早早地等在学校外面。和我一样早到的还有一些家长，大家都怀着同样的心情等在那里。一会儿，儿子班里的学生被老师带出来了。看丹丹表情很高兴，我悬着的心才放下来。

学前班第一天与老师 Mrs Barhunik 合影

丹丹在 188 小学的第一位老师是犹太裔的巴赫尼克太太（Mrs Barhunik），是一位中年教师。她班上有二十几个学生。上课时她坐在前面，旁边放一块小黑板，孩子们则很随意地坐在小椅子上，也有坐在地板上的。教室里同样布置得清新活泼。与先前的幼儿园有些不同的是，每一间教室里都摆放着两排小书架，里面放着不同种类、不同难度的儿童书，孩子们可以按照自己的喜好找书读。美国小学教师的任务很重，既要带班，还要教学。所有科目：英文、数学、科学及社会学，都由一位教师来教。每位教师每年负责一个教学班，第二年，学生升到高一年级时，则由新教师继续接任。学生每年也要重新编班，重新组合。我认为这个制度有很多好处，它让孩子每一年都能接触到新的老师和同学，几年下来，到小学毕业时，能接触到学校所有的教师，也能认识同一个年级所有的同学，交更多的朋友，同时也避免了教师对孩子形成的偏见和印象，让孩子的每一年都是一个新的开始。

学前班的孩子还小，作业需要老师和家长的帮助及配合。每个星期上课的第一天，老师将本周每一天的作业和要求都打印出来，贴在每个学生的本子上。回家后，家长要检查孩子的作业本，按照老师的要求，协助孩子完成作业。学前班的孩子，首先要学的是26个英文字母和100位数字。

认真每一天，扎实打基础

开学的前两天没什么作业。第三天，作业就来了。

学前班孩子的第一个作业，是从认识颜色开始：找出并剪下三个黄色的图片，贴到本子上，写上自己的名字。此后两天，分别剪贴红色和蓝色的图片。第四天，要孩子画一张画，涂上学习过的黄、红、蓝三种颜色。儿子在那一天的作业本上画了一台会吐英语单词的机器，认真地涂上三种颜色，又让我教他，在下面用英语写了“会说话的机器”几个字。

丹丹画的吐词机器

接下来的学习内容和功课量逐渐增加，除了学习颜色，也学习形状。三角形，圆形，椭圆形，正方形，长方形等。这些图形同样要学生用图片说明。每天要学习写一个英文字母，包括大写，小写。但是，即使是学这些比较枯燥的字母和数字，美国老师教的也非常生动。例如，在学习字母M时，老师将一张印着圆镜子的图片发给孩子，让孩子贴到本子上，同时将英语mirror（镜子）这个词教给孩子，又让家长帮孩子找更多的、以M字母开头的单词，还要贴上与单词相对应的图片。并且要用同样是“M”

字母开头的单词，组成句子写出来。儿子用“M”单词写的句子是：My mother makes many muffins.（我妈妈做了很多蛋糕。）

利用这种方法，孩子看似每天只学了一个字母，实际上却学习了很多单词，还学会了组词造句。为了帮助儿子学习，家里看过的广告、杂志、报纸和画报等都成了宝贝，要收集起来随时准备派上用场。每天查字典，找单词，造句子，也成了我和丹丹放学之后的共同功课。我曾对我丈夫开玩笑：“我不能去听课，还要完成老师的作业，是不是不太公平？哈哈！”

五岁多正在学前班的孩子，最重要的不是做多少功课，认识多少字和能做多少数学题，而是要养成做事认真的习惯，为进入小学打好基础。

学校里老师留给学生的作业不多，但我要求儿子必须一笔一画认真地写，在正式写到本子上之前，要练习几遍，直到满意为止。所以，每天放学后用于写作业的时间也不算少。从学前班开始，丹丹的作业本都是工工整整，干干净净，一直到高中毕业，他每一科的笔记都记得非常漂亮。在高中时期，曾有一位低他一年级的同学，每个学年开学之前，都要专门来借他的笔记作为自己学习的参考，并且评价说，丹丹的笔记条理清晰，重点突出，对他的学习很有帮助。

孩子在学习时，心要沉静下来。学习的环境要好一点。不要开电视机，大人也不要在屋内来回地走动，尽量保持安静。下午放学回家后的时间里，不能看电视和玩游戏。除了做作业和读书以外，我还带儿子去图书馆和做体育运动。时间一长，孩子习惯了，也就没有想要看电视的要求了。

父母需要注意的，也是最重要的一点，就是千万不要用物质诱惑和许诺来引诱孩子学习。要让孩子从小就懂得，他是在为自己而学，不是为父母，也不是为老师。学习是他自己的事，没有半点儿条件好讲。

美国小学上课时间，是从早上八点到下午两点半，放学后直到晚上睡觉前，还有很多时间可以利用。这么多的时间全部都由家长和孩子自己支配，如果利用得不好，短期内看不到有什么差别。一年或几年后，差距就显现出来了。除此之外，美国的教育尊重人的个性，是鼓励式教学，很少给学生压力，学校又不采用统一教材。所以，学生要自己主动学，自己对自己负责任。

培养课堂参与意识

从进入学前班开始，我们便鼓励丹丹上课要积极发言。因为只有积极参与，才能达到主动学习的目的。课堂上，积极参与和消极听课，其结果是不一样的。据专家研究，课堂上表现主动的学生将会更多地吸收老师的教学内容。美国学生在课堂上的参与程度，在教学考评中是占有一定比例的，它构成了学生成绩的一部分。如果学生在上课时只是安静地坐在那里听，不积极主动地参与课堂的发言和讨论，那么，这个学生的考试成绩再好，也不会获得最好的成绩。

在我们的要求和提醒下，丹丹养成了上课发言和思考的习惯。每一年开学后的十月份，学校都有一次面向学生家长的公开课，请家长去学校观摩你的孩子上课时的情况。儿子上学前班时，我们第一次去听公开课。前来听课的家长们坐在教室后面的小椅子上，学生们都坐在地板上。老师刚刚提出一个问题，就看见丹丹马上把手举得高高的，怕老师不叫他，急得小屁股都抬了起来。我旁边坐着的一位妈妈笑着对我说："你看，你儿子多能干！"

每天放学，丹丹都会从学校的大门里跑出来。和我拥抱之后，首先就要告诉我：今天上课时被老师叫到了几次，发言了几次。我听后，就亲吻他一下，以示奖励。我只问儿子上课时是否发言，却从来不问他"回答什么问题，回答得对不对"之类的话。过多、过细的追问不会达到好的效果，反而会把孩子的注意力引向注意小事和细节上。只要养成"参与"的习惯就好了，“对与不对”并不重要。

课堂上的表现和参与度是关系到孩子将来学习的大事，只有把他推向正确的轨道，未来才能发展顺利。

除了在教室上课外，老师还带学生去野外实地上课。金秋十月是收获的季节。每年十月份的最后一天，是美国的万圣节（Halloween）。节前，老师带学前班的孩子去长岛的农场摘南瓜，让孩子看秋天的景色。那天放学，每个孩子都抱着一个南瓜出来，只有丹丹的南瓜最小，也就一磅多重。我笑着问他：“怎么没抱个大的？”他答道：“大的抱不动，就拿了一个最小的。”

六岁与朋友过万圣节（图右方是丹丹）

离我们住处不远，是圣约翰大学。丹丹上学前班后，一个星期六的上午，我们带他在大学的草坪上踢足球，看见有家长送孩子去学校教学楼里上课。一问才知道，原来这里有个课外英文班，有小学一、二年级的课。我当时便萌生了让儿子也去试一试的想法，反正是课外的，能学多少算多少。儿子听了两次课后，我问他：“难不难，能不能听懂？”他回答说：“不难，能听懂。”我决定继续学下去。可是没过多久，一位白人妈妈有意见了。在一次课间休息时，我看见她找到老师，抱怨说：“为什么让学前

班的孩子和我们二年级的孩子一起上课?"老师回答说："我只管讲我的课，谁来听都行，我讲课的水平和内容不会变。"美国的教学是自由公开的，无论是谁，只要你愿意学，听得懂，就不会有人来干涉你。这为孩子的学习提供了很好的条件。丹丹每个周六来这里上两小时的英文课，一直坚持到学年结束，英语阅读有了一些提高。

儿子轻松快乐地学习着，如同蜜蜂采蜜一样，采集着知识的花粉，吸食着知识的养分。每天都兴冲冲地上学，高高兴兴地回家。认真地读书，一笔一画地完成作业。丹丹从四岁多才开始接触英文，我们在家里又只讲中文，但这些没有对他的学习产生任何影响。很快，五岁多的儿子就能自己读些简单的英文书了。

小蚂蚁引发思考

我和我的小乌龟

同很多孩子一样，丹丹小时候也喜欢小动物。我们家里有一只小乌龟，是当年在美国西部，姥爷散步时从外面捡回来的。这是儿子的第一只宠物，他非常喜欢，从小就爱拿菜叶喂它，还常常把它放在手心上仔细地观看。我们把它养在一个大盆子里，它跟随着我们来到了纽约，一直陪伴着儿子长大。

五岁之后，我们又发现丹丹对鱼虾和昆虫产生了兴趣。有一次，我带他去超市（supermarket）买菜，他没有跟着我去选菜，而是蹲在装活鱼活虾的玻璃鱼缸前，专心地看鱼虾游动。他那么聚精会神地看着，市场里杂乱的人群似乎并没有影响他。这件事提醒了我们，应该鼓励和培养儿子这种观察力。于是，我就在买菜时经常特意买回一些活螃蟹、活虾，放在盆子里养上几天，让儿子观赏。我丈夫还将蚂蚱、蚂蚁、蜘蛛、蚯蚓等小虫子装在一只大玻璃缸里，放上土、石头、草，做成假山

让儿子观察。有一段时间，丹丹经常爬在地毯上，一边听着电视，一边观察玻璃缸里的小虫子，有时能看上一个钟头。我常常逗他说："你总在那里看，都看到什么了？"他就说："看蚂蚁在打架。"

对昆虫和动物的观察是一种很重要的学习方式，它训练孩子的耐心和对事物认真观察的能力。丹丹在后来读小学时，常常把这些生活经历写进他的作文。他在一年级的一篇小短文中曾经写道："我注意到，蚂蚁是通过接吻传递信息的……"无论这种观点是否正确，至少他是敢于想，也动脑筋想了。

现在我去商店买菜，有时也会看到，一些孩子在活鱼活虾的鱼缸前顿足观看。但很多父母并不会注意到孩子的举动，买好了菜，叫上孩子就走。其实，很多情况下，孩子的天分和兴趣的火花，正是被父母的疏忽给抹杀掉了。也有人认为，好的教育就是靠钱来支撑的。他们把好小学—好中学—好大学，同好工作联系起来。他们花钱把孩子的教育推给学校，甚至推给保姆或者其他人，却忘记了一个最基本的事实：父母是教育孩子的最好人选，孩子是你的，你自己要负责任。很多时候，直到孩子出现了问题，家长才察觉出来，还反过来抱怨孩子，抱怨学校。这真是做父母的悲哀。

在学前班十一月份的家长教师会谈时，老师向我们谈了丹丹的进步，并说："Dan 是天生的领导者（Born leader）。"我知道，这是一位资深教师对儿子很高的评价。表示谢意之后，我也顺便问起儿子是否可以申请参加明年的天才班考试？老师毫不犹豫地回答："是的，没有问题。"听到这个回答，我们很高兴。

竞争天才班

美国联邦教育法规定，如果被鉴定为资优（gift or talent）学生，学校会提供特别的教育计划。但如何识别资优学生，却没有全国统一的测量标准。对资优学生的鉴定标准由各个州来决定。

资优计划是纽约市教育局为满足特殊学生需求而设的项目。其目的，是通过对挑选出来的学生做快速、严格和特殊的指导，成功完成从小学到高中12年的英文及数学教育，为大学和职场提供优秀人才。纽约市对资优儿童的选拔是在学前班阶段完成的，选拔的过程非常严格。学生必须通过几个程序，才能进入天才班，没有任何捷径可走。首先，要得到家长同意（有些家长不愿意自己的孩子参加智商测试）、填写申请表格；然后，由学前班的任课教师同意并推荐；最后，经过有执照的心理学家进行智商（IQ）测试，合乎资格的学生才能进入小学一年级的天才班学习。

2002年3月，通过学前班，我们为儿子报名并参加了26学区的考试。在此之前，我们知道儿子对知识的接受能力比较强，学习比较快，但从未做过这种智力测验，心里未免有些紧张。我们的想法是，假如儿子没有被选上，通过专家的智商鉴定，知道一下孩子的智力水平也是一件很好的事，对将来“因材施教”是有益处的。

记得那是一个星期六的上午，26学区对儿童的智商（IQ）测试在一所中学进行。参加测试的孩子很多。因为预先约定了不同的考试时间，所以也并没有感到很拥挤。我们这些家长和孩子先被安排在一间教室里等候，

丹丹很快被工作人员带入了考场。两个多小时后，又被工作人员送了出来。

大概是由于紧张，儿子的小脸红红的。我问他："考得怎么样?"他回答道："考上了。"听他这样说，坐在我旁边的几位家长都笑了。我说："你怎么知道考上了？老师告诉你了?"儿子说："我看见老师在纸上画圈儿了。"回到家里，我又问他："老师问你的问题你都会吗?""我都会。"再多问他几句，他就不耐烦地说："我不知道。你去问老师去，老师知道。"听了儿子的话，我们只能把疑问压在心里，耐心等待考试结果。丹丹从小就是这样，无论事情能否成功，总是信心十足，先给别人一点希望再说。

两个月后（2002年5月），我们收到了26学区教育局的通知书，丹丹被天才班录取了！这让我们惊喜万分。它意味着，在未来几年的小学教育里，丹丹可以享有在美国也稀缺的、竞争激烈、令无数家长羡慕的天才优质教育。在9月份开学时，儿子就能进入学区设在188小学的天才班学习。当年在26学区，和丹丹一起参加测试的有1600多名学生，最终录取了50人。录取率仅为3%左右。

同年6月，我带丹丹回中国探亲。姥爷得知他考上了天才班，非常高兴。带他出去玩时，顺便问他："你在考天才班时，老师都问什么问题了?"他说："老师问我，信封是做什么用的，应该怎样用？为什么骑自行车的人要戴头盔?"姥爷说："你是怎么回答的呀?""我就说'信封是寄信用的。写信的人把想要说的话写在纸上，再把纸放在信封里，写上地址，贴上邮票，收信的人才能收到。没有地址，送信的人就不知道把信送给谁。骑自行车如果不戴头盔，摔倒了，就会碰到头。'"其实这些日常生活中的小知识，我们平时都没有同他讲过，需要孩子自己平日里仔细留意，用心观察才能回答出来。

丹丹考取了资优班，也给我们增强了信心。为了有更多的时间和精力培养儿子，我丈夫和我反复商量，权衡利弊，最后，我下决心辞去了很满意的工作，回家专心照顾孩子。做出这个决定是很艰难、很矛盾的。我知道，我这就等于是给自己下了一个赌注，将来无论结果如何都必须要承受。

工作了那么多年，一下子待在家里做饭、洗衣、带孩子，开始时还挺新鲜，时间一长，就感觉很没有意思。很多个凌晨醒来，迷迷糊糊起床准备去上班，等脑子清醒一下，才想起来已经不用去了。虽说工作没了以后可以再找，但人人都清楚，再找合适的工作将会很困难。这就是孤注一掷。面对儿子，我愿意做出这种选择。因为我觉得，孩子的未来比我自己的工作更重要。孩子的成长教育是关系他一生的大事，他每一天的时间都很宝贵，浪费了就找不回来了。人聪明与否只是相对而言。聪明不一定是天才，天才儿童与普通孩子也不一定有什么大的不同，真正的天才毕竟是少数。智商测试只是一个测量手段，即使得高分，也只说明儿童具备了较好地接受知识的能力和条件，并不预示着孩子将来就一定会成功。而要做到人尽其才，还必须内外因相结合才能达到预期的效果。

亲历美国天才教育

2002年9月，小学一年级开学的第一天，我见到了丹丹的老师和其他二十几名“过关斩将”被挑选出来的同学。25名学生中各族裔的孩子都有。在这个天才项目中，如果不是家长和学生自动退出，这些孩子将一直在同一个班里，直到小学毕业。而老师则每年都要换。按照教育部门规定，教这个班级的老师，至少都要有教育学硕士学位，并且是经过特殊天才教育训练，拥有资格证书的教师。

丹丹一年级的老师是Miss Marotta，她是刚刚从哥伦比亚大学教育学院毕业，拥有硕士学位，同时拥有天才教育资格认证的年轻教师，二十多岁，充满了活力。她对学生要求严格，教学方法新颖（这是我们这些家长后来对她的评价）。开始时，有家长质疑她太年轻，可能经验不足。但后来的事实证明，学校选择她做一年级天才班老师是非常正确的。在小学最关键的第一年，她帮助这些孩子打下了扎实的英文写作基础。为此，她也深受学生和家长爱戴。

一年级教室的书架里，照例放着各类儿童读物。只是图书的数量和种类比学前班增加了很多，书的难度也有所加大。靠墙的一个桌子上摆放了一只鱼缸，鱼缸里，几条小金鱼在自由自在地游动。窗台上放了几盆花，一个玻璃缸里爬着一只小乌龟。教室四周的墙壁上贴着彩色的英文字母及数字，整个教室布置得生动活泼。后来，儿子告诉我，这些小动物和植物，是老师给学生上科学课时用的。

丹丹在小学一年级教室

因为是经过智商测试筛选出来的孩子，学生们相互间的竞争更加激烈，教师授课的内容也更具有挑战性。学校经常请家长去听课。在课堂上常常会看到，老师提出的问题还没有说完，已经有学生举手要回答了。因为学生接受能力强，反应比较快，天才班教授给学生的课程内容就多，信息量大，教学速度快。这又对学生产生了反作用力，激励学生发掘自身潜力，最大限度地吸取知识。

同整个社会一样，美国的学校非常注意尊重和保护个人隐私。从小学到大学，没有任何学校公开学生的考试成绩，这就让那些考试成绩不太好的学生也能抬头挺胸地走在校园里，能不被人歧视地参加课堂讨论和辩论，因为没有人知道他的成绩。虽然考试不排名次，学生的信息也不公布，但同学之间，谁的学习在什么程度，在课堂上的表现如何，也是多少知道一点的，这就在某种程度上产生了竞争。有一次和丹丹谈话，讲到上课时的情况，我问他：“上课难不难？老师讲课懂不懂？”儿子告诉我说：“不难。上课就像打仗一样，你要是不去打，你就会被别人打倒。砰！就躺下了！”说完，自己还闭上眼睛躺到了地上。丹丹如此形象的表达把我们逗笑了。置身于这种学习环境中，儿子从小就懂得了“不进则退”的道理，真是一件好事。

在学校刚刚开学的天才班家长会上，我听到有家长问："天才班的教学和普通班的教学相比，有什么不同？是不是只在教学进度上比普通班的快？例如，一年级的孩子要上二年级的课程？"校长和老师的回答是："两个班级的教学课程和内容安排基本相同。所不同的是，在同样的问题上，天才班的授课内容更宽，给学生的信息量更大，他们要做更多的团体项目，以及更多的研究和试验项目，其宗旨是培养孩子的思考能力、收集信息的能力和团队合作精神。"这种先进的教学宗旨，正是我们所要追求的东西。我们庆幸儿子得到了这么好的受教育机会。

中国古人云：授人以鱼，不如授人以渔。给人一条鱼并不难，难的是教会人捕鱼的方法。同样，教给学生已知的知识并不难，教师教，学生听，然后把老师灌注的知识记住背会，应付考试，一段时间之后再把它们给忘掉。如果教会了学生智慧，教会学生获取知识的手段，教会他们自学的方法，就像是教会你如何使用渔网，如何捕鱼，那你在未来的一生中都会有鱼吃的。

除了教师授课外，同学之间也在互相影响，互相学习。丹丹每天上学都感到很有趣，每天都渴望着去探索新的世界。

在一个人所受到的学校教育中，小学几年的教育对他的一生都起到重要作用。资优班为丹丹的学习提供了极优的环境。在以后的中学乃至大学的学习中，自学能力，做研究的能力和社会交往能力，都是在小学基础上的积累和提高。儿子学习成长的路一直很顺利，很大程度上得益于小学天才班的训练。

有趣的英文教学

随着学习的深入，丹丹每天的作业量和难度也逐渐增加。英语课要求，每个学生要准备一个装食品用的密封塑料袋子，学生每天要从学校带几本书回家读。读过的书要写出书名、作者，以及自己的读后感和评语—— 一年级的孩子就已经开始被老师训练着写读书报告了。刚开始，老师要求学生阅读后要写出：你读的是什么书？你喜欢书中的什么人物？为什么？描述书中你认为有趣的事件，等等。有点类似我们小时候的语文作业。所不同的是，美国的儿童读物非常多，孩子每天都能看到新书、新作者和新故事，激发起他们对阅读的兴趣。最初，丹丹每天只能写出几个句子。随着阅读量和英文单词量的增加，慢慢地，写出来的句子逐渐延长，从简单句到复合句。最后，孩子学会了写文章。到小学三年级时，丹丹已经能写出很长很长的读书报告和书评了。

美国孩子的确是从趣味中学到知识的。这种玩儿是有目的的，玩文字游戏，玩数字游戏，让孩子感觉到学习的乐趣。以英文拼写为例，一年级有拼写课。每周上学的第一天，老师将一周要学的英文单词拼写作业贴在学生的本子上，让家长掌握学习内容和要求。下面是丹丹一年级的一次作业：

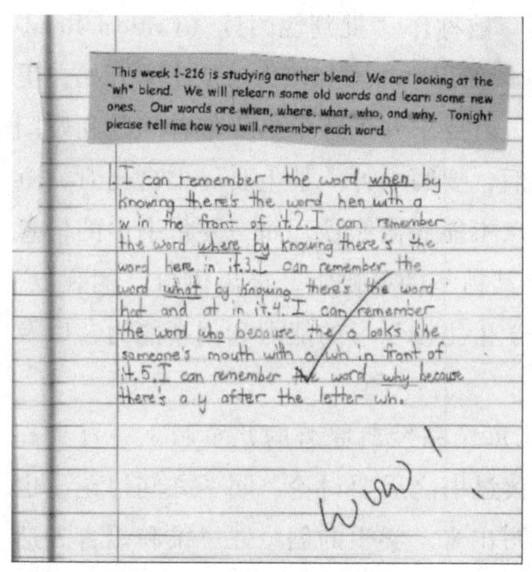

This week 1-216 is studying another blend. We are looking at the "wh" blend. We will relearn some old words and learn some new ones. Our words are when, where, what, who, and why. Tonight please tell me how you will remember each word.

1. I can remember the word when by knowing there's the word hen with a w in the front of it. 2. I can remember the word where by knowing there's the word here in it. 3. I can remember the word what by knowing there's the word hat and at in it. 4. I can remember the word who because the o looks like someone's mouth with a wh in front of it. 5. I can remember the word why because there's a y after the letter wh.

Wow!

丹丹的作业

老师的作业是：这个星期，一年级216班将要学习另一组混合词，是“wh”组合。我们将要复习一些旧词和学习一些新词。我们要学的新词是when（什么时候），where（在那儿），what（什么），who（谁），and why（为什么）。请告诉我，你是如何记住每一个单词的？

丹丹的回答是这样写的：“1. 我能记住单词when，因为知道在一个词hen（母鸡）的前面有一个字母w。2. 我能记住单词where，因为知道在这个词里有个here（这里）。3. 我能记住单词what，因为知道在这个词里有个hat（帽子）。4. 我能记住单词who，因为o像一个人的嘴，在嘴的前面有一个wh。5. 我能记住单词why，因为在字母wh后有一个y。”

寓教于乐。看起来挺枯燥的英文拼写教学，让美国老师教得活灵活现。在教一个单词时，孩子学会了几个不同的词，一下子将词汇扩大了好几倍，还同时学会了组词和造句，达到了举一反三的效果。儿子小学期间很多英文、数学和科学课上的知识，就是这样在快乐中不知不觉地学会的。孩子每天要做作业，常常需要家长帮忙，帮助剪接，拼写字母和单词，扩大孩子的词汇量。上面举例的五个单词，就是我们常说的五个‘W’（什么时间？什么地点？什么人物？发生了什么？为什么发生这件事？）。

英语教学的主要手段是阅读，阅读的过程也很特殊。学生并不仅仅局限于读书那么简单。这里说的阅读，被称作“批判性阅读（Critical Reading)”，是一种从小就培养起来的阅读的思维方式和能力。从小学开始，美国教师在英语课上指导学生阅读时，就要求并训练学生要带着问题和疑问读书、思考。学生读了一篇文章之后，要写书评。学生要提出自己对文章或书的看法。对文中作者陈述的观点不能照搬照抄，而是要将书中的信息进行整合之后，在去粗取精，吸收其精华的基础上，提出你自己的观点，并为你的观点找出理由，从而提升学生主动学习的能力和创新能力，以及对问题的分析和解决能力。

小学刚入学的孩子，就要读儿童作品经典原著的儿童版，一直到高中，大学，都是读原著、读名著。读过书之后要讨论，同学之间讨论，也要同老师讨论，然后将自己的观点写出来。学生的创意性思维和语言表达能力，就是这样从小学开始，被慢慢地培养出来了。

小学每个年级，对学生的阅读程度都是有要求的。老师将图书按照难易程度的不同分成几类，又用彩色不粘胶将书分门别类贴上红、绿、黄、蓝、橘黄等几种标记。每隔一段时间，老师认为哪个学生的阅读水平应该提升了，就把学生叫去单独考核。通过了考试的学生可以升到更高一级，去挑选更难的书来读。美国的儿童书籍太丰富了。通过这样的阅读，孩子在提高英语水平的同时，也学到了很多知识。这种教学方法也促使学生竞争，让学生争先恐后地多读书。有时候，丹丹回家说：“老师今天考阅读了，又有谁谁通过了考试，读书的颜色（程度）升级了。”他自己就要多看书，想办法追上去。

学做第一个科学小项目

学生的作业不仅仅是阅读、写读后感和做数学，还有许多其他有趣的内容。秋天里的一天，丹丹从学校里出来，我同往常一样问他："今天有作业吗?"他说："有。"说完，就去地上捡起一片树叶说："就是这个。"我就很纳闷：这树叶怎么也成了作业了？回家打开书包一看，才知道，确实是有关"树叶"的作业。作业的要求是，要写出树叶的种类、形状、大小、在哪里发现的，以及其他重要的事实。我带丹丹去外面找来合适的落叶，在书中压平，然后再和他一起，将树叶贴在老师发的纸上。再按照要求回答问题。他是这样写的："树叶种类——橡树叶。形状——三角形。尺寸——4 厘米长，10 厘米长，7 厘米宽，3 厘米宽。在哪里发现的——在公园里。其他重要的事实——你看不到叶子的纹路，因为已经脏了。"这就是那天的科学小作业，看起来并不难，但孩子要亲自动手去做，看到什么就写什么，每一步都要思考。做完之后，儿子好像是有了一种成就感，还小心地把它放进本夹子里。

自从进入小学，学生就开始学习做研究项目。研究的题目都是孩子自己选的。对只有六岁的孩子，只能从最简单的题目开始。小学一年级的第一个"科学项目"是："蜗牛最喜欢吃什么?"虽然看起来很简单，但却要遵守正规的科学研究程序。有假设，有材料，有数据和结果。丹丹的报告是：假设，我认为蜗牛最喜欢吃植物的叶子。材料：一个大玻璃瓶子，蔬菜叶子、草和蜗牛。程序：第一，我把两只蜗牛放到大玻璃瓶子里，然后放进蔬菜叶和草。每一天，我观察这只玻璃瓶子，看蔬菜叶子和草是否有什么变化。数据：我发现蔬菜叶上的洞每天增多，蔬菜叶上的洞比草上的洞多。结论：我知道蜗牛最喜欢蔬菜叶。我的假设被证明是正确的。这样的作业，既教会了学生知识，又培养了学生的动手能力和解决问题的能力。

丹丹在家中自己的画廊前

这是一年级孩子做过的一个非常小的作业项目。在后来的学习中，孩子们经常会做研究项目。如果是遇到比较大的题目，就几个人分工合作，每个人做一个部分。因为每个人的认识程度不同，这种合作的项目最后的得分可能比单独的个人项目要低一些，但却是学校要求必做的项目，因为通过合作，培养了孩子的团队精神，这种训练是非常重要的。

写作训练从小抓起

除了写读书笔记，一年级的孩子也开始学习写文章。从“我的小瞬间（my small moment）”开始，练习“细致”地描述事件的微小细节和人物心中的微妙变化，英语又称 detail。丹丹的思考能力，对事物的观察能力，以及对他一生都起了重要作用的写作训练就是从这里开始的。

美国报刊杂志文章生动有趣，细致入微，源于英文语言词汇丰富，更重要的是作者对事物变化精细的描写，不说大话、空话，而是用事实来证明作者的观点。我体会最深的是读《纽约时报》，它的每一篇文章都是那么引人入胜，每一篇文章都是在述说一个故事，在讲故事。即使是政治事件的报导或时事评论，都不会让读者感到厌倦。这种写法，都源自学生小学时期的 small moment 和 detail 的训练。例如，在描写人物的心情时，不是用“紧张”“害怕”“高兴”等抽象的名词，而是通过详细地描述身体的变化，如出汗，腿发抖、脸上露出的微笑等，来表现人内心以及情感的变化。为了能让丹丹理解文章的大体结构，我丈夫还专门画了一条鱼，分别标出鱼头、鱼身和鱼尾。鱼头、鱼尾小，中间鱼身大，形象地表现出文章开头、中间内容和文章结尾三大部分。丹丹把这张图挂在了书桌上方的墙上。

正确地使用标点符号，英文字母大、小写的应用等，都是一年级孩子学习写作的重点。

对丹丹写出来的东西，我们看过之后，只是说些鼓励的话，要求他多写、多练，却从来不去给他改动。我们知道，一年级的孩子写东西，关键是看思想和内容。语句上是否通顺流畅并不是主要的。如果我们一味地追求完美的句子，可能会妨碍孩子思维的发展。久而久之，孩子可能会养成只注意华丽的语句，不注重文章内容的习惯。我相信，只要孩子爱读书，读好书，多读名著，多动笔写，写作水平一定能够提高。

小学四年级时，儿子萌生了写长篇小说的想法，一有时间就坐在计算机前构思写作。我曾好奇地问他，想要写什么样题材的小说？丹丹告诉我说，他想写一个生长在美国中部蒙他拿州的农村男孩儿和他的一条狗，在牧场里成长的故事。那一阵子，每天放学后，做完了作业他就写。在他写了有几十页时，我考虑到，孩子的知识结构和生活阅历都不足以开始创作小说，还是应该花时间多阅读，扎扎实实打好各方面的基础才行。我对儿子说了我的想法。按照我们的建议，儿子放弃了写长篇小说的计划，坚持了每天写日记的习惯。

美国学校从小学、中学，直到大学，都非常重视学生的写作。写文章在人的职业生涯中太重要了，无论做什么职业都离不开写作。掌握了写作技巧，写一手好文章，不仅为以后的学习、工作扫清了障碍，也将让自己终生受益。俗话说：文如其人。在大学申请时，从那篇每个申请人都必交的申请论文中，大学招生官能够看出你是才华横溢型，还是刻苦用功型，有时就能决定申请人是否能够被录取。大学一年级开设的写作课就是初入大学所有学生的必修课。在2005年以后，美国大学入学考试（SAT）还专门增加了写作部分。提高写作水平是个慢功夫，不能指望短期内有突飞猛进的变化。

写作训练必须要从小抓起。写好文章的基础就是多阅读。写文章也是兴趣所在，写得好，孩子听到的是赞扬的声音，于是就有了兴趣，下一次还要好好地写。相反，孩子就很可能失去对写作的兴趣，接下来的可能就是恶性循环。儿子一位很要好的小学天才班同学，也非常聪明，但由于父母忙于自己的生意，没有时间过问儿子的学习，结果孩子比较严重地偏科，用在读书上的时间比较少。喜欢数学，花了很多时间在数学上，数学成绩很好。高中时参加了学校的数学队和很多数学竞赛。英文和写作课的成绩却不太理想，也因此变得越来越不喜欢，英文作业总是拖到最后才做。英文成绩又影响了社会科学和其他学科。父母发现后，就送孩子去补

习班，甚至请家教，想尽了办法进行补救，收效都不大。后来的高中和大学考试都没有取得理想的结果，也因此而无缘进自己理想的学校，很是可惜。

丹丹在小学三年级之前，我们每天都同他一起读儿童读物。美国的儿童图书种类繁多，要有选择性地阅读。还有些比较著名的儿童杂志，也应该订阅来给孩子看。所谓的选择，是要根据自己孩子的阅读程度，为孩子选择名家名著来读。有的孩子喜欢阅读，但所读的书很多都是连环画一类的趣味书。还有的孩子阅读没有目的，随手捡起什么就看什么，家长以为只要爱看书就是好事，其实这对阅读写作能力的提高帮助不太大。不能仅凭自己的兴趣读书，应该选择高出孩子水平的读物来读，还要养成记日记的习惯。

我们去学校参加活动时，经常看到丹丹写的文章被老师挂在学校门口和走廊的墙上展览。这又反过来激发了他的写作热情，他开始喜欢写作了。小学一年级，丹丹的一篇文章《秋天》被老师挂在了学校大门入口处的墙上，文章是这样写的：

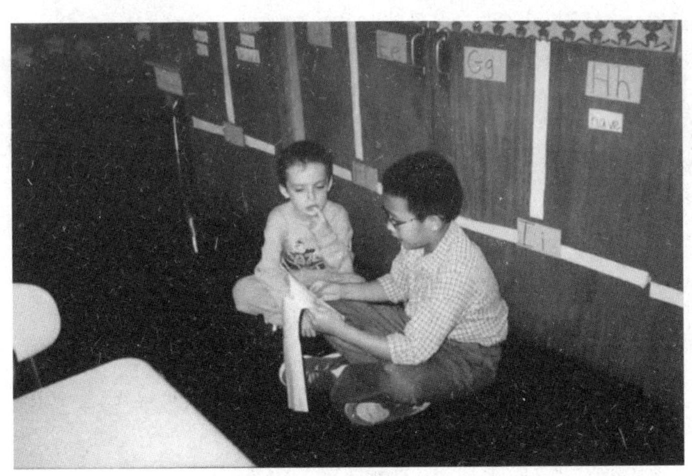

为低年级小朋友读自己写的文章

“秋天，你在春天种下的水果和蔬菜成熟了，可以采摘了。白天时间变得比夜里短了。树叶变了颜色，红色的，黄色的，又落在了地上。万圣节（Halloween）来了。天气凉了，人们要穿上夹克衫，毛衣。小松鼠在铺满树叶的地上找果子吃，小动物们要为冬天储备食物。秋天的另一个词是‘秋季’。”

这篇六岁时的小短文，思路清晰，文字简练，我们至今还保留着。

这些阅读及写作的基本功，为丹丹日后的顺利学习打下了坚实的基础。在学习的路途中，儿子在写作上一直没有任何障碍。在高中时期，他的文章还多次获奖。上大学后，在要求严格、竞争激烈的常春藤名校里，仍然能够取得优异的成绩，都得益于小学时期的基本功训练。

动脑筋的趣味数学

除了阅读写作，资优班里的数学训练也不简单。孩子们在学前班时，就已经完成了英文字母和数字等基本知识的学习。小学一年级很快就进入数字的基本运算和解决简单的应用题。在一段时间里，学生每个星期都要完成一次数学加减运算的“速算测验”，从一位数到双位数。老师将测验的时间和结果反馈给家长。如果没有错误，计算速度又达到了要求，学生就可以学习更高一级和更复杂的数字运算。

在学习数学时，教师更加注重训练学生的逻辑思维和解决问题的能力。在中国的家长常说中国的孩子课业负担重，其实，他们没有看到，美国的中小学学生也不轻松。下面是丹丹小学一年级的两道应用题：

1. I am a 2 digit number less than 50. When you put me into group of 5, 2 are left over. The sum of my digits is 9. What number am I.

一个小于 50 的两位数。当你把它放进 5 的数字里时，剩余 2。这两个数字的总和是 9。这个数字是什么?

这道题的正确答案是：27。

2. Patty and Julie put their pennies together and find that they have less than 50 pennies. They can put their pennies into stacks with 2 pennies in each and none will be left over. They can also make stacks with 3 pennies in each, stacks of 5 pennies, and stacks of 6 pennies. Each time, no pennies will be left over. How many pennies do Patty and Julie have?

Patty 和 Julie 把她们的硬币放在一起，发现这些硬币少于 50。她们把这些硬币每两个一组分成几堆，没有剩余。她们也可以每 3 个一组，每 5 个一组，每 6 个一组分堆。每一次都没有剩余的硬币。Patty 和 Julie 一共有多少硬币？

这道题的答案是：30 个硬币。

我和我丈夫都是读过一些书，至少都是有硕士学位的成年人，看到这些问题都要好好想一想，对六岁的孩子来说，这样的问题更具有挑战性。要得出正确的答案需要动脑筋思考，也需要家长适当启发。这只是举个例子，说明美国小学的教学内容并不简单。学生要在激烈的学习竞争中不被淘汰，必须保持极大的学习热情、好奇心和对知识的渴望。

丹丹的老师，Miss Marotta 在一次写给我们家长的 E－mail 中说：“Dan 就像海绵吸水一样吸收着知识。”是的，这一年里，我看到儿子每天都在成长。成绩来自于他努力、认真、积极向上的性格，更受益于学校、老师和美国的这种资优教育体制。

第一本纪念册

丹丹所在的小学有个传统。在每一个年级结束时，老师都要做一本精致的纪念册送给自己的学生。小学一年级即将结束了，老师送给每个学生一本纪念册和一本诗集。纪念册里，有每一位学生的生日、老师祝福的话、班里一年中重要活动的照片，还附上了学生写的文章。丹丹在纪念册的文章中写道：

丹丹四年级在上户外课（实验室里记下植物生长数据）

“这一年中，我最喜欢的是我们的户外活动日。我喜欢，是因为我们步行去爱黎湖公园（Alley Pond Park），而不是坐汽车去。我还喜欢的是，在一天快结束时，我们有冰淇淋吃。我喜欢我们在草地上追 Miss Marotta。我们总会追上她，因为有很多孩子，只有一个 Miss Marotta，我们抓住她，把她放进我们的监狱里。这是在我的世界里最美好的一天。”文中流露着孩子的天真可爱。

在诗集中，丹丹写的诗，题名为《雪》：

Snow	雪
By Dan Wang	王丹
I came from...	我自天空中来。
the sky.	
I' m all colored...	我披着美丽的白色。
with pretty round white	
You get me in...	你在冬天收到我。
winter.	
I' m very...	我是那样寒冷。
cold.	
I' m afraid of...	我怕热，怕温暖。
hot heat.	
I freeze...	我冻结了……
lakes ,	湖泊
rivers	河流
and	和
oceans .	海洋。
I could freeze into...	我能冻成
Ice cubes .	冰块儿。
You could build...	你能将我变成
Snowballs	雪球
or snowmen .	或雪人。
whoosh ! Whoosh	呼！呼！

Hear the cold	冷风吹
wind. . . blow	
"Yay !" No	" 哇!"
School !	不用上学校了!
When there is a storm !	暴风雪来了!
And	我让孩子们开心地玩儿!
I	
am	
fun	
for	
children !	

竞选学生会理事

美国是个民主制度的国家，每到选举年，特别是美国总统大选年，学校都要放假一天，给老师们投票提供方便。小学校的室内体育馆也被放上投票机，变成临时选举站。这时，老师便把学生带到投票机前，向孩子们讲解大人接下来将要做些什么，为什么要投票选举和如何去投票。美国的孩子从小就被教会：做事要公平、公正、诚实，要通过正常的、公平竞争的方式，争取自己想要的东西。这是美国教育的重要理念和成功之处。儿子就曾经对我说，等他长到了十八岁，他也要去参加投票选举。

这种公平竞争选举的意识已经渗透到美国学校的教育中。小学五年级时，通过竞争选举，丹丹当选为学生理事会成员。

学生理事会是美国中小学的一个重要学生组织。无论是私立或者公立中小学都有学生理事会。由于它为所有学生服务，它又是最具有代表性和权威性的学生组织。理事会的主要目的是培养小学生的领导才能和民主精神。理事会的职责包括集中学生意见，代表学生的利益，同学校的老师和校长保持沟通交流，同时也帮助组织一些公益活动和为学校捐款等。例如，学校每年都有食品银行的活动，动员学生将家里的罐装食品等捐给学校，学校再将这些食品送到慈善机构，用来帮助需要的人。圣诞节前，发动学生为贫困家庭的孩子捐赠玩具和学习用品，等等。通过组织这些活动，学生的组织和领导能力得到锻炼提高。

丹丹还在学前班时，老师就曾对我们说过，丹丹具有领导才能。但我

们知道，真正的领导者和领导能力是需要后天锻炼培养的。儿子小时说话不多，性格比较内向，我们就经常带他出去玩，有机会就鼓励他出来讲话。五年级学校开学后，有一天放学回来，丹丹兴冲冲地对我说：学校要选学生会成员了，他也想参加竞选。我一听很高兴，便极力支持。

我经常去学校做义工，参加丹丹班里的活动，知道儿子在同学中人缘很好。到教室外面上户外课时，常常要分组活动，同学们都争着想和他分在一个小组。无论是在去城外上课的汽车上，还是在公园的草地上，儿子都是同学的“小中心”，总有几个人围着他说话。他也常自豪地说，他有很多朋友。再加上儿子学习好，竞选成功也是有可能的。参加学生会有机会锻炼自己，但同时也意味着要牺牲一些自己的时间为同学服务。对这样的好机会，很多白人家长更是极力鼓励孩子参加，帮助孩子准备。学生会成员是每个学生一人一票选出来的，要竞选成功，就要在学生中间拉选票、宣扬自己的竞选目的、竞选宣言，以及当选后能给学生带来的好处。学生会成员名额不多。学校四、五年级共有学生近200人。报名参加竞争的人条件都不错，都认为自己有把握被选上，所以，竞争力还是很大的。

在竞选之前的准备中，丹丹花了些时间和心思。我们去文具店买来硬纸板。他花了几天时间做竞选海报。首先，他为自己画了一张像，将画像贴到纸板上。又在纸板上写出自己的竞选誓言，用彩笔画上漂亮的图案。画好后把它们贴在学校走廊的墙上，让学校里的每个学生认识你。看儿子趴在家里地板上，像做研究项目一样，聚精会神地写着、画着，似乎真的是要去完成一件伟大的使命。

每一个参选人还要做选前演讲，在全校同学面前证明自己是最好的，是能代表他们利益的，宣传并说服同学们投自己一票。竞选过程很庄重，还真有点儿像美国选举的样子。

写演讲发言之前，丹丹就在同学和朋友中征求意见，找出学生最关心的问题，同时还和负责学生会的老师见面，了解学生会的责任和活动，求得老师的帮助指导，力求演讲稿写得更切合实际。

学校投票选举那天，儿子早早就起床，穿戴整齐，带上自己写好的竞选演讲上学去了。下午放学见到我，第一句话就对我说：“我被选上了!”看他那初战得胜的兴奋劲儿，我们都很开心。

第一个生日聚会（Party）

自从丹丹上了小学，每一年都要收到很多邀请，参加同学的生日聚会（Party）。而我们却一直也没有机会为儿子举办一个像样的生日聚会。不是我们不想办，而是儿子很懂事，每年快过生日时，我们提议要办，他都不同意。他不愿意在这些事情上让我们花钱，也没有太多的要求。

2007年，小学五年级，儿子十一岁了。这是在小学的最后一个生日，无论如何都要表示一下了。于是，我决定，借此机会庆祝一下。经过我们三个人讨论，决定在家里办。因为家里的空间有限，只能把他们班上的男孩子都请过来热闹热闹。

生日之前的两个星期，丹丹自己写了生日请柬，是用计算机做成的。请柬的左上角有一张我们家房子的图片，右边写上生日聚会的地点、内容和时间。在上学时，他将这些请柬发了出去。

儿子生日那天，正巧赶上学校放假。按照事先订好的计划，我们先请这些小客人去看了一场电影，又把他们接到家里，端上我亲手烤制的点心，还买来了生日蛋糕和Pizza饼，摆上饮料和零食，点上生日蜡烛。曾经在一年级时给丹丹起外号、把他气哭的那位男同学，还从家里带来了爆竹，在屋子里为儿子放了纸花。孩子们吃着、喝着，在屋子里玩游戏机，在院子里踢球，一直玩儿到很晚才离开。那天的生日聚会，既经济实惠，儿子又很高兴，晚上还写了一篇日记。就这样愉快地度过了他十一岁的生日。

My house address is:
80-16 164PL,
Hillcrest, NY11432.
If you have any additional questions, please contact my parents at 1-718-380-3836.

Dear ______________,

You're invited to my birthday party on June 7, 2007. It will start at around 12:00 by watching a movie at Fresh Meadows Cinema. Your parents will send you to the cinema. Currently, the movie that we will watch is uncertain. I will inform you about the exact movie later on. My parents and another volunteer parent will pick you up and drive you to my house when we've finished the movie. We will eat at my place—my parents will buy some pizza and a birthday cake. We will have some fun time, such as playing a bit of Super Smash Bros. Please bring your own game controllers—I only have two controllers. In addition, I have a chess set and a basketball hoop, etc. The party will be wrapped up when your parents come and pick you up at about 4:00p.m.

My house address is: 80-16 164PL, Hillcrest, NY, 11432. If you have additional questions, please contact my parents at 1-718-380-3836. Please call us before June 3 and inform us if you are planning to come.

丹丹制作的生日聚会邀请卡

获小学毕业第一名奖

自学前班开始，直到五年级结束，丹丹在公立 188 小学学习了六年。

2007 年 6 月 25 日，迎来了儿子的小学毕业典礼。这一年，和丹丹同时毕业的有八十多名学生。那天参加毕业生典礼的家长很多，很多家庭都是全家老少共同出席。学校礼堂里欢声笑语，人们把不太大的礼堂挤得满满的，有人来晚了，只好站在了礼堂的后面。

在为学生颁发毕业证之前，学校要为本届的优秀毕业生发奖。校长站在台上念获奖学生的名字，老师为获得各项奖励的学生发奖状。因为事先没有通知，每个人都不知道谁会得什么奖。校长念到一个学生的名字，这位学生就走上台去领奖，台下就会发出一阵欢呼声。过了好一阵子，好像各个项目的奖状快要发完了，也没有听到儿子的名字。我注意到，每次在校长念名字之前，坐在儿子周围的同学都向他这里看，大家都奇怪为什么没有丹丹。我也有点奇怪，难道一个奖项都没有得到？

直到最后，几乎所有的奖都发完了，校长才宣布：“按照惯例，学校每年要评选出一名品学兼优的毕业生，授予本届毕业生的最高奖项。今年获得这一特殊荣誉的是——Dan Wang（王丹）。”听到这里，全场都轰动了。同学们都欢呼着，鼓掌叫着儿子的名字，向他祝贺。丹丹的脸因为兴奋和激动，变得红红的。他走上台，从校长手中接过奖牌，并合影留念。坐在我周围的很多家长都向我表示祝贺。在那一刻，我感到自己是那么的幸福和骄傲，为儿子努力取得的成绩，也为自己几年来的辛勤劳动得到了

回报。泪水抑制不住地流了下来。作为母亲，还有什么能比看到儿子的成长更幸福、更激动的呢？正如当时丹丹的一位同学，指着奖牌对丹丹说的话，他说："It' s for everything（这代表了一切）。"

后来听说，这个奖项对学生要求很高，是毕业生的最高荣誉。获得这项奖励的学生，是要被记录在校史上的。建校五十多年来，丹丹是获得这一殊荣的第一位亚裔学生。我感谢在六年中教导过儿子的每一位老师，正是他们认真负责的教学，才使我的孩子无论在学术上还是人格上都得到提升。我也为儿子认真不懈的努力而感动和自豪。在读小学的六年时间里，儿子从来没有迟到、早退，没有缺过一天课，年年获全勤奖。在纽约州每年对三年级以上学生英文和数学的州会考中，儿子年年都拿到满分的成绩。每一个学年结束，报告单上显示的都是最高的成绩。而且他还当选为学生会委员。他学习成绩优秀，身心健康，深受老师和同学的爱戴。在生活、学习及各方面都养成了很好的习惯，为以后的发展打下了良好的基础。儿子在快乐中完成了他的小学教育。小学毕业获奖是丹丹人生中第一次大的荣耀，让他初尝成功的快乐。他在当天的日记中这样写道：

On Monday, June 25, 2007

I had my Graduation Ceremony. During this ceremony, I felt a mixture of happiness and sadness. At long last, I was graduating from my school, PS 188, which has served me well for the past six years. But then, on the other hand, I was leaving all of my friends behind, for we were going to different middle schools. I also felt a mixture of pride as well, for in the most exciting part of the ceremony, where teachers gave out prizes, I got the best prize of all.

Before the graduation ceremony, my dad had told me that I got the biggest student award of all. However, when the teachers began calling out names for awards, many times before a certain prize would be given away, my friends would look at me expectantly. Each time, however, they were disappointed.

I was beginning to sweat profusely after several prizes that I believe should' ve been mine eluded me. I felt several pangs of jealousy when I didn' t get several math awards, reading and writing awards, etc. I was giving up hope that I would get any prize at all, even though I was one of the best in my year.

Suddenly, the principal' s voice rang out and called my name. I felt several pangs of great joy. With wobbly legs, I stumbled onto the stage to receive my reward.

Everybody had believed that I would get paper certificate, so, obviously, they were not expecting the principal to hand me a wooden plate with my name on it. There were "wow" s and several people looked at me in surprise. I grinned as cameras took pictures of me.

I couldn' t believe it. I simply couldn' t believe it. I had gotten a handsome plate, while others got mere paper certificates. I grinned at people' s envious faces. That day, I was the happiest child in the world.

（中文翻译）

2007 年　6 月 25 日　星期一

2007 年 6 月 25 日，是我毕业典礼的日子。在典礼仪式上，我体会到一种幸福和忧伤相互混杂的感觉。我终于从公立 188 小学毕业了，这所在过去的六年里为我服务、给我知识的学校。但在另一方面，我即将离开我所有的朋友，去不同的中学。我也同样地感到自豪，因为毕业典礼上，最令人激动的是老师发奖，我得到了所有奖项中最好的奖。

在毕业典礼开始前，爸爸告诉我，我可能得了最大的学生奖。然而，当老师开始大声念获奖学生的名字时，很多时候，在奖项发出之前，我的朋友们都充满希望地看着我，然而，每一次都让他们很失望。

当我认为应该属于我的几个奖没有发给我时，我开始感觉汗水涌了出来。我相信不会有我了。想到我没有得到数学、阅读、写作等奖时，我突然感到一阵嫉妒的剧痛。我已放弃了我会得任何奖的希望，即使我是年级里最好的学生之一。

突然，响起校长的声音，并喊着我的名字。我感到一阵巨大的喜悦，颤抖着双腿，跌跌绊绊地跑上台接受校长颁奖。

每个人都相信我会得到一张纸的获奖证书，但很明显，他们没有想到校长发给我一块刻有我的名字的木质奖牌。人们发出“哇”的声音，还有一些人向我投来惊讶的目光。当照相机对着我拍照时，我咧开嘴笑了。

我不能相信。简直不能相信，我得到了一块这么漂亮的奖牌，其他人仅仅得到了一张纸的证书。我在人们的羡慕中笑着。那天，我是这个世界上最幸福的孩子。

注：在毕业典礼开始前，一位负责学生家长会的老师悄悄地向我丈夫透露，丹丹这一次可能获得了最高毕业生奖。

注重情商培养

我们知道，IQ（intelligence quotient）代表一个人的智商指数，是指人的逻辑思维、理解力、认知力、记忆力和学习的能力。IQ 被认为与遗传有关，是人生来就有的，后天人为的干预对智商影响不大。EQ（emotional quotient）是指人的情感指数，是自我情绪的掌控及在社会实践中与人交往的能力，是能够在后天培养的。智商在学习中起重要作用，智商太低学习会吃力，智商高学习起来更容易。但智商高不等于你在未来的社会竞争中能够成功。最终在社会上能成功的人，很多是那些智商情商都很高的人。所以我们说，孩子将来能否学习工作顺利，达到最佳预期结果，很重要的一点，是来自他的情商，取决于他的人格和素质特征，以及是否能够与他人合作。二者相比，情商和智商同等重要。

丹丹小时候不太爱说话，性格也比较内向，遇到事情不太会与人相争。这种性格可能是天生的，也可能与独生子女特定的生长环境有关。这当然不是什么坏事，但如果不加以引导，很有可能会阻碍孩子未来的发展。小学一年级时发生的两件事引起了我的注意。

有一次，学校里老师上公开课，请家长去参观。老师将每两个学生分为一组读书，每人轮流读一页，读完之后讨论。丹丹和一个印度女孩分一组。轮到丹丹读时，刚读了半页，女孩子就没有耐心听下去，将书翻到下一页，自己大声念起来。这样反复多次，直到一节课结束。对别人抢先读书的行为，丹丹竟然一点反应都没有。我看在眼里，心里觉得这个印度女

孩很强势。我当时没有说什么。

第二天晚上，正好是老师和家长谈话日，我便随口将这事说出来，原本是想第二天老师可能会给丹丹重新调整，换一个新的组合。没想到老师却说："告诉丹，要告诉他的同伴，这样做是不对的。要阻止她（fighting back）。"我将老师的话原原本本地告诉了儿子。第二天，在老师让学生分组阅读时，丹丹一开始就告诉那个女孩说："你要遵守规则，必须你读一页，然后，我读一页。"面对丹丹的坚定态度，女孩子在读完一页之后，乖乖地将书交给丹丹。这件事就这样圆满地解决了。

这件小事让我知道了，在美国，面对不公平的事，你要维护自己的权益，自己发出声音，要敢于说"不"，不能事事依赖别人或者老师帮你。美国人的这种处事态度是从小培养起来的，我们也应该这样教育孩子。这以后，我更加注意儿子性格和情商的培养，凡事让他学会自己处理。

另一件小事也发生在小学一年级。

一天下午放学后，丹丹在车上就哭着告诉我说：一个同学笑话他的名字，用他的名字给他起外号。我说："你要反击他，制止他那样做。"丹丹回答："我说了，可是没有用，已经好长时间了。"那个俄国小男孩我认识，还见过他的父母，是看上去很有教养的一对夫妻，丈夫是某中学的体育老师，妻子是一位护士。夫妇俩只有这一个儿子，比较娇惯。看丹丹哭得很伤心，我也很难受。想起上一次刚刚过去关于读书的事和老师对我们说的话，我清楚地意识到，教育孩子在心理上坚强起来，是我做母亲的责任。独生子女家庭的孩子，很容易养成敏感脆弱或者依赖的性格，这种性格一旦形成，在今后的人生路上就无法面对挫折。一个不够坚强勇敢、胆小怯懦的人，在未来的社会竞争中是很难取胜的。从现在开始，我教育的重点要放在孩子性格的培养上。我必须说服他，教会他自己去解决遇到的问题。

美国是一个多种族、多元文化的国家，校园霸凌事件并不是什么稀奇的事儿。小学里还相对简单一些，孩子越大，这种事情就越常发生，特别是在很多普通的高中。还记得刚到纽约，我们去找房子时，遇到一位中国来的母亲，说起她的儿子刚到美国时，曾在学校里被同学欺负，又不敢告诉父母，慢慢地开始不喜欢去上学。白天学校上课时，他就在公园里的椅子上坐着，直到放学时间到了，他才回家。很长时间以后父母才知道，后来还是给孩子转了学校。如果是在中学，这种事情发生后，有些孩子为了保护自己不被欺负，就加入到校园帮派中去，整天处于自身和外界的压力之下，无心读书，后果很不好。儿子还这么小，遇到一点麻烦是好事情，能引起家长的注意。如果孩子自身不够强大，不够自信和独立，将来遇到的问题会越来越多，就没有办法好好学习。

我一路开着车，想着心事。儿子坐在车子后座上，哭了一会儿，看妈妈没有说什么，也止住了抽泣。

回到家里，我让儿子坐下来，心平气和地对他说："丹丹，你刚才对妈妈说的，妈妈都知道了。你把一肚子的委屈哭了出来，感觉好多了吧？你现在可以听妈妈对你说了。你是男孩子，长大以后就是男人，就要像你爸爸那样在外面打拼。男人就应该坚强，挺胸抬头地走路，就应该顶天立地，敢说敢干。你这么小，以后的路还很长。你现在上小学，将来还要上中学上大学，要去工作，会遇到很多不同的人和各种不愉快的事，你必须要学会去面对，去处理。学校里的事，你要自己想办法去解决，妈妈帮不了你。但是，妈妈相信，这点小事你自己一定能处理好！"我知道，对一个六岁的孩子说这些话，他不一定全都能理解，但我也要说给他听。我不能充当孩子的保护伞，出面去为他解决问题。因为我不可能跟在他后面一辈子，为他铺路，为他扫清障碍。他也不可能永远是六岁，永远都长不大。我的儿子，无论在身体上，还是精神上，都要强大起来。

听我这样说，儿子点头答应着，表情没有那么伤心了。丹丹在第二天上学时，对给他起外号的男孩子说，"你必须停止用我的名字开玩笑，不然，我马上给你起一个外号。"那个男孩儿立刻向儿子保证，以后不再用丹丹的名字开玩笑了。儿子后来还同他成了不错的朋友，被邀请去参加他的生日 Party。

自从这两件事之后，我们更加注意丹丹个性的培养，常常有意识地给他创造出头露面和讲话的机会。儿子再也没有向我倾诉过学校里任何不高兴的事。我相信，他在外面也会遇到各种不同的人，各种情况和困难。有时我告诉他：在外面遇到什么困难，可以回来和爸妈说一说。他总是对我说："妈妈，别担心，我没事。就是有什么事，也不需要你帮我，我自己

能处理。”

身为母亲，在教育儿子真诚、善良、善待别人的同时，也要教会孩子保护好自己。社会是复杂的，由于各种条件的限制，很难达到完全公平。如果遇到不公平时，不要怕，要勇敢地站起来反击，维护自己的权益。

大约是在小学四年级时。有一天放学回来，做完了作业，丹丹走过来，开玩笑似地问我：“妈妈，你说我长得难看吗?”这句话让我意识到，儿子长大了，开始有了对自我的认识，也开始有了审美意识。这是孩子成长发育的一个阶段。在孩子每个发展阶段的开始，都是处在一个朦胧期，都要父母好好地引导。于是，我问他：“你认为你长得难看吗?你看妈妈难看吗?”“妈妈你好看!”丹丹回答。我对他说：“那么，你是妈妈的孩子，你就不难看！一个人，只要五官端正就是好看，特别是男孩子。好看不好看，很多时候不在脸上，在心里。”儿子似懂非懂地点点头。我就势对他讲了一些如何评价一个人，什么是正确的审美观等问题。

孩子对自我的认识，也是一个自信心的建立过程。一个非常有自信的人，一定很阳光。做事积极主动，不怕失败，敢于挑战自我。如果孩子缺乏信心，总认为自己不行，不如别人，那他就会有恐惧心理，遇事不敢做决断，也会失去很多学习、锻炼和发展的机会。

不要小看性格品质对孩子的影响。一个人，如果他不了解、不掌握一种知识和技能，他可以学习，甚至可以边干边学。但是，如果是情商不高，性格和人品有问题，即使他的智商高，有学问，也可能导致人生的失败。这就是我常对儿子讲的话：做人比做事更重要。

我的一位朋友，在一次谈话中说起她朋友的孩子：美国名校毕业，先后找了几份工作，每份工作都做不长久，有的工作是人家不要他，也有的是他自己不想干，最后只好待在家里。父母满怀希望、倾其所有供养出来的孩子，最后竟然是这样的结果。像这样的孩子，智商都很高，他们有智慧的头脑，却不知道如何与人相处，一点点的困难和挫折就能把他们压倒。如果我们培养出这样的孩子，即使是从世界上最好的大学毕业，又有什么用呢!

我们从不担心儿子的学习能力。多年来着重培养的，是儿子优良的品格和个性。随着年龄增长，经历增多，丹丹的性格逐渐由比较内向，变得非常开朗乐观。从说话有些腼腆害羞，变得敢做敢当，遇事爱思考，有自己的主见。上大学后，我们家里遇到重要的事情（如搬家、卖房子等），在做出决定之前，都要同儿子商量，认真考虑他的意见。

着重人格修养的教育，让丹丹养成了心胸宽阔的性格，从不把小事放在心上。有时在家里讨论问题，我们谁都不能说服谁时，也会争吵几句。可每次都是事情过后没多久，他就会笑嘻嘻地过来和我说话。看到我还在生气，就道歉地说："妈妈，还生气呢？对不起，别跟我生气。"我问他："你怎么这么快就把刚才的事给忘了？"他就说："哎呀，妈妈，谁还记着那个呀？过去的事就过去了。我还有好多事情要想呢。"我常戏称他"没心没肺"。儿子大大咧咧、宽容的性格很容易交朋友，从小学到高中直到上大学，总有一些同学围在他周围。打球有打球的朋友，学习有学习的朋友。儿子也很懂得满足，只要有地方打球、锻炼身体，有书读，能吃饱饭就很知足了。

丹丹每天总是高高兴兴地上学，高高兴兴地回家。很少讲学校里老师如何，同学如何，这也是我教育的目的。我不喜欢孩子计较小事，也从来不在家里讲别人的事。如果一个人将他的注意力，放在日常生活中鸡飞狗跳的小事上，凡事斤斤计较，他还能思考其他的问题吗？人的精力和大脑思维是有限的，花在无用的事情上多，花在重要的事情上就少了。

父母的参与和榜样

美国的学校非常鼓励学生家长参与学校活动。学校通常每个月都会举办家长会，向家长介绍教学、管理以及资金运作的情况，有时也号召家长为学校捐款。是否出席家长会，都是自愿的。美国的家长很乐意参加这些活动，乐于给学校提各种积极的建议，为学校捐款，做义工。在充分利用学校资源的同时，也努力为自己孩子的学校做贡献。家长参与，在某种程度上也会引起学校的重视。学校好了，自己的孩子才能在学校里接受好的教育。而好学校周围的房价也会居高不下。

在来美国之前，我曾经认为：中国和美国相比，中国的文化更加古老深远，中国人比其他的族裔更重视子女的教育。其实，这种认识是错误的。在美国，那些生活在社会底层的非裔、拉丁裔和其他少数族裔的人，整日为生活奔忙，确实很难有时间顾及子女的教育。但中产阶级以上和有一定经济条件的家庭，是非常重视子女教育的。他们了解美国的社会和美国的教育体制，愿意亲自投入到子女的教育中去。丹丹中学时参加学校篮球队，在球队打比赛的季节，每场比赛，都有家长自愿去帮忙，当啦啦队，为孩子们保管物品，用自己的钱为他们买饭送饭。儿子回来说起这些，都让我们很感动。可能会有人说：美国人收入高，所以有时间做这些事。事实并不是这样。在美国，工薪阶层的收入看似高一些，但是，房屋贷款，车辆贷款、学生贷款、地税保险，州税、市税、联邦税以及养老保险、医疗保险等都要交。所以，美国人的生活压力都很大，但他们还是愿意抽出时间为孩子做这些事情。美国的教育已经是社会、家庭和学校融为一体，没有人认为孩子的教育应该归属哪一所学校，或者是该由哪一个人负责。

在小区的公园里，常看到几个妈妈在聊天，但她们的眼睛却是盯在一旁玩耍的孩子身上。美国的妇女，如果经济情况允许，结婚有了孩子后，很多人都愿意回归家庭，教育子女，待孩子长大之后，再重新出去工作。学校家长会上，看到的绝大多数是白人的面孔。他们不但积极参与学校活动，还发言提问，提建议，替孩子发出声音。甚至很多非裔孩子的父母，都很重视子女的教育。相比之下，我们中国的很多家长倒是没有那么积极。

丹丹在小学天才班里的同学，有一半孩子的母亲是全职妈妈。甚至还有全职爸爸。他们中的一些人，白天几乎是全天都在孩子学校里的。他们帮助学校办公室整理复印文件，去教室为孩子们读书，上户外课时，帮助照看学生，小学校里办公室的工作，很多是学生家长帮助做的。

每天早上，我开车送儿子上学，都有家长站在学校门口，义务给孩子开车门，为的是不造成车辆拥堵和保证学生的安全，我丈夫就经常参加这种清晨义工的工作。如果轮到他去做，他就要早早地到学校，一直到学校开始上课了，才能回家。

下午学校放学了，这些父母又带着自己的孩子去图书馆借书，读书、做功课和课外活动。周末送孩子参加体育运动和公益活动，参加各种竞赛，提早为子女做好升学准备。很多人几年如一日地为学校服务，一直到孩子毕业。那些实在没有时间亲自照顾孩子的高薪家庭，甚至花钱请家庭教师和专业人士，为孩子做学术辅导，做升学规划，寻找各种有益的信息和参加比赛的机会。

无论从哪个角度来讲，家长的参与对孩子的教育都是有利的。为了了解美国的教育，更是为了关注儿子的成长，我们从孩子刚上小学开始，就积极参加学校家长会的活动，我丈夫后来还成为小学领导小组成员。这个习惯一直坚持到丹丹高中毕业。我丈夫常说：“我这样积极地参加学校活动，也是给儿子树立一个榜样，等他将来有了自己的孩子，他也会像他的爸爸一样去关心他们，去参加家长会。”他还说：“是孩子让我们有机会看

到并了解美国的基础教育，等孩子毕业离开学校了，你再想来参加都不行了。我们应该好好珍惜这个机会。”

在小学阶段，学校每年都要组织学生，做几次户外教学和户外活动。为了安全，常常需要家长的帮助，我经常报名参加这些活动。做义工有许多好处。首先，可以近距离观察孩子在学校的表现，发现问题及时解决。其次，可以了解学校的教学内容，有的放矢地帮助孩子学习，还能熟悉孩子的老师、同学和朋友。儿子小学同学的名字我都叫得出来，和很多同学的家长至今还保持着联系。

在与孩子相处的过程中，父母能及时发现孩子的问题并给予纠正。也让孩子感觉父母很关心他，很爱他，他的一切行为都没有离开父母的视线。

后来，丹丹考上了亨特高中。在高中的六年时间里，学校家长会每个月都有活动，学校向家长介绍教学情况，资金运转情况，也号召家长捐款。我们虽然住地离学校很远，但我丈夫每次都克服困难去参加。学校开会都是在晚上，为了赶时间，他下班后不能回家，直接坐车去曼哈顿儿子的学校。开完会回到家，经常已是夜里十一点。虽然辛苦，但我们都感觉，这是人生的另一种享受。陪伴孩子成长，是人生的一个阶段，一个过程，这个时期一旦过去了，想找都找不回来。

亨特高中每年都号召学生家长捐款，用来支持学校各类学术和文体活动，以及给学生和教师的研究项目提供资助，聘请有特长的教师来学校辅导学生等。捐款也用来帮助学校改善教学环境。我丈夫常常在下班后，以家长会的名义，给学生家长打电话，帮助学校酬集资金。我们自己每年都是尽最大能力给学校捐钱。因为我们知道，儿子能进天才高中，接受美国最好的优质教育，已经让我们很感激了，捐出来的这点钱远远不够儿子所受到的这种教育的费用。在听到印尼海啸，中国四川、云南地震的消息时，我们还去中国领事馆并给美国红十字会送去我们的捐款，也让孩子知道我们的举动。我们的所作所为就是对他最好的教育，让他从小就要懂得同情弱势群体，懂得感恩，懂得回馈社会，这比单纯的说教更有力量。

美国优质的高中和大学，资金比较雄厚，很多都是来源于毕业的校友捐赠。我常对儿子说：“将来你有了工作，千万不要忘记回馈你的学校。”

儿子总是说："妈妈，别担心，我一定会的。"

我们这些生活在美国的华裔，在子女享受到美国先进教育的同时，也要多思考如何回馈社会。很多美国的父母为了子女教育既奉献时间，又奉献金钱，是很值得我们学习的。我曾经见到一对中国来的父母，家就住在小学校旁边，却借口工作忙，学校的活动很少参加。见到他们出席学校的家长会是有条件的，开会的内容决定他们是否出席。如果会议的内容是关于学生考试，考天才班或是纽约州会考的，他们一定不会缺席，而且是夫妻俩都要到场。其他内容的会上，见不到他们。很多人也有同样的情况。对这种现象，其他族裔的家长常常表现出不理解，时间久了也见怪不怪了。

美国社会崇尚自由，尊重个人选择，很少有人会告诉你，应该怎么做或者不应该怎么做。你不关心学校，不关心社区，不会有人当面指责你。但并不能由此认为是对的。即使是自己的孩子，也难免会有意见。因为他们生长在美国，接受的是美国的教育理念。丹丹一位小学同学的母亲，有一次见到我，对我大吐"苦水"。说她正在读高中的大儿子很"叛逆"，学习成绩不太好，还不愿听父母的建议和劝告。每天放学回家都把自己关在屋子里，不爱同父母讲话，还顶撞他们，无论父母说什么都认为是错的，都要给你顶回去，还说母亲"骗人"。她很苦恼，不知道如何做才好。我只知道他们做生意，平时夫妻俩都很忙，早出晚归，很少有时间陪伴孩子，也很少参加学校的活动和家长会。因为同子女之间缺少交流，尽管他们努力地工作，辛辛苦苦地赚钱，却不被孩子所理解。忙碌不堪的职场人士和新移民家庭，这种现象是很常见的。我对这位母亲表示同情。

在美国，中国人遇到困难时总爱说的一句话就是：我们来这里打拼这么辛苦，都是为了孩子。当看到孩子和自己闹对立时，就会很伤心、很委屈。可是，痛苦的时候也应该想一想自己的过失。作为新移民，生活压力很大，很不容易，但是再忙再累，也应该多关心孩子。有时候，孩子也是很孤独和无助的。

还有一些是中美两国在文化和价值观念上的冲突。我们这些在国外出生长大的父母亲和生长在美国的子女，在对事物的认识上有时会有些不同。在一些家庭里确实存在这种现象：子女看不起父母。这种情况，父母

和子女都负有责任。在孩子的眼中，他们在学校里受到的教育和在家里看到的不一样。例如，很多人有乱扔垃圾的习惯，开启的罐头瓶子随手就扔，报纸和垃圾混为一体。在纽约，中国人聚居的社区，周围的环境卫生就是没有其他族裔的好。举一个我亲眼看到的小例子：有一天早上，我和我丈夫在路边散步，看到一个背着书包、中国学生模样的年轻人，从一个房子里出来，手里拿了一塑料袋垃圾，迎面向我们走来，看样子是要去上学。我就悄悄地说："他一定是要找个什么地方把这袋垃圾丢掉。"果然，他从我们身边走过去，在我们身后不远的地方，他将那袋垃圾扔到了路边的小树丛里。看到这种行为，我很气愤，真想冲过去告诉他，他不能这样做，让他把那袋垃圾捡起来。看他已经走远了，我只能庆幸我的孩子不是这样的人。

还有些人做生意，挖空心思想着怎么向国家少交税。甚至有些人，有自己的住房，开着好车，却让孩子吃学校里免费或是低价的午餐。家长似乎感觉占了很大的便宜，却忽视了孩子内心的感受。你可能是省下了一点小钱，但孩子内心的感受父母可能不知道。他会感觉很自卑，感觉不如别人。孩子慢慢长大了，就会看不起父母。如果每个人都这样做，想尽办法占点便宜，只知道享受美国的社会环境和美国的教育，不想付出和奉献，那学校谁来关心？高速公路谁来修？美国这个国家将会变成什么样子呢？

美国的公立学校，从小学到高中，都为有需求的学生提供减、免费午餐。每年秋季新学年开学，学校都要发给学生免费午餐统计表格。如果需要，家长就依据家庭年收入填好，学生就能够享受午餐资助。本着相互信任的原则，学校不去核查，也不会透露学生的信息。但这些补助费用都是政府用纳税人的钱，为确实是低收入家庭孩子提供的帮助，确保低收入的孩子也能够得到足够的营养。学校收取普通学生的午餐费本来就已经很便宜了，如果你有能力，就不要去分穷人碗里那杯羹了。还有的家长为孩子上大学能拿到一些经济资助，提前几年就做准备，将资产转移到自己的父母或亲戚名下，为钱想尽了办法，动尽了脑筋。孩子知道了，如何能看得起你呢？

父母自身的行为和处理问题的态度，比对孩子的说教重要一百倍。自己都做不好，又怎能去说服孩子呢？父母想要孩子成为什么样的人，自己首先要是这样的人。

我丈夫后来当选为亨特高中华人家长会主席。为给学校筹款，花了很多时间，与家长会的其他成员一起，在中国春节时组织春节聚餐文艺活动。帮助英文不好的家长与学校取得联系。常常在周末休息时出去开会，为华人家长会服务了三年。

一些中国的家长来到美国后，对美国文化不太了解，加上英文的障碍，不愿与学校及老师沟通，很多事情都依赖孩子自行处理，父母们很少过问。发生了问题还不知道，直到事情闹大，学校找到家里，家长才略知一二，情急之下四处求救。

我和爸爸一起上课好开心

有一件小事，就说明了家长与学校保持联系的重要性。那是在儿子上高中时。一天傍晚，我们刚要吃晚饭，电话铃响了。电话里传来一位华人家长焦急的声音，说学校要开除他的孩子。情急之下，家长打来电话，询问应该怎么办。事情原来是这样的：他的女儿在给一个男同学的电子邮件中说："我讨厌你这个同性恋。"那个男同学将这件事报告给了学校。在美国，法律严禁各种歧视，包括性取向的歧视。如果是成年人，说这样的话，恐怕会惹来很大麻烦。我丈夫先安慰这位家长，告诉他不要着急。然后，写 E－mail 同校长交涉，向学校说明，该家长刚来美国不久，对美国

的文化不是很了解，以此来争取较轻的处理。学校经过讨论，决定让家长和学生一起，学习关于学校不得有种族、文化、性别等歧视的文件。那位华人家长汲取了教训，从此后常与华人家长会保持联系，经常参加家长会的活动。

营造学习环境

要孩子做到学习时精力集中，学习的环境很重要。好的学习环境不仅要安静，还要有学习的氛围。家里要有书架，让书伴随孩子成长。我们在孩子学习的房间里放两张桌子，一张桌子是丹丹用的，上面放一台电脑和他学习用的东西。另一张桌子是我和我丈夫用的。靠墙一排书架，摆满了多年来我们为他买的书。书房里没有电视机。丹丹睡觉的卧室里，只放一张双人床、衣柜和一张桌子。家里唯一的一台电视机放在客厅里共用。他需要的学习用具，铅笔、橡皮、尺子以及订书机等，全部放在桌子上的笔筒里，用时伸手就能拿来。

要孩子养成读书的习惯，我们做父母的首先自己要爱学习，爱读书。如果你家里“干净”得连一本书都找不到，家长一年都读不了两本书，也不买书，你如何要求孩子好好读书呢？无论你读什么：报纸、杂志还是一本厚厚的书，只要读，就会对你有益处。你的行为也告诉孩子，你也是一个热爱学习的父母。我们家的几个大书架都摆满了书，有我和我丈夫的书，更多的是儿子的书。孩子看到父母在看书，不用你说，他自然就去看书了。

有时候，我丈夫还拿来他写的英文文章给儿子看，请他帮忙修改。每一次文章改好后，我丈夫在表示感谢的同时，还要不失时机地夸奖他几句：“你给我改得太好了，别看只给我改动了几个字，文章看起来就大不一样了。你的英文水平真高！了不起！”丹丹看到爸爸称赞他，还需要他

的帮助，心情自然很好，很得意，学习起来就更加起劲。父母要学会赞美孩子。这种赞美不是没有缘由地随便夸孩子，而是真正看到孩子的好处，赞美他，他才会更好。

为了写出来的字好看，一直到高中毕业，丹丹用的铅笔，都是我用小刀一根一根削出来的。每隔一段时间，我就把需要削的铅笔都找出来，一次就削十几根，再把它们放进文具盒和笔筒里备用。有一次，儿子一位同学的母亲问我："听说丹丹的铅笔都是用小刀削出来的，很好用。你怎么会这么有耐心呢？"其实，要做到这些并不难，只要心中有爱，留心一下就足够了。

学校里的素质教育

美国的学校和老师，不但在课堂教授学生知识，更注重学生的素质教育。素质教育，也即所谓的公民教育。素质教育不是那种有时间性地、一阵风式地教导孩子做几件好事，学习一点琴棋书画，或者向哪一位英雄人物学习就能够完成的。素质教育教导学生如何做一个合格的公民，做一个诚实、善良、勤劳、懂礼貌、有爱心、不走捷径的谦卑公民。这种公民教育，是学校、社会和家庭来共同完成的。公平、公正自始至终贯穿于美国基础教育之中。

在丹丹小学四年级时，我参加了一次学校的公开课。在一堂课即将结束时，老师给学生提出了一个问题：如果两个学生需要共同读一本书来完成一个课题，一个人想选这本书，另一个人想选那本书，如何解决这个问题呢？孩子们争相发言，各自提出解决的办法。老师只是微笑着听。最后，丹丹举手，说："Compromise（协商，妥协）。""非常好！"老师高兴地说。一节课就这样，在轻松的氛围中结束了。

小学四年级，还不到十岁的孩子，遇到矛盾和问题就学会了用相互妥协和协商的办法来解决。回想起我们在小学读书时，哪里懂得这些！美国的老师用生活中遇到的简单例子，教给学生处世哲学的哲理，听起来让人心悦诚服。

另一次经历是在丹丹五岁，刚上小学的学前班。一天放学后，丹丹告诉我说："今天，班里的一个同学拿了家里的 200 美元。中午吃饭时，在餐厅里分给他的几个好朋友，每个人 20 美元，我也分到了。”听到这些话，我立刻反问道：“钱呢？你拿了人家的钱，放在哪里了？他妈妈知道吗？”丹丹接着回答道：“我已经还给他了。”我继续追问：“老师知道吗？”“老师看到一个同学拿了 20 美元去机器里买零食，一问才发现的。把钱都收了回去，交给他妈妈了。”听儿子这样说，我才放心了。

学校里的孩子们从小就被教导，如果不是你的东西，你不能动。在儿子经常去的体育馆或图书馆里，常看到有人不经意落下的衣服及其他的小物件，不会有人去碰。如果你问一个孩子：“这件物品是谁的？”他会告诉你：“不知道，那不是我的。”冬天里，一场大雪过后，常常听到有人来敲我们家的门。打开门一看，是邻居家的大男孩儿，问是否需要帮忙铲雪。美国的父母很注意培养孩子的劳动精神，从小就教孩子要靠自己的劳动赚钱。我付出了劳动，就应该拿我应得的那份报酬。没有付出，就没有理由接受这个钱。

儿子在学校里接受的就是这样的教育。

激发孩子内在动力

在家里，我们一直坚持按照德、智、体全面发展的教育目标，全心培育孩子。孩子是复杂的、有血有肉有思想的人，不是一件随你任意摆放的器物。我要经常揣摩儿子，琢磨他的想法、要求，也琢磨着如何做到既让他高兴，还要达到我们的要求和目的，真的是要“斗智斗勇”。我的基本原则是内紧外松。家庭环境是宽松的，但孩子的一切行为都在父母掌控之中。我们给他自由，但自由是有限制的。任何事情，在允许的范围之内都可以，不能超越我要求的底线。还要随时留心孩子的动向。俗话说，近朱者赤，近墨者黑，交什么样的朋友对孩子影响很大，我总是尽可能多地了解他的朋友。同小学时相比，丹丹上中学后，学习和生活已经基本独立，我去学校的机会明显减少了，他的同学和老师我也不太认识了。但通过一些现象，还是能够知道他都和什么人在一起。好在从小学一直到高中，丹丹都在纽约市最好的学校读书，也省去了我很多的麻烦和担心。

小学的六年时间里，每天早上我要开车送儿子去学校。在丹丹打开车门下车前，我常常叮嘱他的一句话是：“努力学习（work hard）!”放学后常问的话是：“在学校里怎么样？一切都好吗?”“在学校里高兴吗?”而不是问他在学校里都学什么了。孩子上学，一定能学到在家里学不到的东西，这些不用我们担心。重要的是要养成做事努力认真的好习惯。勤奋和努力是成功必备的基础。

丹丹在小学读的是天才班，中学和高中都如愿考入纽约市的顶尖学校

读书，在各类比赛中常常获奖。每次取得成绩，我们做父母的都极为高兴。但是，即使是对孩子鼓励的话，也是要有选择性说的。在鼓励和赞美孩子时，我总是赞扬他的勤奋和努力付出，不怕困难，勇敢挑战自我，鼓励儿子朝自己的目标前进，而不是称赞他的“聪明”。因为，“聪明”二字，是与人的天生能力相连的。人要靠努力拼搏来达到成功，而不是靠“聪明”取胜。

我们坚持对孩子严格要求，从不轻易对儿子做任何物质上的许诺。如果是学习或生活中需要的东西，即使儿子没有开口向我们要，我们也会主动地买给他。但是，这些物质上的东西，决不与学习和表扬奖励挂钩。我买给你，是因为你需要。人性中都有阴暗和贪婪的一面，孩子也一样。如果你将贪婪的东西诱发出来，贪欲就会变得越来越强烈。物质带给人的只是暂时的快乐和一时的兴奋，这种快乐和兴奋是不会维持长久的。

要想孩子优秀，就要激发他内在的动力，即主动学习的能力，这是孩子人生智慧的源泉。要让他懂得：学习是为了提高你自己未来生活的质量，不是为父母或者任何其他人。如果你自己不要，别人帮不了你。这些观念慢慢灌输给儿子，让他把物质看淡了。在后来的学习中，每当取得一点成绩，我们主动提出要给他一点什么奖励时，他总是说：“不需要，我不是为你们做，是为我自己做的。”丹丹上小学开始，我从来不像有些妈妈那样，坐在旁边看着他学习，我还有我自己的事情要做。但他做完的作业我要检查。读书是自觉自愿的，他自己不要，你就是拿鞭子赶着也没用。我家里厨房的门和儿子的书房相连，他的电脑屏幕正对着门。这有一个最大的好处是，我可以经常在做饭时看看他在做什么。中学前的孩子，需要

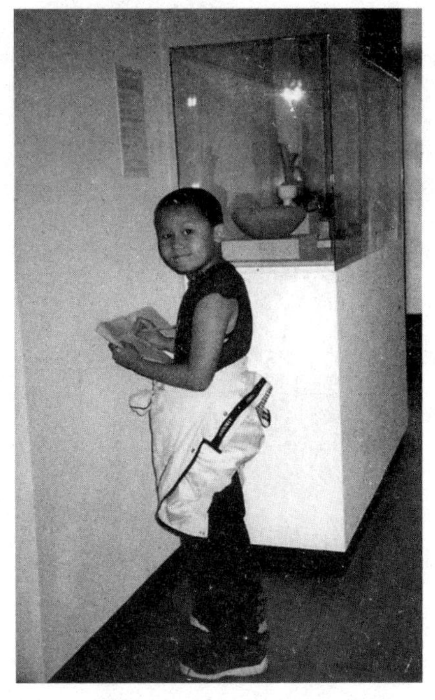

参观耶鲁大学博物馆（八岁）

父母更多的监督和管理。

丹丹每天放学回家，先洗手，吃些水果。休息一下后，就进他的书房，打开电脑准备写作业。家里学习条件好，安静，孩子就能沉下心来读书。从小学到高中，可以说，在每个阶段，丹丹都有很多课外活动，都很忙。但是，正是因为学习注意力集中，高效率地利用时间，才能把事情做得又快又好。

防止网瘾

一段时间里，在如何让孩子接触和使用计算机的问题上，我们是很矛盾的。现代化的网络社会，孩子离不开计算机的使用。但是，近年来，报刊杂志中经常报道因为玩网络游戏成瘾而耽误了学业，毁掉孩子前程的案例。看到那些失败的案例，我们对计算机是又爱又怕，不知道如何做才能让计算机既帮助孩子学习，又不让网络游戏伤害到孩子。刚开始时没有经验，只能摸着石头过河，小心翼翼地摸索着前行。在小学二、三年级以前，孩子还小，比较听话，这个时期的孩子，家长还是可以掌控的。

小学二年级时，我丈夫说，应该教孩子学习电脑打字，这对以后的学习会很有帮助。于是，他找来一本英文打字指法练习书，让丹丹按书上的指法练习。每天练一点，没过多久，儿子就熟悉了键盘，字也打得飞快。

担心丹丹在网上玩游戏，我们就限制他使用计算机。但看到别的孩子玩电子游戏，又感觉一点儿不让孩子接触也不太好，毕竟这是他们这代人玩的东西。后来想出个办法：买游戏机，在电视机上玩。小学二、三年级的暑假，中午吃完了饭，我就打开电视机，陪儿子打一会儿游戏。这种游戏机不能无限制地玩升级，就不会成瘾。而且每玩儿完一个游戏，都要再去商店买新的，与计算机上的网络游戏相比很不方便。这种游戏机在市场上，很快就被新产品所替代。丹丹在假期里玩了一阵子，就失去了兴趣，不再玩了。

可别小看这些孩子，他们之间也经常在交流玩游戏的经验。小学四年级开学后不久，我就发现了儿子的变化。几乎每天放学，从学校里一出来，丹丹都对我说："今天的作业，老师要求用电脑做。"出于对他的信任，我同意了。回家后打开计算机，我就去厨房忙别的了。

儿子撒谎都不会变换花样。因为每天放学后，丹丹都对我说同样的话，要求用计算机做功课。两个星期之后，我便对他的话产生了怀疑。一个小学四年级的孩子，每天的作业都要求在电脑上做？是什么样的作业，要做这么长的时间？于是有一天，我就在他做作业时，悄悄地从厨房门的门缝向里面看。一看才知道，他不是在写什么作业，而是在计算机上玩游戏，玩儿得还挺专注。见我推门进来，吓得赶紧把屏幕上的图像翻了过去，换上了英文字幕。

看到这个情景，我很生气。我对丹丹说："你不是说要做作业吗？怎么变成游戏了？既然不是做作业，你就应该和妈妈讲，告诉我你需要时间玩一会儿，不能骗妈妈。妈妈不是不讲道理的人。如果你的要求合理，我会让你玩的。你这样偷偷摸摸地玩，对你很不好。人的精神总是处在害怕和紧张的状态之中，就会影响思维能力。如果真的是控制不住一定要玩，那我就坐在这里看着，让你每天放学回来，高兴放心地玩二十分钟，你看好不好？如果你不能遵守时间，以后你学习时，我就要坐在这里看着你，因为你不遵守规定。"听我这样说，儿子有点害怕了。他不想让我生气，更不想让我每天都坐在那看他做作业，他不想没有自由。于是，丹丹对我说："妈妈，对不起，我以后不玩了。"

我说话算数。在以后的日子里，丹丹每天做完了作业，我就让他玩一会儿。但时间不能太久。从那天开始，我每天都要注意他使用电脑的时间和内容。经常去他屋里送杯水，送个水果，借故去看一下。并且尽量用阅读、去图书馆借书和各种课外活动，体育运动等，将放学后的时间填满。还经常让我丈夫在丹丹上学后，检查他的电脑使用记录。

有一次带儿子回中国，在飞机上遇到一位男士，坐在我的旁边。闲聊时知道，他的家住在离我们不太远的同一个区域。谈起现在的孩子玩电脑游戏，他很气愤地说：他的儿子已经上小学五年级，最近发现他上课不注意听，学习成绩下降，眼睛还总是红红的。后来发现，孩子每天晚上很晚都不睡觉，在房间里玩儿游戏。我告诉他："孩子睡觉休息的卧房里，最

好不要放计算机。”他说：“房间太小，没有空间给他专门学习用，只好把计算机放在睡房里。”纽约的住房太紧张，这种情况很常见。卧房就是书房，家长对孩子的学习时间和作息时间都很难控制，更不知道他大多数时间在房间里干什么。如果父母再整日忙于生计，孩子的好坏就全靠自觉了。

计算机信息时代的到来，为整个世界带来了翻天覆地的变化。人们在日常生活和工作中，越来越多地离不开计算机产品。美国的计算机使用非常普遍，很多家庭有几台计算机，连学生写作业都离不开电脑网络。但与之相伴而来的就是电脑网络成瘾。任何东西一旦成瘾，纠正起来都是很困难的，唯一好的办法就是提早预防。

现在的孩子和我们小的时候不一样。我们小时候，放了学就和几个邻居的小朋友在院子里疯跑，跳格子，踢毽子，捉迷藏。虽然物质匮乏，没有现代化的玩具和游戏机，但无忧无虑的生活也挺快乐。而现在的孩子，放了学后，很多就只能待在家里，吃零食，看电视，玩电脑。等玩够了玩累了，看看表，估计差不多父母下班快回来了，才开始写作业。有的孩子则玩到很晚，直到最后一刻才不得不草草完成作业。夜里睡眠不足，白天上课又昏昏欲睡。很多孩子沉迷于网络游戏，严重影响了身体健康与学业发展。

近年来，电脑和网络游戏，成为让很多家长头痛的问题，也引发了很多人的关注。为了避免儿子网络成瘾，我们不给他买电子产品和游戏设备，很多孩子都喜欢玩的 iPad，iPhone 智能手机等，儿子都没有。我还注意观察丹丹的行为习惯是否有变化。小学时，我每天都要检查他的书包，看他从学校带回来的功课，关注他的学习情况，严格规定作息时间。在小学阶段，晚上九点之前必须上床睡觉。上中学后，功课多了，也尽量在十点左右休息。同时还要留心他交的朋友。

美国孩子喜欢开聚会（party），丹丹也常常接到邀请。参加聚会可以多交朋友，增强孩子的社交能力。大多数情况下，我是支持丹丹去的，但也不是“来者不拒”。有一次，丹丹一位朋友的妈妈对我说：“我的儿子很喜欢同丹丹玩，我们家里什么游戏都有，我们约个时间让他们一起玩儿一天。”像这样的情况我就婉言拒绝。我不让孩子去，是因为玩儿完了回来，孩子会很羡慕他的那些朋友，心很难收回来。我又要花很大的力气才能把他扭转过来。这就是所谓的“下坡容易，上坡难”。

儿子上高中以后，我又发现他有脸书（Facebook）。想阻止，又感到不妥当。因为在现代化社会，E－mail，Facebook 都已经成为社交和联络的工具，成为人们生活中的一部分，只能引导孩子正确地加以利用。我经常提醒他不要花太多时间在上面。同时，不要在网络上和不认识的人联系。幸好学习任务很重，要保持好成绩，又要参加很多的课外活动，玩的时间自然要减少。

如何培养阅读习惯

人们对知识的获取，绝大部分是通过阅读来完成的。世界发展到今天的高科技时代，竞争越激烈，人们对阅读能力就越重视，也越离不开阅读。因为，一切竞争都是知识的竞争，而获得知识的重要渠道就是阅读。

美国学校对培养学生的阅读理解能力极为重视。小学教室里的墙上，就贴着“阅读，阅读，阅读”（reading，reading，reading）的标语。培养孩子的阅读能力是美国小学老师英语教学的重要内容之一。虽然小学没有统一的英语教材，但是大量的儿童读物就是学生的教科书。英语教学主要是依靠读书、读经典原著来完成的。丹丹在中学时期，有一段时间，英文课就是读莎士比亚的文学作品并写书评。这样训练出来的学生，英文能力和自我表达的能力都比较强。

这种教学方法的好处，是通过大量的阅读，将孩子的阅读能力、阅读习惯培养出来。孩子在阅读中既享受到故事的快乐，也吸收了大量的知识及信息。

事实证明，阅读是通往成功的必经之路。一个学业优秀的孩子，一定是一个爱读书、有阅读能力的人，也将是一个有终身学习能力的人。

美国教师对小学生的阅读训练是有的放矢的。老师规定：每个学生在读书时，要思考五个最基本的问题。即什么人（Who）？什么事（What）？什么时间（When）？什么地点（where）？什么原因（Why）？因为这五个单词都是以字母 W 开头，所以又被教师和学生统称为“五个 W”。对初学阅读的孩子来说，这五个方面的问题对读懂文章的内容是非常有帮助的。

下面是小学一年级天才班老师给学生的阅读指导：

1. Who were the main characters? How do you know?
   谁是主要人物？你是怎么知道的？
2. How did the author get you involved in the story?
   作者是如何把你带入故事中的？
3. Where and when did the story take place? How important was the setting?
   故事发生的时间和地点？故事背景的重要性？
4. Was the title appropriate? What title would you have given this book? Why?
   你觉得这本书的书名合适吗？如果你给这本书命名，你会给什么名字？为什么？
5. Who told the story/who was the narrator? How do you know?
   这个故事是谁讲的？你是如何知道的？
6. What kind of person is the main character? Give examples from the book to prove your thinking.
   主要人物是什么样的人？举出书里的例子来证明你的想法。
7. Did the character change in some way during the story? How? Why?
   故事中主要人物有变化吗？怎样变的？为什么？
8. Does the character or book remind you of another book/character?
   这本书或者书中的人物使你想起另外一本书或者人物吗？
9. What character are you more like or unlike? How?
   说出书中你最喜欢和最不喜欢的人物？为什么？
10. Compare the main character to a supporting character.
    比较主要人物和一个次要人物。
11. What is the main idea in the book?
    这本书的中心思想是什么？

下面是更高一级的理解问题。你要根据孩子读书的内容，要求孩子回答这些问题，

1. What does the book say about. . . ?

这是一本关于什么内容的书?

2. What can you conclude about...?

你能得出什么结论?

3. What does the picture mean?

这幅图画是什么意思?

4. What is your evidence about your thinking?

你的观点的证据是什么?

5. What do you suppose would happen if...?

如果这件事发生,你的假设是什么?

6. What was the author' s purpose?

作者的目的是什么?

7. Facts vs. opinions

比较事实和观点

8. What would you do if...?

如果某件事发生了,你应该做什么?

这是教师对学生阅读课的要求,如果家长、学生共同按照上面的要求去做,孩子的阅读水平就能得到极大的提高。

小学的孩子,放学后最好的去处就是公共图书馆。我们每个人都办了图书馆的借书证。为了培养儿子的读书习惯,学校上课的日子,我常常是下午放学,把儿子从学校里接出来,直接开车去图书馆。每个星期至少去两到三次。每次去,都要在那里停留很长时间。丹丹去儿童图书区看书,我就去了成人图书区,我们各自找自己需要的书看。学校放假了,图书馆也是我们白天常去的地方。

图书馆里儿童书丰富多样,丹丹喜欢去图书馆,经常是从图书馆里出来,再借一袋子书拿回家读。小学时有几年夏天,暑假回中国探亲,儿子也要装满一书包的书带回中国读。时间久了,图书馆里所有的儿童图书都被他看完了,我就带他去书店找书看。

美国的书店类似图书馆。与图书馆相比,书店里有更多新出版的书。书店里有售卖茶点的小咖啡厅,读者可以一边休息,一边读书。也有很多桌椅供读者使用。你可以像在图书馆里一样，在书店里上网、看书，无论多久都不会有人来打扰你。如果是遇到了儿子爱不释手的新书，我就给他买回来，让他回家慢慢地读。就这样日积月累，我们家里积攒了很多美国著名作家写的儿童故事和小说。丹丹读书的劲头非常足，每次看到喜欢的书都想买，可是又舍不得让我们为他花钱。我总是鼓励他说："喜欢的书就买，书就是知识，花钱买知识是最值得的。"

阅读的习惯是一点一滴慢慢培养出来的。小学三四年级时，丹丹最爱看《哈里·波特》(*Harry Potter*)，每一版新书发行，我们都是最先买回家给他读。儿子眼睛近视，为了节省用眼，我就买来《哈里·波特》的 CD 磁带给他听。从学前班开始，我们就给他订阅美国著名的儿童刊物，如《儿童精彩集锦》(*Highlights*)，《儿童时代》杂志（*Time For Kid*），《蟋蟀》杂志（*Cricket*），《国家地理学》杂志（*National Geographic*），《科学美国人》(*Scientific American*)，《时代》杂志（*Time*）和《经济学家》杂志(*The Economist*)，从简单的儿童刊物，到具有一定文学深度和科技类的杂志，在儿子成长的不同时期，我们都订来给他读，从来没有间断过。

丹丹五岁时刚上学前班，识字不多，我们就规定他，每天晚上读一篇初级儿童读物 *Highlights* 中的小短文。我们和他一起读文章，要求丹丹一个字一个字地大声读出来，不放过任何一个不认识的生字。从最简单的小文章开始，遇到不会的字就教他查字典。读过的文章用笔写上日期，读完的书和杂志都整齐地摆放在一起，这样也让孩子有一种成就感。

美国的儿童杂志办得非常好，生动活泼，新颖有趣，丹丹很喜欢。通过有计划有规律的训练，儿子很快就能看比较长的文章和书，也对读书有了兴趣。小学三年级时，班里组织学生阅读和查字典比赛，丹丹还得了第一名。

为了培养孩子的思考能力，我们按照上面老师发给学生的阅读要求，每读完一篇儿童杂志中的文章，就向他提问，要求他回答那几个问题。每天读儿童杂志和回答问题的习惯一直坚持到小学毕业。上中学和高中后，学习紧张了，我就经常将收到的新杂志放在他的书桌上，或者厕所的架子上。希望儿子有时间时，即使翻翻文章的标题也应该是有益处的。

我们要求丹丹多读名家名著，有些名著要反复多次阅读。我丈夫在图

书馆工作，也可谓是“近水楼台”，经常将馆里新买进的图书借回家，或者向他介绍最新出版的书籍和著名作家。我家里有几个大书架，上面摆满了各种书籍。多年来，我们一直坚持订阅《纽约时报》（*The New York Times*）。带孩子去图书馆借书时，我也常借些如何教育子女的书和中文刊物来读。儿子小时候，经常是吃完了晚饭，我们三人都各自手里捧着一本书安静地阅读。

记日记

随着孩子阅读量的增加，英文单词量也不断地加大。如何更好地熟悉和运用这些词汇呢？记日记就是个非常好的办法。丹丹刚刚进入小学二年级，我们便要求他每天写日记。从几句话开始写，慢慢增加字数。对内容我们没有要求，只要写就行，动笔有益。即使是简单的、流水账似的日常活动记录对孩子也有好处，时间久了，就能见成效。

记得儿子八岁那年的暑假，我带他回中国探望祖父母。在北京火车站等车，他感觉无事可做，便从书包里拿出日记本写日记。在中国住了一个月，除了会见亲友、游玩外，还读了满满一书包他自己从美国带去的书，写了很多日记。通过阅读和日记，丹丹的写作水平有了很大提高。小学三年级时，老师就经常要他给班里其他同学改作文。每到这时，儿子就显得很兴奋。有一次，他回家对我说："我坐在教室前面，让他们都排好队，一个一个给他们改，我还告诉他们，'时态'的使用要一致。"写作能力的提高不仅提升了丹丹学习的兴趣，也提升了他的自信心。

上中学以后功课忙了，日记就改为每周记两次，并且给他规定，在放假期间要多写日记。上高中后，我们让他每隔一段时间就把发生的事情记录下来，可以为将来的写作积累题材，也可以将存留在大脑的信息做一个整理。直到现在，我家里还保留着丹丹的几大本日记，只是近几年，儿子写日记已经不再用本子，而是改用计算机，内容也不愿意再让我们看了。

下面是儿子在十一岁（小学五年级），参观美国著名作家马克·吐温故居博物馆后，写下的一篇日记。全文如下：

On July 22, 2007, my parents and I paid a visit to Mark Twain' s house in Connecticut. Mark Twain—whose original name was really Samuel Clemens—was one of the most influential writers in history, author of famous works such as Huckbury Finn and Tom Sawyer. My mom had suggested the trip, and looking back, I am glad she did, for my trip to Mark Twain' s house was a really memorable experience.

We started out at around eight, first paying a visit to a local Key Food before going onto the highway. I passed the time during the long car trip by listening to my audio book Harry Potter and the Deathly Hallows, which had come out the day before.

In Connecticut, my dad got lost, so it took some time before we were able to reach Mark Twain' s house. After eating lunch at a nearby Dunkin' Donuts, we parked out car and went inside the exhibit.

Mark Twain had a very elegant house. The exhibit had been reproduced based on historical documents so that tourist would be able to see what Mark Twain' s house might have looked like. I noticed that all around the house, there were paintings of cats. The furniture in the house was very ornate. The living room caught my attention partly because of the fact that there was a greenhouse attached to it. I was also surprised because of the fact that the living room was very cozy, with a marble fireplace, a mantel with pictures of cats and vases, a personal library and a few cushions. The living room would serve the family very well on a cold, blistery winter night.

Mark Twain' s bedroom was also pretty unique. He and his wife, Olivia, shared a Queen bed that had a wooden angel attached to each corner. The bed was a Queen sized bed, but it was small compared to our modern Queen beds. Furthermore, two pillows took up a lot of the bed space, for at that time people thought sleeping in 135 o angles would help one' s lungs.

After this, my parents and I watched a documentary on Mark Twain. My favorite quote from the video was "I think that God created the man because he was disappointed in the monkey." It showed that Mark Twain had an excellent sense of humor.

My trip to the Mark Twain house was one of the more exciting days of my life. It is not everyday that a boy gets to visit the house of one of the most influential writers of history. Visiting Mark Twain's house spurred me to work harder in life, for I realized that I wanted to be a successful writer like him when I grew up.

中文翻译

2007年7月22日，我和爸爸妈妈参观了位于康涅狄格州的马克·吐温故居博物馆(Mark Twain's house)。马克·吐温的原名叫萨米尔·克莱门斯。他是历史上最有影响的作家之一。他是一些名著，诸如《哈克伯瑞·纷》和《汤姆·萨野》的作者。这次旅行是我妈妈提出的。现在，回溯起来，我很高兴，参观马克·吐温故居博物馆真的是非常值得纪念的。

我们在早上八点左右出发，在车上高速公路之前，我们先到当地的超市买了些食品和饮料。车开上高速公路之后，我开始听《哈里·波特与死亡圣地》（*Harry Potter and the Deathly Hallows*）以打发我的时间，这本有声图书是我在旅途的前一天，刚刚出版就买的。

车进康州之后，我爸爸迷路了。于是在到达马克·吐温故居博物馆之前，我们费了一些时间。在附近的一家快餐店里吃了午餐之后，我们的车就停在了博物馆的停车场里。

马克·吐温的故居端庄秀丽。展览品是根据历史文件复制的。这样，旅游者就会看到马克·吐温房子的原貌。我注意到，房子的墙上挂着猫的画。室内家具的装饰富丽堂皇。客厅引起了我的格外注意，因为这间客厅竟然和一个温室相连。我也惊讶地发现，客厅非常舒适，一个大理石壁炉，壁炉架上布满了猫的图画，一些花瓶，几个坐垫和一个私人图书馆。在寒冷冬天里的夜晚，客厅会使家庭成员感到舒适和安逸。

马克·吐温的卧室也有着独特的美丽。他和他的妻子——奥里维亚，共用木床的每个床角上都有一个木制天使。他们的床虽说是"女王型"的，可是同现代女王型号

的床相比有些小。此外，两个枕头占了床的许多空间。这是因为，在当时，人们认为135°角睡眠姿势有益于肺部。

参观完故居，我和爸爸妈妈一起看了关于马克·吐温的纪录片。我喜欢电影里马克·吐温的话是："我想，上帝创造了人，那是因为猴子令他失望。"这句话表现了马克·吐温卓越的幽默感。

参观马克·吐温故居博物馆是我最为兴奋的一天。一个男孩并不是每天都可以参观历史上最有影响的作家之一的故居。参观马克·吐温的故居激励我更加努力学习，因为我认识到，在我长大之后，我想成为像他一样成功的作家。

正是因为大量阅读和坚持写日记，丹丹的写作能力提高很快。

小学三年级时，每个星期六的上午，我都要送丹丹去中文学校学习中文。中文课后，下午有一个为四、五年级学生开办的英文写作课。儿子虽然只有三年级，我还是让他去听课试一试。几节课听完，感觉挺有收获的。我很高兴，既然听得懂，那就接着听吧。就这样在那里学了一年。为了鼓励学生，老师每周六早上，都将学生前一堂课写的作文挂在走廊的墙上供家长们阅读。有一次，我和几位家长站在走廊里看作文，一位妈妈突然指着一篇文章说："这个孩子写的文章好，很有思想内容，不知道是四年级还是五年级的。"听她这样说，几个人就都凑过去看，看完都说不错。我也过去看，看完后我说："哦，这是我儿子写的。"那位妈妈马上又问："你儿子写的呀！你儿子念几年级？"我告诉她，我的儿子现在读三年级。她很惊讶地说："才上小学三年级！我的儿子也在这个屋子里听课，现在念五年级，他写不出这样的文章！我能不能把你儿子这篇文章拿去复印一下，给我儿子看看，让他看看三年级孩子写出的文章都比他的好！""当然可以。"我回答道。我很理解这位母亲的一片苦心。儿子的文章受到别人的夸奖也让我这个当母亲的很高兴。

写日记给儿子带来很多好处。小学五年级时，丹丹参加纽约市亚裔中小学生数学及英文写作竞赛，获作文比赛第二名，数学第七名的成绩。八年级时再次参赛，获得英文和数学双第一的成绩。高中时，他作为学校报纸记者，每期都要采访老师或同学，给报纸写稿。丹丹的文章在高中时还多次获得大纽约地区"学者艺术写作奖"金奖、银奖。申请大学时的论文

也受益于这些日记。

孩子阅读写作习惯的养成，不但需要大人的努力，更重要的是孩子要听话，听话的孩子好教育。

美国基础教育概述

有人说，美国是儿童的天堂，这话并不完全对。美国教育的基础设施的确比较先进。美国的教育是公平、自由开放的。与许多国家的应试教育相比，美国的学校更尊重孩子的个性发展和个人兴趣，为孩子创造了更加广阔的自由发展空间。孩子在儿童时期和中学以前有更多的时间玩耍，有丰富的儿童读物和博物馆，有更多的机会探索了解世界。在幼儿园和小学低年级，孩子很多时候是在玩中学习的。如果孩子有能力、有潜能，就会有很多发展和上升的空间。美国教育鼓励学生海阔天空自由发展的方式，的确让孩子的创造力得到了充分的发挥。但是，事物都是具有双重性的。正是因为太自由太快乐，美国的很多普通中小学校，课程标准比较容易，学校教师对学生的要求不够严格，如果孩子的自我约束能力差，父母又疏于管理，也会使很多原本很聪明、有很好发展潜能和前途的人最终没能得到最好的发挥。结果如何都取决于个人努力。

美国学校教育主要分公立和私立两大系统。公立学校由政府拨款，实行学区管理制，从小学到高中实行免费教育。通常，中小学生是不能跨学区就读的。你所居住的区域决定你将要就读的学校。纽约市教育局在曼哈顿设有天才学校，面向全市招生。天才学校的学生可以跨区就读。私立学校则不分学区，但学费昂贵，每年可以高达三万到四万美元。还有一些教会主办的私立学校可能收费低一些，但其质量如何就不好一概而论了。因为好的私立学校收取高额的学费，他们有自主权，有经济实力，可以聘请好的老师，可以招聘有经验的大学升学顾问。私立学校的学生数量又比较少，学生能够得到学校更多的关注和照顾，学生在大学申请时，可以准备得更充分。私立学校的高中生在申请大学时比公立学校有更多的优势，但是高额的学费却是一般的家庭，甚至美国的中产阶级家庭所难以承受的。这就衍生出来一个现象，就是在美国的很多城市，特别是在一些大城市，有良好口碑的公立学校周围的房子（又称学区房），房价节节攀升，居高不下。另外一个不得不提的，是美国一些著名的公立高中由于资源稀少，报考和申请的学生人数逐年增加，竞争日益激烈的事实。

近几年，随着美国亚裔人口的增加，也有一些家长选择送孩子去私立学校就读。像大学一样，学校也根据家庭收入给学生一些学费的优惠，但是数额很有限，很难完全满足家庭的实际需求。如果想要进好的私立高中，家长不但要准备好金钱，还要考量孩子的心理成熟度。孩子要有一点心理承受能力，不要有太多的功利心、攀比心才行。儿子小学的一位同学，中学时就去了一所非常好的私立男校，大学申请时，和丹丹进了同一所大学。

在美国，每年被常春藤等名校录取的学生人数，是衡量一所高中优劣的重要标志。私立学校在申请大学时，的确比公立高中占有更强的优势，但是，昂贵的代价令人望而却步，所以，更多的纽约人就将目光集中在为数不多的几所著名的公立学校，使公立高中的入学竞争变得越来越激烈。

纽约有著名的四大公立高中和一所著名的亨特学院高中。亨特高中即丹丹就读的学校，以优秀的科学和人文学科教学在全美国著名。学生自中学七年级开始入读直到十二年级毕业。要入读这所学校，学生不仅要参加六年级的入学考试，还要在五年级的纽约州数学、英文会考中达到一定的要求。除了亨特高中外，另一个主要竞争目标就属斯坦文森高中了。这所高中以科学和数学著名，学生自九年级开始入读。其他比较著名的高中还有布鲁克林科技高中、布朗克斯科学高中和一所拉瓜迪亚艺术高中。每年十月，纽约市教育局举行一次针对纽约市八年级学生的特殊高中升学考试。所有希望进入这几所高中就读的学生，都必须要参加并通过这次的考试才能入学。随着纽约市人口及需求量的不断增加和有限的招生数额，这些著名高中的入学竞争异常激烈。

美国学校包括中小学及高中，都没有升学任务。老师只负责教课，能否达到毕业的标准并且顺利毕业，则是学生自己的事。至于毕业后去哪所学校读初中，高中，乃至大学，都不会有人过问。高中没有大学升学率的要求，更没有升名校的要求。甚至有些高中，连升学顾问也不知道如何才能进名校。而学生考试成绩与教师工资不存在必然联系。学校每个学期向家长发一次成绩单，报告学生在校的学习成绩。公立学校每学年的十一月和来年的三月，分别安排两次教师与家长面谈。为保护个人隐私，老师和家长都是单独谈话。这种谈话可不是随便聊天的，需要严格遵守时间规定，每位家长只给 5 到 10 分钟。所以，你要按照约好的时间，准时或者提前到达，而且事先对你想要了解的问题有所准备，争取三言两语就达到目的。丹丹小学和中学阶段，每次的成绩单都非常好，老师也没有什么可以解释的，经常是五分钟不到，谈话就结束了，留下更多时间给需要的人。上高中后，我们也只是选两门主课同老师见个面，表示一下家长的重视。高中最后两年，儿子就说不用去了，把时间留给需要的同学。看到他的成绩没有问题，我们也就听从他的意见，没有再去与老师谈话。

从小学直到中学，学校老师一直都保持与家长的沟通，都是这种私人形式的谈话，等孩子到了高中阶段，做父母的，基本上都会知道自己孩子将来的前途和职业走向了。

一般地讲，美国学校的教师水平都比较高。很多小学校长有博士学位，中小学教师大多都有硕士学位，质量好的高中老师很多有博士学位。儿子所在的亨特学院高中，很多老师同时还承担着大学教学任务。到了高中，学生已经没有了班级的编制。高中最后的一至两年，学生可以自己选课。学生根据自己的兴趣和未来的专业爱好选修要学的课程，学校对于学生重要的基本学科有要求，其他课程的配置可以自己选择。所以，每个学生的课程配置都是不同的。学生每一节课都可能在不同的教室，和不同的学生一起上。学校的教师以教学为主，不是管理学生。如果你上课吵闹，影响教学，老师会干预。如果你不想听课，睡觉，看小说，只要不影响别人，老师不会管。考试得多少分，没人问。成绩实在太坏的，学校可以寄一个通知给家长，请你去学校谈话，商量解决的办法，还可以留级。

美国学校不会公布学生的成绩。老师也绝不会在全体同学面前表扬或者批评某人某事。无论何种考试，考试成绩都是秘密，考试卷都是反着发给学生的。孩子在小学时，学校将每一个学期的成绩单，都放在一只大信封里，封好后让学生带回家。老师还反复告诉学生："不要拆开看，也不要互相问，回家以后再看。"最近几年，学生的成绩都由学校将其放在电脑网络上，发给每个家长，学校可以节省很多费用。（孩子上了大学，完全是成年人了，考试成绩连父母都不知道。孩子告不告诉你，是他的权利了）。高中时，学生在学校的排名是最高机密，家长和学生本人都不知道，只有升学顾问才知道。保护个人隐私是对人性的尊重，是社会文明的体现，也让孩子养成不议论别人，平等待人的好习惯。

小学一、二年级时，放学后家长要检查孩子的书包。书包里，除了孩子的作业外，还常常会有学校发的各种活动通知及要求。如果家长有事要与老师联系，也可以写下来让孩子第二天带回学校。孩子的书包就像是家长和老师联系的纽带。老师每天早上也要检查学生的书包，将学生的作业拿出来批改。如果孩子没有完成作业或者有其他的问题，老师会写个条子放在孩子的书包里，提醒家长注意。如果三番五次的提示都没有得到家长的回复，或者发现家长没有看孩子的书包和作业，老师和学校就会认为家长对孩子的照顾有疏忽，情节严重的，学校可以上报给学区教育局，将会有社会工作人员来调查解决。如果事情到了这一步，后果就不太好了。

三年级以上的孩子，学校就认为你已经长大了，应该有责任、有能力管理自己，老师也就不再检查你的书包，交不交作业完全是学生自己的事了。

坚持不懈的体能训练

美国大学重视学生的全面发展，虽然没有“德、智、体”这三个字的具体要求，但是，人才的选拔却是按照这些标准进行的。健康的体能对人的一生极为重要。人不但要有聪慧的头脑，更要有健康的身体。身体不好，任何事情都做不了。虽然美国的运动设施和条件比较好，但是，要让孩子养成锻炼身体的习惯，也并非是件简单的事，同样需要父母孩子的坚持和努力。

丹丹在冰场　摔倒了我就爬起来

来纽约后的第一个冬天，受儿子幼儿园一位家长的启发，我们开始考虑送丹丹去运动。在一次与家长的谈话中，那位妈妈说她常送她女儿去滑冰。出于好奇，我便向她打听学习滑冰的具体细节。按照这位热心妈妈提供的信息，我们找到位于长岛的一所冰上学校。在这里，开始了儿子的第一项运动。

滑冰的好处在于，它能锻炼

孩子的平衡功能和手脚协调的能力，也能让孩子集中注意力，增强克服困难的勇气。在冰上，你如果稍不注意，就会跌倒。跌倒了，就要自己爬起来。这对孩子挺好的。

丹丹第一次穿上冰鞋，戴上安全帽，随教练走上冰场。刚一站到镜子一样的冰面上，就连着摔倒了几次。但是不怕，每次倒下自己又站起来，跟在教练后面继续学。刚开始，是扶着围栏慢慢地走，很快，丹丹就和其他孩子一样，在冰场上飞跑了。学会了速滑，儿子很高兴。我们每个周六、周日又增加了一项新的活动——去长岛的室内滑冰场滑冰。除了上速滑课，我还要经常开车带他去练习。儿子每次去都要在冰场待上两小时，直到满头大汗才回家。

做任何一件事，坚持最重要。家长一旦给孩子开始了一项活动，就应该在一段时间内，集中力量，把这件事学完做好，一定不能给孩子养成做事半途而废的习惯。在孩子小时候，空余时间比较多，又比较听话，容易管理，应该尽可能地多学东西。

花了一年半的时间，丹丹学习完了速滑的全部课程，已经能在冰上自由自在地飞翔了。一个新的问题又来了。冰上运动如果继续下去，接下来就要学习花样滑或是打冰球。选择其中任何一项，都意味着要从事一项专业运动，要投入大量的时间和精力，这都不是我们想要的。我们是想让孩子尽可能多地尝试各项活动，从中寻找他真正的兴趣所在，达到锻炼身体和培养兴趣的目的，能让未来的生活更加丰富多彩。

在丹丹六岁时，结束了滑冰学校的速滑课。我们又为他报了位于长岛一家体育馆的少儿游泳课，开始了长达两年多的游泳训练。

游泳训练课分八个级别，每个级别要两个多月做完。每周有两次训练课。每一级课程结束时，教练要对每个学生进行考核，通过考试的学生才能选更高一级的训练课程。为了尽快掌握游泳的技能，不但每次的训练不能缺席，还要经常带儿子去练习。

第一次下游泳池，是爸爸抱着他一起下去的。因为孩子年龄小，我丈夫也办了一张会员卡陪他一起游。第一次下到水里，丹丹显得很紧张，两只小手抓着爸爸不肯松开。但经过了几次之后，就不害怕了。在教练的耐心教授和他自己不断的练习下，每一级的考试丹丹都能顺利地通过。而通

过了考试，就要注册更高一级的课程。

刚刚结束了游泳训练

因为报名的人多，要想选择我们合适的时间就比较困难。为了能拿到适合儿子的时间，每到开始报名注册的日子，我丈夫都要一大早就去排队。曾经有几次是冬天，天气很冷，我丈夫半夜两三点就要等在体育馆外面。有时坐在车里，有时站在外面，一直要等到天亮，工作人员上班，才能完成注册。每到这时，我就对儿子说："你看，外面天气这么冷，你爸爸为了给你报名，夜里不睡觉去排队，多辛苦，你要努力才行。"儿子虽然年纪很小，却总是说："谢谢，我能的。"

丹丹没有辜负我们的希望，学习得很努力。每周有两天下午，我都要将做好的饭装在饭盒里带上，在学校门口接上儿子，让他在车里吃些东西，直接开车去体育馆上游泳课，周六、周日还要去练习。到丹丹长大一点，泳技熟练了，我也有了更高的要求。每次去练习，都要求他要游够我给他规定的数量。游泳池大约三十米长，一开始，我要求儿子往返游二十个来回，后来增加到五十个。每一次都要他必须完成这个数字，否则就不能上来。我坐在游泳池上面数着。每次游到最后，看他累得呼哧呼哧地喘气，休息几分钟，一个猛子又扎进水里继续游，从来不向我抱怨，我也觉得挺心疼的。我曾犹豫过，甚至怀疑自己是不是太狠心？但最终还是咬牙，鼓励儿子，必须按照要求做完。

其实有些时候，有一些事情，不一定是孩子不坚持，而是大人不能坚持。大人有时太忙，有时是心疼孩子，怕孩子累坏了，就以各种理由放弃了。孩子的成功有一半来自父母的努力。那么如果没有取得预期的成果，父母是否也应该承担一部分的责任？

我见过有的父母送孩子去游泳，一段时间后就不来了，以后再见面时就解释说，因为自己太忙，没有时间，最后事情变得没有了结果。人们在做一项决定之前，应该仔细考虑清楚。一旦开始了就要做下去。不要三天打鱼，两天晒网，养成半途而废的坏习惯。还要硬下心肠。有时大人感觉很辛苦的事，孩子可能会觉得没有那么苦。孩子都很聪明，很会看大人的态度行事。如果当初心疼儿子，累了就可以休息迁就，可以少做或者不做，就有可能把孩子变成做事有头无尾、瞻前顾后、见困难就退的人。这是我所不能容忍的。

体育运动之所以重要，是因为锻炼的不仅仅是身体，更多的是人的意志。无论何种运动，要学好做好，都要吃苦流汗，有时还要冒着可能受伤的危险。怕苦怕累，没有一点意志力是坚持不下去的。我希望儿子的身体和意志同样强壮，心智、体能共同发展，长成真正的男子汉。为了让丹丹养成健身的习惯，我和我丈夫决定让他尽可能多地尝试各种体育项目。

两年多的游泳训练，丹丹学会了自由泳、蛙泳、蝶泳、仰泳和侧泳，能在水里自由地游来游去。训练课程结束后，我还是常带他去游泳池锻炼，同时也在寻找其他合适的运动。

丹丹从四岁多开始做运动，虽然一直没有间断，但身体还是有点胖。和很多孩子一样，儿子小时候也喜欢吃汉堡包、比萨饼，我们也常带他去吃这些食物。八岁时，有一次做年检去看医生，发现儿子的胆固醇竟然升高，接近了正常值的上限。这下我可慌了：这么小的孩子，胆固醇就出现升高的趋势，如果发展下去可不得了。我问医生怎么办？医生只告诉了我一句话，八个字："吃得健康，加强锻炼"。

回家后，我就同丹丹商量，以后尽可能少去吃麦当劳。另外，原来每天中午在学校里吃的午餐，也改成吃我给他准备的盒饭。这个决定给我增加了很多的工作。我订了个五天的食谱，并将它贴到墙上，变换着花样地做饭。每天晚上，我要将米洗净，肉、菜切好准备好。第二天早上要早早起床，做好饭，放进保温饭盒里。儿子吃完早餐后，再把他送到学校。就这样一直坚持了四年。

考虑到每周两次去游泳的运动量还不够大，我们一直在寻找其他的体育运动。一次偶然的机会，听一位韩国同学的妈妈说，她的儿子正在学跆

拳道。我就想：跆拳道是一项很好的运动，既强身健体，又能防身，教孩子学会一套应付意外发生的本领，是一举多得的好事。在她的介绍下，我们找到了这家由韩国教练开的跆拳道馆。

丹丹在参加跆拳道训练

经过仔细考察后，我们决定先让丹丹试一试。试了几次之后，他便告诉我说：他对跆拳道很喜欢。我说："那好，既然喜欢，妈妈就送你来学。但跆拳道学起来会很累，而且越来越难学，你可要想好了。妈妈有一个要求，那就是要想学，就必须坚持学完，不能学了一半就退出来。"儿子答应了。从八岁开始，又是三年时间。无论刮风还是下雨下雪，从没有间断对跆拳道的训练。我们在放学后，每周三次去上课，每节课一个半小时。星期六还要去练习。儿子从最初的白带，一直打到了黑带。

跆拳道是一项很具有挑战性的运动，训练孩子的勇猛顽强。用拳击，腿踢，运动量很大。丹丹穿上防护衣，戴上防护帽，一节课下来，全身都被汗水湿透了。为了锻炼腿的力量，我又买来沙袋放在家里，让他学习休息时练习踢沙袋。在做踢腿练习时，他的脚经常会被踢破，出血了，就用纱布绷带缠上。时间长了，脚背上磨起了厚茧。腿的力量也大了，几块木板摞在一起，他一抬腿就能把它们踢断。我家里至今还有一大袋子在跆拳道的各个阶段，考试和练习时被他踢碎的板子。

丹丹兑现了当初的承诺，三年中克服了很多困难，从来没有想过放弃，终于晋升到跆拳道黑带。因为儿子学得认真，动作到位，很受教练喜欢。教练曾经说过："丹丹的动作正是他们想要的。"在晋升到黑带后，他的主教练曾找到我，问我："是否能同意让丹参加他的跆拳道训练队，准备参加比赛?"我只能礼貌地回绝了。因为当时儿子已经考进了曼哈顿读中学，实在没有时间了。

体育运动和健康的饮食果然见了成效。一年之后再去体检时，所有指标全部正常，连体重都减了下来。从此以后，儿子在饮食上开始注意，不再随意吃零食，不吃甜食，不喝碳酸饮料，不乱吃东西，养成了良好的饮食习惯，也养成了锻炼身体的习惯。

后来，丹丹还学会了打网球，滑雪。进入亨特高中后的第一年，参加学校的田径队，经历了一年的长跑训练。尝试了很多体育运动后，丹丹最终寻找到自己最热爱的运动——篮球，并且不顾一切地坚持打下去。这些运动不仅让儿子养成了健身的好习惯，身体越来越挺拔健壮，而且让他的个性变得更加开朗，更愿意与人交往，也养成了做事不达目的不罢休的性格。

因为运动释放出了学习上的压力，再回到书桌前看书时，就能集中精力，达到事半功倍的效果。

在陪伴儿子锻炼的过程中，我也认识了很多的朋友。一位孩子的父亲曾对我说："我的一位朋友的孩子，正值青春期，脾气很大，很难管教，发脾气时能把家里的洗衣机砸坏，父母很头痛，不知道该怎么办。"他还告诉我："你的儿子喜欢运动就很好，喜欢运动的孩子不会太叛逆。"我相信，这话是有一定道理的。在做运动时，青春期的荷尔蒙和因学习紧张而产生的压抑情绪在运动中得到了释放，自然不会再发泄到别处去。儿子的青春期就是在运动和忙碌的学习中平稳度过的。当然，做任何一件事都是要花时间的，如果能用运动的时间替代孩子在电脑前玩儿游戏的时间，何乐而不为呢!

每个人的情况有所不同，身体条件也不同。如果孩子在运动后表现得疲惫，必须要休息，在短时间内，不能很快坐下来集中精力学习，那就应该调整时间，或者减少运动量。

好习惯受益一生

现代社会，竞争日益激烈。我们这一代人变得越来越焦虑，并且不知不觉地把这种焦虑传给了我们的下一代，教育似乎渐渐地变了味儿，变得越来越急功近利了。焦虑的家长们，不仅担心着自己的前途，更担心孩子的前途。更有一些父母，孩子还没有上中学，就开始担心大学毕业后的就业问题了。在“望子成龙”“望女成凤”的心态指引下，父母们把对孩子教育的注意力过多地放在了学习成绩上，父母对孩子最大的希望就是：“好好学习，考上好学校。”他们不但十分注重孩子的学习成绩，而且还想把孩子培养成多才多艺的全才。为适应市场的需求，无论是中国，还是在美国的一些大城市，无数的补习班、兴趣班应运而生。很多只有五六岁的孩子，就被望子成龙的家长们把时间安排得满满的。很多孩子从这个补习班出来，又被马不停蹄地送去另一个补习班。家长的愿望是好的，可是，刚刚几岁的孩子，根本没有办法消化、吸收那么多东西。于是，一些孩子表现出做事不专心，失去对学习的兴趣，甚至会对孩子的心理造成伤害。

一个人的成长是全方位的。在孩子还小时，父母最需要做的，是伏下身去，认真观察自己孩子的特征，发现孩子真正的激情和兴趣。将家庭教育的重心放在培养孩子未来成功所必备的道德品质、健全的人格和好习惯上。好习惯决定好成绩。孩子的这些好品质，不是在补习班和兴趣班里能够教得出来的。

有句话说得好：教育就是培养习惯。什么是习惯？习惯就像是衣服上的褶子，是一个动作反复多次重复之后，自然形成的，是一点一滴逐渐养成的。习惯对人生的成败起到重要的作用，好习惯让孩子受益一生。不好的习惯一旦形成了，是很难改变的。要防止产生这种后果，就要在一开始时，想办法阻止其发生。

在儿子还小的时候，我每次要带他出门玩儿或者是去商店买东西之前，都要让他先吃饱饭，再带他出去。这样，孩子就不会养成见东西就要和在外面吃东西的习惯。自从儿子上了学前班，我就要求他，学习和玩乐一定要分开，不能一边学习一边玩。学习的时候就要集中精力好好学。学习结束了，做好了作业，你可以毫无顾虑、自由自在地玩儿。儿子在小学三年级前，每天做完了作业，我都要帮助他检查一下。进入三年级后的作业，我就要求他自己检查，自己改正。如果不认真，第二天就有老师告诉他。我常对儿子说，读书学习是你自己的事。是你去上学，不是妈妈去上学，老师教什么内容，有什么考试，只有你知道，那你就要为你自己负起责任，如果你想要好成绩，就要好好地学，除此之外，没有别的路可以走。这种凡事自己负责任的习惯培养起来，也为我们父母减少了很多的麻烦。

丹丹做事快、吃饭快的习惯，也是从小就养成的。在日常生活中，我们很注意培养孩子好的生活习惯。我要求他，做事情不但要做好，还要速度快，不能拖拖拉拉。放学回家后脱下的衣服、鞋子及书包不能甩在地上。每天都要使用的重要东西，例如钱包车票等，要随手掏出来，放在桌子上固定的、能看到的地方。东西用过之后就要放回原处，以免下次再用时找不到。中学以前，儿子都是早睡早起。上高中后功课太忙，很多时候都睡得很晚。但是，一旦完成作业，就要立即上床睡觉。晚上睡觉前要将书包收拾好，作业要打印出来装订好。第二天要穿的衣服也要拿出来放在床旁边，一切都准备好，早上起来才能节省时间，不丢三落四，很快就能出门。

孩子早上必须养成吃早饭的习惯，否则，到上午十点左右一定会饿，听课的注意力也就不可能集中。这么多年，儿子从来没有早上不吃早饭去上学，无论早上什么时间出门，我们都早早起床准备好早餐。

有一次，一位朋友问我："你儿子早上起床后，需要多长时间能出

门？”我说：“从起床，到吃完早饭出门，大约20分钟。”她说：“怎么那么快？”她对我抱怨，她的女儿每天早上起床后，要花上40分钟才能出门，还常常没时间吃早餐，有时到学校后发现没带作业，还要打来电话，要她用电脑给传过去。儿子上学这么多年，这种事情从未发生过。

学校放假休息，孩子也要保持早睡早起的好习惯。

吃饭要讲究规矩。逢年过节，或者是重要的日子，我们也会带儿子去外面吃饭。去餐馆吃饭就教孩子，点的饭菜够吃就好了，不要浪费。吃剩下的菜要尽量打包带回家下顿吃。要尊重服务生，临走前要留下足够的小费（纽约餐馆小费约为15%）。美国人聚餐吃饭是分餐制，如果吃自助餐，你放在盘子里的食物够吃就可以了。无论参加什么样的聚会，都要注意举止仪表。吃饭时还要注意自己的形象，不能只顾自己、不顾及别人的感受而大吃大喝。即使是有满桌子的美味佳肴，也不能失态，要控制有度。在家里，我丈夫晚上下班回家比较晚，儿子的时间表和我们不一样，晚饭时间要比我们早。如果是儿子先吃饭，就只能动他那一边的菜，吃完了还要把桌子收干净，菜盘重新用碗盖好保温。任何喜欢吃的菜都不能只顾自己吃，要留下一些给别人。

这些虽然都是小事，但是，生活就是由这些小事组成的，培养孩子就是要一点一滴从小事做起。从吃饭的小事，能看到一个人的人品和责任心。如果一个人在溺爱中长大，以自我为中心，自私自利，从来不考虑别人的感受，没有任何责任感，你还能指望他日后成长为社会的有用之才吗？

为了不分散孩子的注意力，我们家里也有个小规定。在家里，除了日常生活之外，我们只能谈外面世界发生的大事件，谈体育新闻，讲与孩子学习相关的话题。大人在工作中遇到的烦恼和不愉快，不要拿到家里来讲，更不能在孩子面前讲。我们也从不以自己的眼光议论其他人的缺点。我和我丈夫需要讨论问题时，要避开孩子，关起门来讲。尽量要孩子避免“世俗”和偏见，养成做事专心的好习惯。现在的孩子，生活在信息爆炸的时代，脑子里已经接受了太多的信息，如果再有家长里短、鸡毛蒜皮的生活琐事干扰，就更难集中精力做事情。家里有一个相对安静的环境，孩子才能专心学习。

交谈是最好的教育方式

丹丹小时候我母亲带他，就经常像对待大人一样与他说话。这个习惯一直延续了下来，成为我的一种教育方式。人生的很多哲理和我们之间的沟通，就是在这细如溪水的交谈之中完成的。交流的效果非常好，它可以让家长和孩子都消除紧张和焦虑的情绪，增加相互间的信任和感情。

在我们家里，我丈夫工作很忙，还经常参加社区和儿子学校的事务，在家里的时间很少。我就成了与儿子接触最多，同他交谈最多的人。从儿子玩儿的玩具，到日常生活中最简单的小常识，我们是无话不谈。交谈最多的是在开车接送他的途中，谈话的内容也极为丰富。路上看到什么，或是想到什么，就说什么。春天花开了，草绿了，我就问他："春天农民要种地，把种子撒在地里。夏天要除草浇水，你能告诉我，秋天会变成什么样子吗?"儿子回答："秋天就要去摘苹果了。""对了。"我说，"你现在就是春天，如果你春天不去种树，到秋天你就没有苹果摘了。所以，你就不能懒惰，要好好地劳动。"我们的居住地附近，有建筑工人在打地基盖房子。我就特意带儿子去看。儿子问我，为什么盖高楼要在地下挖那么深的大坑？我就解释说："那不是挖大坑，是在打地基。你要想盖起高楼，你的地基就要打得深。你打多深的地基，你的楼就能盖得有多高。如果不打地基，在平地上盖房子，风一来，房子就倒塌了。你现在每天都是在打地基，要把你的基础打得扎扎实实才行。你的每一天，就是一块盖高楼的砖，每一块砖都不能放歪，如果放歪了，你盖的房子就要倒了。"同孩子

谈话，不能只谈学习。他已经懂得的道理，说多了孩子会很不耐烦。要不断发现新话题，来暗示孩子同样的道理。还要避免唠叨，试想一下，再好的道理，每天听你说几遍，也会让人感到厌烦。

夏天的周末，我们带儿子去海边的沙滩上玩儿，带他去看大海。在平静的海岸边，我问儿子："大海好不好看？美不美？"儿子回答："美。"我告诉他："大海这么美，是因为它的宽阔，它的平静。如果风暴来了，大海发怒了，它就不美了。人的胸怀就应该像海一样宽阔才好。"不管孩子能不能听懂，我都要慢慢地说给他听。

很多时候，儿子问我问题，我在回答他的提问时，有意将问题引申到更宽的层面。谈得最多的，是人生哲理，做人的准则，待人接物的礼仪和人生的目标，理想等。为了能让他听懂，我总是用最简单的话，讲最简单的道理。教育不是仅仅给孩子的头脑装满已知的知识那么简单。一个人的成长是多方面的，其中包括要有健康的体魄，丰厚的文化内涵，更要有高尚的道德品质，这才是人生成功的关键。

同丹丹讲话时，我有几个原则要遵守。第一，任何时候都不能说伤害他自尊心的话，即使孩子做错了事，也不要当场责备。第二，不拿他同其他孩子做比较。第三，不议论别人的是非，不依自己的好恶来评价其他人。无论任何事情，在做之前，我对他说的话总是："妈妈相信你，你能努力做到最好。"

儿子小时候刚刚开始学钢琴，有一次参加钢琴老师组织的小型演奏会表演。由于紧张，在弹到一半时，突然忘记了谱子，很尴尬地停在了那里。无奈之下，只能去拿来书，照着书把整个乐曲演奏完。儿子从钢琴前走下来时，我看到了他眼中的泪水。演奏会结束后，他一个劲地对我说："对不起。"对儿子的失误，我没有说一句责备的话，反倒安慰他："和妈妈比，你已经非常了不起了，妈妈根本就不会弹钢琴。妈妈知道，这个曲子你在来之前已经练习了很多遍。上台因为紧张而失误是常常发生的事。没有关系，妈妈相信你下次一定会更好。"听我这样说，儿子紧张的情绪才慢慢地平复下来。

丹丹初学钢琴时，我也曾对他说起过我朋友的孩子："你看，谁谁钢琴弹得比你好。"儿子第一次听了，没有讲话。第二次再说时，他就反驳道："我知道，我不如她好，你就是喜欢她。"丹丹这句话对我震动很大。让我知道，我这样说话会对孩子产生伤害，从此再也不说了。拿别的孩子的优点同自己孩子的不足做比较，是很多父母的做法。其用意是来督促他们，让他们像那些"优秀榜样"一样。实际上，这将损伤孩子的自尊，起到相反的作用，甚至引起他们的叛逆。世界上没有两个人是相同的，每个人都是不同的个体。做任何事，只要能尽他自己最大的努力就可以了。

我每一次讲话，并不需要儿子全都听得懂，都记住，但只要懂一句，记住一个道理就行。我常在开车时同他说话。我讲话时，儿子常常眼睛注视着车窗外，默默地听，不出声，我知道他是听进去了。我相信中国有句话是"春雨润物细无声"。但是，我这样做也是有时间限制的。儿子十几岁之后，我再说这些就不灵了，他也没时间、没耐心听了，有时还会开玩笑地说："妈妈，你又来给我上课了？我已经懂了！"

在孩子还小的时候，头脑就像是一张白纸，你可以画最精最美的图画。这个时期母亲的影响和形象，在孩子的脑海中一生都难以抹去。母亲要给孩子正面、善良的教育。在交谈中，慢慢地给孩子输入乐观、勇敢、谦卑、有礼貌、知识无价、人生美好等词。我相信，经过成人的努力，孩子未来的成功是可以创造的。而成功与否，与每个人的个性品质有非常大的关系。孩子的成功不取决于他是否聪明，也不是他在学校里的成绩，而是孩子优良的品质和个性。

我们在对儿子认真教育、严格要求的同时，也毫无保留地把全部的爱和希望都给了他。为了不让儿子养成内向、自私和孤僻的性格，一有时间，我就带他去外面玩，寻找与其他小朋友接触的机会，同时也教他如何与小朋友相处，与别人分享自己的东西。并且要告诉他：男孩子做事要大气，不能计较小事，在为人处世和花钱上不能太小气，要多交朋友，如果同学有困难要乐于帮忙。在这种教育下，丹丹很乐于帮助别人，同学在学习上有困难也常常来问他。无论多晚，他都会耐心地给他们解释。即使是在上大学之后，儿子寒假放假回家，还经常帮助同学修改文章。而每一次，我们都鼓励他要好好地帮助别人，把别人的事当作自己的事做好。

上中学后，学校允许学生中午去学校外面吃午餐。丹丹每天放学回家，习惯把钱包和车票都从兜里掏出来放在桌子上。我每天晚上要检查他

的钱包，发现钱少了就给他填上，却很少过问钱是怎么花的，我知道他从不乱花钱。如果某一天，看到钱少了很多，那一定是又借给同学了。刚开始去外面吃中午饭，我每星期给他 20 美元，丹丹每顿只花两美元，买一个中间夹一片奶酪的面包圈，偷偷地将午饭花剩下的钱节省下来，放进自己的小储蓄罐里。因为中午吃得太少，下午回到家就饿得不行，抓起东西就拼命地吃。我发现后很生气，就给他讲不能在吃饭上省钱的道理。在我们的劝说和要求下，他的中午饭才吃得好一点，但也决不买贵的东西吃。曾经因为买一瓶水能节省 25 美分，他就在大热天多跑两条街去买。我曾问儿子为什么这样做，他说："因为我现在花的钱不是我自己挣来的，我就要节省。"从这以后，我就每天从家里给他带水。

丹丹自己生活节俭，却常将钱借给同学去买饭。儿子身上有很多好的品格。正因为这样，他在学校里有很多朋友，所以也非常喜欢去学校上学。曾经有同学的妈妈看到我时对我说："我去学校时看到，你儿子周围总有人围着，他有很多朋友。"

去曼哈顿上学，丹丹每天早上六点半要出家门，坐一个公交汽车，还要换两次地铁，才能到达位于曼哈顿中央公园东侧的学校，每天花在路上的时间至少要三个多小时。因为离学校太远，功课又很重，很多家长选择去学校旁边租房子住，就是为了能节省下时间，让孩子多休息一会儿。我认识的几位家长，都在学校附近买房子或是租房子给孩子上学用。儿子刚上七年级时，我们也曾考虑过用这个办法，为孩子减轻一点压力，也可以有更多时间用来学习。在同丹丹商量时，他坚决不同意我们的想法。他说："我不想被娇惯。大多数同学都是这样坐公交车上学的。别人可以跑那么远去上学，我也可以。"还说："住得远也有好处，我在地铁上可以休息，可以思考问题，反倒更节省时间了。就是住在学校旁边，也不能回家就做作业。"凡事要强，是丹丹的性格。我知道，他是想用这些困难来挑战自己，证明自己行。更重要的是，儿子了解家里的经济情况，想努力为我们节省一笔花费。他总感觉我们已经为他学习钢琴花了很多钱，不想让我们负担太重。

学习美国妈妈，培养自立精神

善良的人性和独立的精神是从小培养的。丹丹小时，我就常对他讲："你爸爸每天辛勤工作很不容易，妈妈在家照顾家庭，照顾你也不容易，你要好好读书。人生来就是工作的。我们每个人都要努力工作，把自己的事情做好。爸妈现在培养你，是我们应尽的责任，等将来你长大了，工作了，父母老了，照顾父母就成了你的责任，你要做一个对家庭、对社会都有用的人。"看到现代生活中有些子女"啃老""老养小"的案例，更让我们感到教育孩子责任重大。

俗话说，儿子要"穷养"。是说家庭再富，也不能让孩子挥霍。孩子从小不能娇惯，不能给他提供太多金钱和物质上的享受，不能过得太舒适了。大千世界，无奇不有。在美国，也有富人的孩子开跑车，你也会看到有钱人租游艇为孩子过生日。但是，绝大多数富有的家庭并不炫耀，他们极为重视对子女的教育，做事态度低调。很多富人将钱捐给慈善机构，只给孩子留下有数的创业基金。美国人很重视公民教育，良好的公民教育不仅提升了美国的整体公民素质，也有效地避免一代一代人的退化。一个人，无论能力大小，只要自食其力就好。

来美国多年，看到并体会了很多中美两国教育、文化上的不同。中国的家长常将教育浓缩到课堂教学，常用学生的分数来衡量教育的质量。其实教育是个很大的范畴，课堂学习只是其中的一个部分。还要看博物馆，图书馆，孩子的课外活动，家长对孩子教育的参与，这一切都是教育的一

部分。

刚到美国时去打工，我曾去一个白人医生家里帮忙照顾小孩。她有一岁、三岁两个孩子。孩子虽小，却都各自有自己的睡房。孩子的睡房很乱，地上扔着很多衣服鞋子。后来我才知道，孩子每天都是自己穿衣服的。大儿子虽然只有三岁，却知道自己找衣服穿。有时将裤子穿反了，鞋穿反了，妈妈也不去纠正。我看到了，想帮他重新穿好，妈妈却告诉我，不要管他，他感觉到不舒服了，自己就会找出解决的办法。到吃饭时，妈妈把只有一岁多的小女儿放在特殊的婴儿椅上，系上安全带。将饭和匙子放在孩子前面的小桌子上，不是喂孩子吃，而是由着孩子任意地往嘴里塞。孩子太小，小手似乎还抓不住勺子，也不能准确地把饭送到嘴里，着急了，便用小手抓起饭往嘴里添。我要上去帮忙喂孩子吃，母亲却示意我不要管她。看着孩子脏脏的小脸，母亲还在一旁笑嘻嘻地鼓励孩子："真好，真能干。"

有一次，她三岁多的儿子要求我给他拿一个玩具，他母亲听到他对我说话后，马上过来制止他："你不能这样对萍说话，你要说'请你帮我——'要说'谢谢'，还要对她说'对不起'。"并要孩子按照她的要求，重新对我再说一遍。她的儿子犯了错误，常被妈妈关进洗手间里"悔过"，直到孩子大声喊"我错了，对不起"，才能被妈妈放出来。美国妈妈正是从这些小事着手，一点点培养孩子独立、懂礼貌、懂得尊重别人的良好素质。美国人对不同的职业很少表现出歧视，至少是在表面上看不到歧视。对前来帮忙做家务的人，他们也同样给以尊重，将你作为一个"人"来对待。美国妈妈养育孩子，有很多值得中国妈妈学习的地方。

以我们中国人的育儿习惯，大多数的父母是不会把孩子捆在椅子上，让她自己抓饭吃的，也很少见到三岁的孩子自己穿衣服，系鞋带。他们情愿为孩子代劳一切。甚至有的孩子每顿吃饭都是几个大人在后面追着喂，又哄又劝，还承诺如果吃下一碗饭就有什么样的奖励。在纽约的中餐馆里，我曾经亲眼看到，一个五六岁的男孩儿，还要妈妈一口口地喂饭。孩子一边吃着，手里还拿着根勺子搅着桌子上的辣椒酱。对于孩子的行为，妈妈就像什么都没有看见一样。

美国妈妈养育孩子的做法对我启发很大。世界上的任何东西，都不会自动掉到你的手里。如果你想要得到它，就必须要付出艰苦的努力，必须自己主动去拿，去争取。就像美国妈妈鼓励孩子自己穿衣吃饭一样，不管用什么方法，逼孩子把饭送进嘴里。孩子饿了，一定能用食物把自己喂饱，这是所有动物都具有的本能，你不必担心。我曾经看到一篇英文文章，是说自然界里鹰的成长现象。当老鹰教小鹰飞翔前，老鹰把小鹰驮在背上，带着小鹰飞上云端，再将小鹰从高空扔下去，小鹰离开了母亲，在空中张开翅膀，摇摇晃晃向下坠，当小鹰快坠到地面时，老鹰又飞下来将小鹰用嘴接住衔起来，这样反复多次，逼迫小鹰自己学会了飞翔。最终，学会飞的小鹰飞走了，去寻找自己的猎物了。而那些没有学会飞、懒惰而没有生存能力的小鹰则掉到了悬崖下面，老鹰也不再理睬它们。这是自然界里的优胜劣汰。

美国人很崇拜鹰。美国的国徽上站立着一只雄鹰，象征着美国人的勇猛和独立精神。美国的整个社会也处处体现这种独立精神。政治家选举、大学毕业生找工作、职务的提升等，都必须自己提出申请，通过竞争才能得到。我要让儿子明白这些道理。人不能永远生活在无忧无虑的童年里，不能永远依靠父母，永远长不大。要让孩子明白，靠山山倒，靠人人老。要改变社会地位，要在社会上立足，必须要靠你自己。

做有责任感的人

我们家的教育理念是，力争把孩子培养成独立和有责任感的人。在日常生活中，如果留心注意，就会发现很多锻炼孩子的机会。例如去餐馆用餐。从丹丹十岁左右开始，我们就有意识地培养他与人打交道和交往的能力。每次外出吃饭，我和我丈夫都是先坐下，让儿子去柜台前买饭，再把买好的饭端过来。拿纸巾餐具，吃完饭清理桌子也是他的工作。如果带他去商店买东西，要把他推出去，和商店的工作人员打交道。凡是他自己要穿的衣服，我们都要经过他的同意才为他买。这样做的目的就是要锻炼他的自主性和做决断的能力，也是在培养孩子关心照顾他人的责任心。有时为了买一双鞋，丹丹也要和我们讨论一下，通常是我们想要买贵一些的鞋，认为价钱高的物品耐用，质量要好一些。但他却认为价钱高低无所谓，都是一样的穿，坚持要买便宜一点的，最后还是我们做出让步。去食品店买东西，如果有儿子在，我就不用动手，买回来的大包小包东西都是由他来拿。现在丹丹长大了，学会更多地照顾我们了。丹丹自八年级后就开始在社区做义工，我要求他要多做、做好，要遵守时间，不能迟到早退，不能认为没有报酬就不认真工作。做义工就是孩子接触社会的开始，必须养成踏实认真的好习惯，这是将来工作的基本要求。

在这样的教育下，丹丹变得很独立，也很有自己的主见。上高中后的活动规划，无论是课外活动的计划安排，还是大学申请学校和专业的选择，都是同我们商量之后，他自己做最后的决定。在很多情况下，对我们提出的意见和看法，儿子都不会马上回答，总是要好好地想一想，经过一番思考之后再告诉我们他的决定。他一旦决定的事，我们如果想要改变，也要找出正当的理由说服他。儿子平时不大多说话，也从不说大话、空话。上大学后的第一年，他在学校里申请了很多课外活动项目，都没有对我们说，直到最后被那些项目录取了，才告诉我们。

考虑到丹丹高中几年很辛苦，每年夏天都忙着做义工，忙着各种考试和课外活动，从没有好好地出去玩儿过。在高中毕业，上大学之前的暑假里，我们征求丹丹的意见，是否愿意出国旅游，好好地休息一下？他回答说："我上大学需要花钱。我不想出去玩儿，想找一份工作，挣点钱上大学用。"我们听了很高兴。但还是怀疑他是否能在暑假里找到工作。对此，他自己很有信心。

凭借他的成绩和强壮的履历，在十二年级暑假开始之前，他就找到了一份在一个由犹太人开办的学校里教授 SAT 的工作。一个假期做下来，既锻炼了自己，又赚到了一些钱。丹丹用自己的钱买了一台准备读大学用的苹果牌手提电脑，请我们吃了一顿饭，剩下的钱打算开学后用来买书和生活零用。

DAN attends the Wharton School of Business at the University of Pennsylvania, an Ivy League. Dan graduated from Hunter High School (HCHS) and scored a perfect score of 2400/2400 on the SAT I as well as a 800 on the Math II, 790 on the US History, and 770 on the Biology SAT II's. In high school, Dan took AP Statistics, Calculus BC, Micro- and Macroeconomics, U.S. History, Biology, and Psychology. He is also a graduate from the Manhattan School of Music Pre-College Division. In addition, Dan was part of the Varsity Basketball team and math team. He was also a regular contributor to his school's leading newspaper publication. Dan served as President of a club for student-musicians to perform in nursing homes and similar venues throughout Manhattan. He has experience in tutoring students in math and English. When not at Kweller Prep, Dan enjoys reading and playing the piano.

暑期工作的学校在网上贴出的丹丹情况介绍

看到儿子真的长大了，有能力养活自己了，我心里感到莫大的安慰。我庆幸在儿子小时，对他没有娇生惯养和放任自流，时刻注意他的思想和行为的培养。抚养孩子，其实就是在孩子小学和初中阶段，父母对他的影响和教育。孩子到了高中，就只能为他把握一下方向，说多了还可能引起反感。多年来，我们养成了聊天的习惯，只要有机会，我就告诉他一点人

生哲理和做人之道。一个对社会和家庭有用的孩子，不是一年两年就能培养出来的，就像农民种地，要想庄稼长得好，秋天获得大丰收，就要精心栽培，深耕细作。我常对儿子说：你要孝敬父母，父母是生你养你、为你付出最多的人，要有感恩的心。除了你的父母，你还要感谢你身边的人，老师、朋友和那些为你提供了工作机会的人。

年轻人是需要有一点压力，没有压力就没有动力。在美国，上大学的学费很贵。我和儿子早就有约定：如果能够进名校，学费昂贵，他自己要借一点学生贷款，毕业工作之后还。我们负担一部分的费用，但生活零用钱要自己打工解决。如果进不了名校，就去学费便宜的普通州立大学，毕业后再考研究生，前景也一样很好。看来儿子没有忘记我们的约定，正在向那个方向努力着。

每天密切接触，使我们之间有很深的感情。当周围的很多孩子出现了青春叛逆，出现这样或那样的问题时，儿子却能很平静地度过这个时期。这可能与我们常常交谈有关，也与他喜欢运动有关。因为运动不仅能使孩子身体强壮，而且能释放情绪，减轻学习压力，也减少了花在电脑上的时间。

大学生第一年的暑假，学生找工作或者实习都比较困难，很多公司和项目需要的是高年级的学生。为了能得到一份暑期的工作，丹丹放弃了大学一年级三月份的春假休息，没有回家，在学校里忙着写暑期的工作申请。在一连发出了二十多份申请信后，终于得到了一份在沃顿商学院做研究项目助理的工作。为了节省暑假期间的开销，他放弃了自己的学校宿舍，在学校外面租由私人公司提供的学生宿舍。我和我丈夫去看了看，房子条件不太好，室内没有空调，只有一个朝北的窗户，所以光线不太好，我很担心。他却坚定地说："这点困难算什么？我不怕。热点没有关系，我能忍受，你们不用担心。"由于价格比学校的宿舍便宜很多，一个夏天就节省了两千美元。这些找工作和生活的经历都是对孩子极好的历练。丹丹对我说："我很感谢学校为我提供的这份工作，我一定要尽最大努力把它做好。"

我们家里很民主，凡是儿子提出的意见、看法，我们都很尊重，并且要认真考虑对待。丹丹自我约束力也很强，学习从不用我们操心。高中时期，他看书，学习，锻炼身体，每天都到深夜。我和我丈夫则做我们自己的事：看书，看电视，做家务。很多时候，我们半夜里醒来，发现楼下的灯还亮着，丹丹还在书房里看书，我们倒是常常担心他睡眠不足。

美国大学的学费非常昂贵，特别是那些著名的私立大学，每年的学杂费超过五万美元是很正常的。所以，很多孩子上大学都要向政府或者银行贷款交学费，即使是有些比较富裕的家庭，也要给孩子贷一点款。在经济上给孩子一点压力有好处，迫使他们毕业后能尽快找到工作养活自己。在为上大学准备学费时，我们也商量给他贷点款，丹丹很高兴地说："可以给我多贷一些，等我毕业后一定能很快还上。"

上大学后，儿子的零用钱基本不用我们给，他每年暑假期间工作的钱足够一年的花费。因为花自己工作挣的钱，自然就知道节约。美国大学学生用的教科书很贵，为了省钱，丹丹都是同上一届的学生联系，买他们使用过的旧书。听到有的孩子抱怨说，学校食堂里的饭不好吃，一些学生周末就去学校外面的餐馆吃饭。我就问儿子，在学校里是否吃得饱？丹丹说："学校餐厅的饭很好吃，我每天都吃得很好，也能吃到很多蔬菜和水果，从来不去外面吃饭。去外面餐馆吃饭很贵，还要花很多时间。妈妈你不用担心我吃饭。"

美国的一流大学，入学不易，毕业也很难。而美国顶尖的常春藤大学更是"严进严出"，即入学难，毕业更难。每年被录取的学生，是不能百分之百按时毕业的。为了大学的声誉，也为了保证毕业生的质量和毕业证的含金量，学校和教授对学生要求非常严格，学生必须拼命学习才行。宾西法尼亚大学曾被列入美国最难念的十所学校之一。经常有学生由于学习的压力而产生心理负担。学生中最为流行的一个口号是："拼命地玩，玩命地学。"学校的图书馆每天开到后半夜两点，在学生复习考试时，图书馆是通宵开放的。和很多学生一样，儿子经常是每天只睡六小时（丹丹告诉我说，睡六小时就足够了），常常在图书馆学习到深夜。在没有考试的日子，他就早睡早起。早上起床后，先去体育馆锻炼，再回宿舍洗澡、吃饭、上课。如果遇到需要做作业，复习考试紧张时，甚至忙得没有时间去学校餐厅吃饭，就随便买个三明治面包，吃完了继续学习。儿子在上大学的黄金时期，拼命地往脑子里装知识。学习、生活安排得紧张、充实又有

规律。

在孩子的功课学习上，我们并没有具体的要求，只要孩子能做到认真，尽力就行。父母对孩子学习成绩的要求也不能无止境，尤其是在孩子小学时期，只要不太坏就行。试想，一个成绩是95分的学生，和一个98分的学生到底又能有多大的区别呢？重要的是保持学习的积极性，让孩子尽可能多地、广泛地接触各项活动，寻找自己的兴趣所在。而在孩子高中阶段，到了拼搏冲刺的最后时期，十几年的努力结果即将浮出水面，就应该将精力集中在学业上，将课外活动缩窄到自己真正感兴趣的几个方面，力求做到深入持久。

为了培养孩子的责任心，从小我们就注意让他做些力所能及的事。比如，自己的书包无论多重都要自己背，睡觉前自己决定第二天要穿的衣服，并将衣服准备好。吃饭前要帮助准备好碗筷，吃完饭要将自己坐过的地方收拾干净，用过的碗筷要收走等。随着年龄的增加，丹丹学会了更多地关爱别人。一有时间就帮我做些洗碗、倒垃圾等家务活。最近几年，冬天下雪后铲雪，夏天割草，给后花园里的菜地浇水，只要有时间他就过来帮忙。丹丹上大学临走前，还很担心地嘱咐我说："以后我不在家了，下大雪怎么办呢？你们还是花点钱请人来做吧。"可见儿子已经有了责任感，父母在他的心中已经占据了一个位置。

儿子大了，也时常会有些活动和同学聚会等。我规定他：你可以去，但必须与家里保持联系，并且要告诉我，你在哪里、和谁在一起、多久能回来等。很多规矩开始时可能让人很烦，习惯就好了。没有规矩不成方圆。

过去曾有人对我说：小学的孩子太小，什么都不懂，不用管太多，应该好好玩，有个快乐的童年。我不反对孩子应该有快乐的童年，但我更坚信早期教育和培养好习惯的重要性。曾经看过台湾著名作家龙应台的一篇文章，说："父母和食品上的标签一样，是有有效期的，这个有效期是指孩子小时，要抓紧时间，努力教育。等孩子到了青春期，父母的有效期就快到了，该说的，该做的都已做足，是到了验收的时候了。"很多研究也显示，十岁以前的教育是至关重要的。这个时期的孩子对父母是完全信赖的，依赖性强，可塑性也强，是教育的黄金期。随着年龄的增长，他们逐

丹丹在家中铲雪

渐独立，思想意识、个性和习惯都已养成，就像出窑的砖，铸就的铁，要改变就很难了。因此，我必须抓紧黄金期内的每一天，帮助孩子做好应对未来挑战的准备。

一个温暖的家

父母是孩子的第一任老师。在孩子所受到的所有教育（包括学校、社会和家庭）中，家庭教育是最为重要的。孩子从出生到上小学，大部分的时间是和他的家庭成员在一起，而这个时期，正是孩子性格习惯养成的关键期。美国孩子上小学后，每天在学校里的时间也只有六七个钟头。大量的课余时间还是和他的家人在一起。由此可见，家庭影响对孩子的重要性。

家庭教育的核心是德育教育，是做人行事和习惯的培养。可以毫不夸张地说，教孩子做个好人，比要孩子学习好、考试成绩好、上好大学更重要，是对我们做父母的艰难考验。同所有有孩子并重视教育的家庭一样，儿子的降生也改变了我们的生活，让我们凡事首先考虑到是否有利于孩子的成长教育。

俗话说：家和万事兴。我母亲也曾教导我："为了孩子能健康地成长，一定要为他创造一个好的、安静的家庭环境。在宽松的环境里，孩子的心才能安静，不紧张，才能聪明。"我相信这个道理，也牢牢记住了母亲的嘱托。只有家庭和美，孩子才能快乐地成长。而居家过日子，抚养孩子，普通百姓生活中柴米油盐的琐事，我们在每天的生活中也会遇到。只有通过交流、沟通和相互包容，才能保持家庭平稳。

孩子小时，我们尽量抽时间和儿子待在一起。只要周末有空，就开车带儿子出去走走，很少待在家里。我们最常去的地方是公园、动物园、植物园和博物馆。搬家到纽约后，就经常去水族馆，看各种水生动物，鱼类和海豚表演。去海滩，捡贝壳，看潮起潮落。去曼哈顿看博物馆，爱丽丝岛看自由女神像，火岛看海滩上五颜六色的沙石。秋天带儿子去农场摘苹果，摘草莓、葡萄。遇上长周末假期，就带儿子去纽约周边地区参观历史名胜古迹和古战场。去看尼加拉瓜大瀑布。虽然都是短期出游，但是每个活动都很有意义。在出游时，我们一同吃饭，一同说话聊天，既增长了孩子的见识，也增强了家庭成员间的感情，又为孩子后来的写作提供了很多素材。丹丹长大后，在很多文章中都对儿时的记忆和经历有所描述。

大自然带给我快乐

我相信，我们做的一切，都是对孩子大脑发育的良性刺激。儿童的智力发展是与年龄相关的，是有规律的，父母在对孩子教育时要遵循这个规律，不能太过牵强，又不能错失良机。有的家长认为，孩子只有坐在书桌前或者在教室里才能称作“学习知识”。其实不然。孩子玩沙、玩水，接触自然，对自然界的认识等，都是重要的学习内容。书本上的那点“识字”和“计算”的东西，早学和晚学没有太大的差别。待孩子到了上学的年龄，有了理解的能力，很容易就学会了。如果一味地追求和比拼读书识字的“早期超前教育”，剥夺了孩子童年的乐趣和玩游戏的权利，错过了童年认识世界，开拓视野的阶段，孩子就可能失去了想象力和创造力，也不可能成为一个快乐的人。这是一生都弥补不了的损失。

除了带孩子去外面玩，我丈夫一有时间就陪丹丹下棋，中国象棋，国际象棋，丹丹玩得都很好。儿子上小学时期，有两年我带他回中国探亲，在姥姥姥爷住的干休所里，丹丹喜欢和那里的老年人下棋，还经常取胜呢。丹丹小时候和爸爸玩，下棋输了，还会哭。每到这时，我就会说："就是玩一玩，输赢没有关系的。"有时，我丈夫也有意让他两步，让丹丹赢，他就会兴奋地要求爸爸再玩两把。

我们家有一个习惯，就是无论是谁外出回家，或是逢年节，过生日，都要表示一下，或是出去吃一顿饭，或是买个小礼物。因为朝夕相处，儿子和我们的感情很好，很在意父母心里的感受。自小学开始，每年逢父亲节，母亲节，我和我丈夫的生日，丹丹都要向我们表示祝福，写贺卡，用自己平时省下的零花钱为我们买礼物。我们每年都会收到丹丹的几份礼物，比如一件衣服、一条腰带、一条领带、一根小项链或一盒包装精致的巧克力等，东西虽小，但能看出儿子是动了感情，花了心思的。在每一张贺卡上，丹丹都要列举很多事例，感谢我们在他的成长中所做的付出。离开家上大学后，每到我们的生日，儿子都会打来电话表示祝贺，有时因为功课太忙忘记了，第二天也一定会有电话打进来。下面是在父亲节时，他写给爸爸的一张贺卡。

Dear Dad,

June 14, 2014

First and foremost, happy Father’s Day! As always, thank you for being the quiet but constant anchor to our family. I really appreciate everything that you have done for my mother and me over the years. From mediating our many arguments to always being there unconditionally when we need you. I love how you are always there to lend your support. I know how much you do so that I can develop into the best person I can be, such as by being in the CAPA (Chinese American Parents Association) and PTA (Parents Teacher Association), helping me with basketball, and simply by believing in me no matter what I do. You mean an immeasurable amount to our family, and my mom and I are lucky to have you in our lives. You are a really special Dad and man, and I have tremendous amount of respect for you. Thank you again for everything you stand for, and I hope you have great - and well - earned - father' s Day.

Sincerely,

Dan

亲爱的爸爸:　　6月14, 2014

首先祝你父亲节快乐。感谢你像轮船的锚一样，你是我们家的稳定基石，默默无闻地为我们的安康奉献。我十分感谢你多年来为我和我母亲所做的一切。从调解我和母亲之间的争执到当我们需要帮助之时，你总是无条件地出现在那里。我爱你，每当我需要你时，你总是伸出援助之手。我知道，你的所有奉献，比如参加华人家长会，以及教师和家长委员会，都是为了帮助我成长为一个最优秀的人。你同我一起打篮球，同时坚信我会达到我所追寻的目标。你对我们家庭的贡献是不可衡量的。我和我的妈妈为今生有你而感到荣幸。你是一个特殊的爸爸和男人。我对你无比敬重。再次感谢你所奋斗的一切。过一个伟大的父亲节对你来讲，是当之无愧的。我衷心祝愿你在父亲节幸福快乐。

丹

幼儿时期的孩子，主要是通过模仿和观察来学习的。丹丹两岁多时学习中文语言，我们说什么他就学什么，很快就学会了说话。所以，家长有时不经意的语言和行为，都会对孩子产生不良的影响。

孩子不但模仿能力强，而且也非常敏感，非常在乎自己在父母心目中的位置。儿子小时候，每当看到我不高兴了，他就会很紧张，问我："妈妈你又生气了，是和我生气吗?"我就急忙对他说："妈妈没有生气，妈妈是在想问题呢。"这说明，母亲的心态和情绪，会对孩子产生影响，即使你没有说出来，孩子也会感觉得到。一个情绪压抑悲观的母亲，是不会养育出健康快乐的孩子的。认识到这一点很重要，它让我调整自己的情绪，在孩子面前尽量保持愉快的心情，为了孩子的成长，做一个快乐的母亲!

生活中，我和我丈夫遇到小事就相互谅解，尽量不在孩子面前发生冲突。需要讨论的问题，也要避开孩子，关起门来讲。我们还相互约定，在一个人教育孩子时，另一个人即使有不同意见，也不能当场表示反对。避免在孩子面前互相指责，让孩子不知所措。也不在背后评论和指责对方的缺点。要求孩子做的事，我们做父母的首先要做到。要求孩子宽容善良，我们做事情就不能吝啬，不能随意议论别人的是非，遇到别人有难时就要慷慨解囊相助。要求孩子诚实，我们自己就要做事认真，说到做到，兑现对孩子的承诺。对儿子成长中出现的任何不良苗头，一经发现就立即引起重视，共同商讨解决的办法，意见一致后再同孩子交谈。

夫妻是一个家庭的核心，夫妻关系融洽是家庭和睦的基础。孩子在温暖祥和的氛围里，才能没有后顾之忧，快乐健康地成长，学习和思考问题时才能注意力集中。曾经有心理学家对小白鼠做实验。他们将小白鼠分别放在两只不同的笼子里。对其中的一组小白鼠，每天不停地制造噪声去刺激它们。一段时间后发现，经常受到刺激的小白鼠就会变得紧张，焦虑，多动，甚至食量减少，体重减轻。而没有受噪声刺激的对比实验组小白鼠，则表现出行为能力正常。这只是一个简单的动物试验。

父母如果经常争吵，最大的受害者是子女。在生活中，因为家庭关系紧张而影响到孩子的例子也不在少数。印象最深的是我一位朋友的女儿。那孩子聪明又有天赋，钢琴弹得也很好。从小考进天才班，又考上天才高中，学习成绩一直很好。但是，在孩子高中的最关键时期，夫妻俩的关系出现了问题。父亲向母亲提出离婚，从此家中“战火”不断。紧张的家庭气氛让孩子没有了安全感，心理上产生了很大的压力，常常躲在自己的房间里暗自流泪。原来一向温顺的女儿开始变得情绪化，叛逆，处处与父母对立。上课时很难集中注意力，甚至无心学习。学习成绩下降，SAT 考试也不太理想，最后也没有进去自己心仪的大学，很可惜。父母面对这种结果，只能后悔惋惜，一点办法都没有。

只有生活在健康愉快环境里的孩子，才有可能成长为健康快乐的人。

陪儿子学中文

来到美国后，在一些公共场合经常能够看到，华裔的孩子们在一起玩耍时，都说一口流利的英语。父母对子女说话时，很多时候是父母说中文，或是中文和几个英文单词混搭，子女则用英文回答。对这种语言搭配，有些父母很无奈，说孩子在英文的环境中生活，不喜欢说中文。还有的家长则认为，孩子在美国，应该融入美国文化，中文不爱说也没多大关系。我认识一位朋友，夫妻俩都做电脑工作，工作中用英文讲话的机会比较少，回到家就抓住孩子用英语交谈，说是需要练英语。结果是，他们两人的英语口语练流利了，孩子的中文却基本上一窍不通。还有儿子的一位同学，只懂一点父母的家乡方言，根本不懂普通话。

我最初的感觉是，家庭成员之间为什么要用这种奇特的方式交流？除了简单的日常生活用语之外，如果父母与子女需要更深入的交谈，讲更深的人生哲理，他们会听得懂吗？如果听不懂，很多作为父母应该对子女进行的教育，要由谁来替他们完成呢？同样，一些亚裔孩子不会说中文，或是只能说几句蹩脚的、洋腔洋调的中文，听起来让人啼笑皆非。在将来的就业和职场上，可能会失去很多发展机会。我们这一代半路来的新移民，无论怎样刻苦努力地学习英文，也无法追得上这些出生在美国本土、以英语为母语的下一代。我希望我和儿子之间不要产生沟通障碍，也希望他不要排斥中文，排斥他祖辈的语言。

丹丹在四岁以前由姥姥、姥爷带，基本没有接触到英文。三四岁时，

有一段时间，大人说什么话，他就跟着重复什么。当时我很奇怪，为什么总是跟着重复我说的话？我丈夫就解释说，是孩子在学说话。果然，虽然儿子说话比较晚，但语言表达能力发展得很快。我母亲在回中国之前，曾特意嘱咐我说："孩子虽然生在美国，但还是中国人，不要让孩子忘记中文，否则将来我们说话他都不懂了。"

丹丹四岁上幼儿园后，才开始接触英语。尽管进步很快，但和其他孩子相比，英文程度还是有一定距离。五岁多时考天才班，我就比较担心英文部分。果然，IQ（智商）测试后，儿子就告诉我说："老师拿着'锄头'的图片，问他英文叫什么。"他不知道英文单词怎么说，回答是"耙子"。回答错误！IQ 考试的结果是，丹丹的英文部分成绩比较低。得益于其他测试部分的高分，儿子才考进了天才班。

即使这样，我们也仍然坚持在家里说中文。

2003 年秋，丹丹七岁了。我们开始计划送他去周末的中文学校。几经周折，打听到一所设在圣约翰大学周六的中文学校。考虑到离家很近，接送方便又能节省时间，我们就决定送儿子去这所学校学习。当时儿子已经开始学习钢琴，还有游泳训练，加上周六上午三小时的中文课，很紧张。但他什么都没有说，每个周六都高高兴兴地去上课。

和所有学习中文的孩子一样，丹丹的中文课也是从汉语拼音学起。汉语拼音和英文字母很相似，但发音和用法却完全不同。汉语拼音是学习中文的基础，但对于生活在英语环境里的孩子来说，学习起来还是有一些难度的。幸运的是，儿子遇到了一位非常好的老师——唐老师。在唐老师的教授下，丹丹的汉语拼音学得很扎实，为后来大学时期选修中文课打下了基础。

唐老师毕业于北京师范大学，有在中国做教师的经验，讲起课来很带劲。她对学生要求严格，经常考试，每次课都留很多作业。中文学校每周六只上一次课，要学好中文靠这点时间是远远不够的。每天下午做完了学校的作业，我就把中文作业拿出来，让丹丹做一点。其实不用多，每天二十分钟就可以了。如果周六要考试，周五的晚上丹丹自己就着急了，让我帮他复习。我做完了家务，就坐下来给他听写。全班二十多个孩子，儿子算是学得不错的。在第二年夏天，学习即将结束的期末考试时，丹丹得了全班第一名，拿到了奖杯和三十美元奖金，非常高兴。因为学好了可以得到物质奖励，儿子对我说："妈妈，这三十块钱是我自己挣来的，你可以少给我付一点学费了，我明年还来学。"看来物质刺激无论对谁都是挺管用的。看到他对学习中文兴趣很大，我们当然高兴送他去。

就这样，克服种种困难，丹丹在中文学校坚持学习了四年。拿了四个班级的第一名，每年都能拿到奖励。学完了四册中文课教材后，丹丹就能用中文写简单的日记了。一直到小学六年级，儿子考进曼哈顿安德森中学，因为上学路途远，功课忙，才停止了在中文学校的学习。

在美国出生的华裔后代，要想学好中文并不是件容易的事。其中最重要的，是父母要坚持。我们在学中文的路上坚持走了几年，虽然丹丹当初在中文学校学得很好，但停下来后，因为平日很少用到汉语文字，又缺少语言环境，大部分中文字很快就被忘掉了。但汉语拼音的基本功却打得很牢固。如果是带有拼音的书，他基本都能读下来。四年艰辛努力，最后只剩下中文的听和说。为了坚守在家里的最后一块中文阵地，我们规定，在家里，每个人都必须说中文，而且，说话时不能夹杂英文。对有些不知道如何用中文表达的词，我就先教给他中文单词，然后再用英文对他说一遍。

正是由于这种坚持，丹丹能说一口标准的普通话，我们的沟通和交流也没有出现任何的障碍。但是，有几次带他回中国，这种只会说不会读的奇怪现象，还是闹出了很多的笑话。

上大学一年级时选修外语课，儿子很自然地选学了中文。因为有会听、会说和汉语拼音的基础，再重新捡起来，学得就比较快，很快就能写很长的文章，并能阅读《朗朗传记》《林书豪传记》了。我相信，随着不断地学习，丹丹的中文会越来越好。

平淡的生活

多年来，除了用于丹丹的教育和用于音乐、体育上的花费以外，在日常生活中，我们一直保持着最简单平淡的生活方式。

我烹调的手艺并不高，每天都是家常菜，以营养健康和简单为主导，这样的饭菜自然少了色、香、味。但我丈夫和儿子对吃从来没有任何挑剔，只要吃饱就行，还常常赞赏有加。我丈夫的要求不高，每天下班回家，桌子上有饭有菜吃就很满足。儿子则是每顿饭吃完，都要说一声："很好吃，谢谢妈妈，别太累了。"虽然我知道，和很多美国食品相比，丹丹对中国的饮食和饭菜并没有太大的兴趣，这样说多半是出于礼貌。但听到儿子赞赏和感激的话，心里也还是挺美的。

丹丹小时候，我们很少从商店里给他买新玩具。庭院售卖（Yard sell）是美国文化之一。学生毕业或者人们要搬家离开时，有很多用过的旧家具和物品，不需要了，又不想带走，就把它们摆在家门口或者院子里，卖给需要的人，价格非常便宜，有时只需花几美元就能买回你需要的东西。我们当学生时，常常在星期六开车去逛 Yard Sell，我们那时候用的所有家具都是这样买来的。儿子小时候玩的玩具，很多也是旧的。

丹丹六岁考进天才班后，我辞去了工作，专心在家带孩子。那时，儿子已经有点懂事了，知道妈妈为什么没有出去工作。我丈夫也常对孩子说："妈妈是为了照顾你，才没有去工作，你要听妈妈的话，努力学习。"

"妈妈为了我没有上班，家里只有爸爸一个人工作，我还要学习钢琴，我们家里没有钱。”这是儿子小时候心中的概念。我记得曾经对儿子说过的一句话是：“如果你想要那些很贵的玩具，妈妈就不能在家里了，就要出去工作挣钱。”在这两者的选择中，儿子说：“还是妈妈在家里好，我不想要那些玩具。”小时候孩子很相信我们的这些话。让孩子知道这些有好处，这不是自卑，而是激励孩子要在学习上超越别人。在物质上，丹丹从来不和别的小朋友攀比，不向我们要零花钱，也不讲他的同学有什么、他们都去什么地方玩之类的话题。

在丹丹六七岁时，孩子中间兴起玩卡通人物卡片的风潮，玩具商也借机大赚，每一套卡片都很贵。十几、二十块钱一套的卡片，家长们也舍得给孩子买。几乎每个孩子都有几套在手上，他们还拿着卡片互相交换。儿子没有向我们提出买卡片的要求，想了个办法自己做。他把计算机里的图片用彩印墨打印出来，让爸爸给他找来几张比较硬的塑胶版，把图片剪好后，再把它们贴在塑胶板上。这样，他就有了和同学一样的卡通图片了。其实，我们是有能力为他买这些玩具的，但为孩子着想，我们不想那样做。

为了培养孩子的储蓄意识，大约在儿子十一岁时，我们用他的名字，为他在银行开了一个由成人监管的账户，把他在中文学校里得到的奖学金和在每一次比赛中得到的奖金都存了进去。并告诉他，这些钱是准备为他上大学用的。平时，家里的桌子上放着一个储蓄罐，家中每个人花剩下的硬币，都投进去。一段时间后，罐子放满了，丹丹就把它拿到银行，换成纸币，再存到他的存折里。有一次，他提着沉甸甸的罐子去银行，一下子换了四十几块钱，非常高兴，存钱的热情更高了。日积月累，到儿子上大学之前，这个账户上已经有一笔可观的数目了。

我们用这样的方法逐渐培养孩子对金钱的认识和管理。也让孩子知道，父母的钱财不是你的。你要想有钱花，就要靠自己的本事努力去挣。上大学之前的暑假，他没有选择出去旅游，而是找工作赚钱，虽然那点钱并不足以养活自己，但却是他自食其力的开始。

从丹丹出生直到上大学，都是我亲自为他理发，为此用坏了好几把理发推子。有几次，我对他说：“妈妈剪的头发没有理发店里专业人士剪的好看，你现在长大了，应该去理发店剪了。”丹丹却说：“挺好挺好，你剪

头又干净又好看，还省钱，很好。”还说：“去理发店剪头发，他们很快就给你剪完了，哪里有你给我剪头这么用心呢?”他上了大学后还是经常回家来剪头发。

在服装上，我们是以经济耐用、舒适随便为原则。丹丹小时，我买来缝纫机、棉布，利用工作之余的时间，为孩子制作衣服、鞋子。孩子穿的简单的衣服裤子都是我自己缝制的，又软又舒服。我喜欢给儿子做衣服，因为在缝制衣服时，心里总是涌出对孩子的爱和做母亲的自豪感。看我不挑不拣，朋友的孩子穿小的衣服也送来给我的孩子穿。

丹丹快上幼儿园了，我们才去商店买衣服。但也只去普通的大众店买，决不去名牌店。除了我丈夫上班需要穿的正式服装外，平日里，我和儿子的衣服都极普通。受我们的影响，丹丹对生活上要求很低。平时上学基本上就是T恤衫，牛仔裤。我们通常是去体育运动专卖店，买20美元四件的运动衫。儿子在音乐学院学习钢琴，需要一套比较好的演出服装，我们就给他买了一套西服。除此之外，唯一花费比较多的就是鞋子。丹丹喜欢运动，喜欢打篮球，一双新鞋让他穿，两个月就烂了。每次为他买鞋，他都感觉很不好意思，经常对我们说：他买鞋花的钱太多了。我们总是坚持说：喜欢运动是好事，花钱买鞋也是值得的。这是正常消费，不能节省。

大学申请之后，收到学校的面试通知，我们才去为丹丹添置了几件像样的衣服。上大学之后，他需要买衣服时也是专挑节假日，商店有打折减价时去买。还要在价钱上比来比去，买适合自己和确实需要的衣物。

丹丹使用的钱包和手机都是旧的。上亨特高中后，考虑到学校路途远，需要保持联系，我们就为他买了一部手机，这部手机一直使用了六年，直到高中毕业，从来没有换过。手机的屏幕都磨得看不清楚了，还舍不得扔掉。电话费也是使用最便宜的付账电话卡。因为手机实在太旧，除了打电话之外，没有任何其他的功能，我几次提出要给他换新的，他都不同意，并对我们说：“现代新手机虽然功能多，但对高中学生来说，很多功能都是没有用的，买了也是浪费。”收到大学的录取通知后，在上大学之前，才换了一部新手机。

考入纽约市亨特高中后，他的一位同学的妈妈曾好心地提醒我说：

"你的儿子已经上中学了，应该买好一点的衣服穿了，否则，孩子会很没有面子。"听了这话，我便去商店，花30美元为他买了一件牌子不错的衬衣，没想到，拿回家后丹丹很生气，责备我说："为什么买这么贵的衣服？穿上这件衣服也不能帮助我学习。"硬是逼我把那件衣服退了回去。

我们家里用的家具很多都是旧的。我的原则是，家具只要能用就行，新旧没有关系。丹丹学习用的一张桌子和椅子，是刚来纽约时，有人搬家时卖家具，我们花20美元买来的，一直用到上大学也没有换过。儿子很喜欢那张椅子，因为是铁的，结实耐用，无论怎么坐都不坏。椅子面磨破了，我就用透明胶布粘好，再买来一个垫子套上，照样用。前些年，我们也曾为他买过两个办公用的椅子，又大又软，挺舒适的，他都不喜欢，一直放在仓库里，从来没有用过。

一直到现在，我们还在继续使用这些丹丹用过的旧桌椅，舍不得扔掉。也许，这些旧了的桌椅真的能给人带来好运呢！儿子平安健康地长大，没有养成吃喝玩乐，贪图享受和任意挥霍的坏习惯。

这种朴素的生活习惯一直保存了下去，就连高中毕业时，参加学校里的所有活动，都是本着节约的原则完成的。

美国高中学生在举行毕业典礼之前，学校还要组织很多活动，包括师生聚餐、毕业生舞会等。其中最复杂的要数毕业舞会。这个舞会很正式，很早就要着手做准备。舞会上，孩子们穿得都很漂亮，女孩子要化妆，穿长裙，晚礼服。男孩子则要穿西装或燕尾服。舞会前，男女生都要预先找好自己的舞伴。因为孩子高中毕业是人生中的大事，美国家长通常都会租一辆豪华车，送孩子去舞场。舞会的时间也比较长，常常要玩到午夜之后，孩子们玩乐够了才会散去。

因为对这些程序规则有所了解，在活动开始前，我就一直考虑如何帮助儿子准备。租车的费用很贵，一套燕尾服的价格也不菲，只用一次就压箱底，实在是划不来。和他讨论这事时，他总是推托，说不着急，到时候一定会有办法的。直到舞会前一周，丹丹才告诉我，一切都安排妥当了。为了能节省花费，他和几个同学商量，合租了一辆车去舞场。服装也是和几个同学一起去租借的，只花了很少的钱，就把看起来很复杂的事情办好了。就连从哪里出发上车，舞会在半夜结束后去哪里休息等事情，也安排得妥妥当当。儿子有主见有自信，而且还有独立的生活能力，让我们看到，多年倾注的心血和教育已经初见成效，心里非常高兴。

丹丹上大学后，我看到其他宿舍里的同学把自己的小房间布置装饰得很好，很舒适，就让他也布置一下，并买来一小盆绿竹，准备放在他的书桌上。他看到后说不需要：“我是来学习的，没有时间养花，放在这里几天就会干掉了。我屋子里有床能睡觉，有桌子能看书就行。”硬是让我把那盆绿竹拿回了家。见他宿舍里坐着看书的塑料椅子很硬，我就给他拿去一个海绵坐垫，他却一定让我拿回来，并说：“学习的地方怎么能太舒服呢?”“为什么不能?”我故意问他。“太舒服就要睡觉了!”他回答说。虽然一片好心遭到了拒绝，但看到儿子成熟了，对自己生活上要求很严格，上进心强，很珍惜在大学里的学习机会，我的内心深处感受到了极大的安慰。

在物欲横流的现代化社会里，培养孩子其实是一件很难的事情，比我们的父辈们要难得多。我们的父母那会儿，每家都有几个孩子，物质匮乏，有限的工资只能维持基本的生活开销。父母又忙于工作，忙于搞运动，哪里有时间照顾我们。而现在，生活富足了，孩子却变得难养了。做新时代的父母，我们要不断地学习，不能用几十年前父母养育我们的方式，来教养我们的下一代。时代不同了，我们现在养育的，是要在几十年后参加世界激烈竞争的一代人。

去曼哈顿读中学

纽约市的中学与小学不同。小学是按照学区划分，无论是谁，只要你是居住在学校的区域之内，就能自动上这所公立学校，享受该学校的公立教育。但孩子到了中学和高中，要想孩子进好学校，接受优质的教育，就要参加各种入学考试，凭借孩子的实力考进去。丹丹先后就读的两所优质中学，都是通过严格的考试，竞争进去的。经过公平竞争进去的孩子，对自己也充满了自信和自豪感。

在小学毕业前的五年级，学校给天才班的孩子每人发了一张通知，告诉家长关于曼哈顿安德森天才中学（Anderson Magnet School）的报名考试信息。丹丹回家后忘记对我们说，我也没有注意，就将这张通知单和其他的废报纸一起，放进了将要回收的废纸堆中。几天后，丹丹一位同学的妈妈打来电话，问我是否让孩子报名参加考试，我才得知此事，马上去废纸堆中找出了那张通知。事后回想起来，多亏那位妈妈的好心提醒，否则真的要错失良机了。

拿到这个通知后，我们又用电脑在网上查找，才了解到有关这所学校的信息。安德森学校位于曼哈顿中央公园的西部，是纽约市教育局所属的四所天才学校之一。最初，它是由一群有预见、有不屈不挠精神的孩子父母，于1987年创始的。刚开始时并不是学校，而是一个天才项目，只为了满足那些具有较高学术教育潜能儿童的需求，为这些孩子提供快速、丰富多彩的课程。作为天才项目，它最初每年只招收80个左右的学生，与公立

丹和同学在曼哈顿中央公园上课

第九小学共用校舍。2005 年，经纽约州教育部批准，正式成立并命名为安德森学校。现在，它已经发展成一所拥有九个年级，500 多名学生的成熟的学校。从这所学校毕业的学生，绝大多数都考入纽约著名的公立和私立高中继续学习。

安德森学校是纽约市四所天才学校中最难考进的一个，纽约市五大区学生都可以报考。正常情况下，学校每年从学前班的孩子中招收学生，经过智力测试，只招收六十几名学生，听说 IQ 考试分数要达到 99% 以上才能够被录取。此外，它每年还有一次考试，为六、七年级补充空额，丹丹要参加的就是这个填补空额的考试。因为是插班，招生名额极少。从我们在网上查找的学校信息上看，要考进这所学校是相当不容易的。但这毕竟是一个机会，还是应该让孩子去试试，考不上就回 26 学区继续读中学，抱着这种想法，我们为儿子报了名。

2007 年 2 月，一个晴朗的星期六上午，我们乘地铁送丹丹去曼哈顿参加考试。在安德森学校教学楼内，挤满了参加考试的学生和家长。从楼上一直排到楼下。待学生进入教室，考试开始之后，家长们被安排在学校的礼堂里等候。考试分为英文、数学和写作。看到礼堂里坐满了家长，白人、亚裔、非裔、犹太裔还有西班牙裔。我就想：看来重视教育的不只是我们亚裔。人类都具有共同的属性，无论什么人，都希望自己的子女能有好的教育，好的前程。

考试结束后一个多月，我们收到了学校的录取通知书，丹丹被学校录取了。

当年，安德森中学六年级在全纽约市仅招收了十几名学生，和丹丹一同参加考试的几位同班同学，也只有儿子一人考了进去，可见竞争之激烈。在高兴之余，交通和安全就成为我们必须要考虑的问题。

我们住的皇后区离曼哈顿很远，路上经常出现交通拥堵，不可能开车接送，儿子上学必须使用公共交通工具。如果乘公交汽车和地铁，要换三次车才能到学校，每天往返要三个多小时，这对一个刚刚十一岁的孩子来说，是另外一种考验。

曼哈顿是世界政治、经济、文化和金融贸易中心。这里似乎没有黑夜，没有休息，永远充满生机，永远都是人潮涌动，高楼林立，灯火辉煌。在摩天高楼下，在匆匆而过的人流中，即使你什么都不做，都会让人感到神情亢奋。但纽约又是个藏污纳垢之地。我们刚到纽约时，一位韩国朋友曾对我说："世界上最好的东西在纽约，最坏的也在纽约。"纽约拥有一百多年历史、世界上最古老、线路最复杂的地铁系统。它每天运送成千上万名乘客，也是世界上最繁忙的地铁。每天乘车，你见到的是不同肤色、不同种族和不同类型的人。有行色匆匆的上班族、学生，也有拉琴唱歌的艺人和无家可归者。地铁车站和车厢里可以看到垃圾，涂鸦，也会有难闻的气味。纽约的地铁就是一个地下小世界。

因为工作、生活在皇后区，平日里我们不太常去曼哈顿。在做最后的决定之前，我们又参加了一次学校为新生家长举办的情况介绍会，丹丹也参加了一天的课堂实地听课。经过这些实际体验和考察，我们决定接受学校的录取决定。但为了安全，我也决定，买车票每天乘车亲自接送孩子。

安德森六年级共有六十多名学生，以中产阶级家庭的白人学生为主体，有极少数西裔、非裔和亚裔。其教学严谨，授课的深度和宽度的确位

于许多学校之首，称其为名校也是名副其实的。刚入学不久，我曾问丹丹感觉如何，丹丹说："和我以前的小学相比，这个学校的老师教得更多，每门功课都难学多了，但是别担心，我能学会。"因为安德森学校的功课难度比较高，丹丹开始时紧张地追了一阵子，两个月后就回归正常了。

同英文和数学课相比，安德森学校的历史和社会学更难学。当时该校六年级学生的世界历史课，已经涉及古埃及，古希腊史。在那段时间里，丹丹从图书馆借了很多书，就连厚厚的《亚历山大传记》也借回来读，还在电脑上查找相关的历史、地理资料。做了很多研究之后，儿子写了一篇论文，题目是："猫和历史：猫对古代埃及人及社会的影响"。在大约600字的文章中，列举了很多古埃及人在生活中对动物猫崇拜的例子，最后的结论是：猫对古代埃及起了重要的作用，猫作为人们每天生活的一部分，受到法律保护并被视为上帝之神，是古埃及人既害怕又尊敬的动物，也是在埃及人历史上起重要作用的动物。

在学完古埃及史、希腊史、罗马史后，丹丹也开始对猫感兴趣起来，对我们说，他很喜欢猫。正巧我丈夫去罗马讲学，就买回了一只玩具瓷猫送给他。是一只懒懒地卧着睡觉的猫，儿子很喜欢，一直摆在他的书桌上。

因为数学很好，丹丹还参加了学校的数学队，代表学校参加纽约市中学数学竞赛，最终他们学校的代表队获得了纽约市中学第四名的成绩。因为参加了一年数学队训练，扎实了数学基础，给后来的学习带来极大的益处。在六年级结束时，丹丹所有课程成绩都是A，并在六年级纽约州会考中，拿到英文和数学满分的好成绩。丹丹非常喜欢这所学校，只可惜学校不设高中。所以，儿子只在这里学习了一年，第二年又考入亨特高中继续学习。

上学途中

六年级的上半年，我每天乘汽车和地铁往返于皇后区和曼哈顿之间，接送丹丹上下学。我和儿子每天穿行在匆忙的人流、车流中。虽然比较辛苦，但这难得的经历为丹丹提供了学习和了解社会的机会，开拓了他的视野，丰富了他的阅历。从这时开始，在以后的七年求学中，儿子每一天上学都没有离开公交汽车和地铁。

送丹丹上学的路上，我抓紧时机与他交谈，教他如何应付可能发生的突发事件，教他做人的道理和看问题的方法。现在的孩子，生活条件都很好，上学有专车接送，放学有人照顾，吃喝不愁，极易养成专横娇气、以自我为中心的坏习惯。为了防止这种情况发生，也为了培养孩子的爱心和责任感，在地铁上看到流浪汉，我经常让他放些零线给他们，并且教孩子，放钱的时候，要弯下腰来，轻轻地放到他们的盒子里，不能有任何鄙视的表现，做人要有同情怜悯之心。见到执勤的警察，地铁里的建筑工人，拉琴唱歌的艺人，我就告诉儿子，他们都是在为我们的安全，为国家建设，为自己的生活而辛勤地工作，要尊重他们。只要是靠自己的双手劳动，就不丢人。依赖别人，过寄生虫式的生活才是最可耻的。人没有高低贵贱之分。这些都是做人之根本。如果孩子连这都不懂，将来长大了还能干什么呢？

直到儿子熟悉了纽约复杂的地铁线路，我才放心地让他独自上学。

每天几个钟头的路途，为我们提供了极好的交谈机会，也增加了我和儿子之间的相互了解和感情。丹丹在这个时期写过一篇文章，对我们在一起的感受做了记录。以下是文章的全文：

A Person I Admire

A person I admire is my mom. Ever since I could remember, my mom has always been there for me, cheering me up when I have down, standing up for me. I really want to be a parent like her, a parent who strives so much for her children, takes the time to do thing like bring me to school every day, explains the way of the world to me, and gives me the feeling that somebody is out there for me, somebody who actually cares what happens to me.

One of the reasons I admire my mom is because she brings me to school in Manhattan every day. It takes an hour to get to school, and an hour to get back. We both know that my mom doesn't have to do this, yet during the time we spend together on these trips, we get to interact with one another. Most parents do not have enough time to do this, and I really respect and admire my mom for taking time out of her busy daily schedule to see that I get to school safely. Many parents are too lazy to take their child to school and go home and do tedious house-work. This shows that my mom cares about my wellbeing, and I respect her greatly for that quality.

On the subways, my mom explains the qualities needed in a person in order for them to succeed in life. Such qualities include humility, humbleness, effort, etc. At first, when I was younger, I did not realize the purpose of this. But now, after several visits to farmlands in China, I realized with a pang the hard life my mom had gone through. Only by working hard in life could she come to America and be able to support her family. My mom was explaining these qualities to me so that she wouldn't have to see me go through the same hardships later on. I admire her for this, for there are people in the world who don't want others to go though the same hardships as them.

My mom gives me the feeling that when I fall down when I am walking, somebody will be there to pick me back up and encourage me to continue walking. This feeling is a comforting one, and it gives you great warmth to know that somebody ' s behind you. I have been with my mom for nearly twelve years now, and I have gotten used to the support and encouragement my mom offered. I admire my mom most of all for this! That she has always been there for me.

One of my most distinct memories is of me falling off my bicycle and scrapping my knees. My mom had carried me home and treated my wounds, distracting me from the pain in my legs by telling me stories. I had felt an indescribable feeling that day, and the memory brings tears to my eyes as I think the parent - less children out there, the children who would never feel this warm feeling of care.

I have many people I admire, but my mom is the person I admire most. My mom has always been out for me, giving me the feeling of warmth and comfort. In addition, she truly cares about me and shows me this in simple act like taking the time to bring me to school and explaining how to succeed in life. I hope that I can grow up to be a successful parent like her.

中文翻译

我钦佩的人

我钦佩的人是我的妈妈。自从我记事时起，妈妈就和我在一起，在我沮丧的时候鼓励我，支持我。我真的想要一个她那样的妈妈，为她的孩子做那么多努力的妈妈。妈妈花很多时间为我做事情。比如，妈妈每天送我去学校，为我解释这个世界，给我一种有人正在为我而工作，如果发生了什么事情，将会有人帮助我的感觉。

我钦佩妈妈的原因之一，是她每天送我去曼哈顿上学。她花一小时去学校，一小时回家。我们两个人都知道，她完全可以不这样做。我们在往返的路途中相互交谈。大多数的妈妈没有时间做这些，我尊敬和钦佩我的妈妈从她每天繁忙的日常安排中抽出时间，看着我安全地去学校。妈妈每天送我去学校，回家又要做那些冗长乏味的家务，这些并不是每个母亲都能做到的。这表明妈妈关心我的成长，我非常尊重她。

在地铁上，妈妈向我讲解一个人在生活中想要成功，应该具备哪些品质。这些品质包括：谦恭、谦逊、努力等。起初，在我还小的时候，我没有理解妈妈这些话的目

的。现在，当我几次拜访了中国后，我了解了一点妈妈过去所经历过的艰苦的生活。在生活中，只有努力地工作，才能来到美国，才能支撑她的家庭。妈妈正在向我解释这些品质，妈妈不想让我未来的生活像她那样辛苦。我钦佩她，因为这个世界上，有的人是做不到这些的。

妈妈给我的感觉是，当我走路摔倒时，会有人等在那里，把我扶起来，并且鼓励我继续走下去。知道有人站在你的后面，给你巨大的温暖，是一种舒适的感觉。现在，我和妈妈在一起几乎十二年了，我已经习惯了妈妈给予我的支持和鼓励。妈妈所做的一切都值得我钦佩！她将永远为我站在那里。

在我的记忆中，最清晰的是有一次，我骑自行车摔倒了，擦伤了我的腿。妈妈在家里精心地照料我的伤口，为我讲故事，分散我腿伤的疼痛。那天，我有一种难以形容的感觉。当我想起那些没有父母的孩子，他们决不会有这种被照顾时的温暖感觉，我的眼里就充满了泪水。

我有许多钦佩的人，但是，我的妈妈是我最钦佩的。妈妈总是站出来，给我温暖和舒适的感觉。妈妈送我上学和向我解说人生如何能够成功，足以显示她对我的用心照料。我希望，我长大后，能够成为她那样成功的家长。

纽约地铁体现了美国是一个多元文化的社会，它每天运送数百万的纽约人和来自世界各地的游客。可以说，地铁就是一个难得的社会大课堂。

在七年上学的路途中，丹丹也有过一些特殊的经历。其中印象比较深刻的，是一本“书”的故事。事情是这样的：大概是在十年级，有一天丹丹放学回来，我发现他的书包比平时要重很多，打开一看，是一本2000年出版的SAT书。我很奇怪地问丹丹，这本十多年前的旧书是从哪里来的？丹丹告诉我：是在地铁上，遇到一个印度人，他看丹丹正在看书，就主动与他说话，并且说，他有SAT书，已经不用了，下次拿来送给丹丹。听到这些，我便对丹丹说：“你应该告诉他，这种书你自己有。你又不认识他，无缘无故不能要别人的东西。别说是这么旧的书，就是新书，再好的东西我们都不要，妈妈以前对你说过很多次了。”儿子听出我不高兴了，感到很委屈。继续解释说：“我在地铁上常常遇见他，他说他是医生，不是坏人。我没有要他的书，是他拿来一定要塞给我的。”既然拿回来了，又是一本这么旧的书，不好再退回去了，我只好把它先放在书架上。

又过了一年多，儿子考完了SAT，我在收拾书架时，觉得这本书太老旧，没什么用处，于是就把它放在废纸堆里，与报纸一起送去回收了。

事情过去了很久。突然有一天，丹丹放学回家后，问我："妈妈，你还记得在地铁上，一个印度人给过我一本 SAT 书吗？"我说："记得。那是一本过时的、很旧的书，你拿来后根本就没有看过。"丹丹又说："他今天早上在地铁上看到我了，他还想要回去。"我告诉丹丹："我已经把它当废纸送出去了。"听说那本书找不到了，丹丹显得有点着急。他又想了想，说："没事的。当时他送给我的时候，告诉我他不要了，不需要再还给他了，现在他又向我要。我就告诉他，那本书没有了，反正是一本旧书。"我对丹丹说："那不行！一本旧书也要还给他，因为是他的东西。你把你现在的书拿一本给他吧，你要对他说一声'对不起'。"就这样，丹丹拿了一本新出版的书还给了他。这件事对丹丹教育很深，让他知道了，不能要别人的东西。别人的东西一定要还，没有了，买新的也要还上。

还有一次，放学后很久了，才见到丹丹回来。我问他："为什么回来晚了？"丹丹说：在回家的汽车上，有一个中年男子直勾勾地盯着他看，他觉得很不舒服，就在我们家的前一站下车了，下车后只好步行回家。我对丹丹说："你做得对。遇到了事情要动脑筋想一想，尽量躲开看起来不好的人。"

在上学乘车途中，丹丹还时常帮助其他学生做作业。有一天早上上学，在地铁上，一个非裔母亲带着她上中学的儿子坐在座位上，丹丹就站在他们前面。那位母亲问丹丹是哪个学校的，丹丹回答说："是亨特高中的。"那位母亲很高兴，接着问道："我的儿子有一道数学题不会做，你能不能帮忙给他解释一下？"丹丹答应了。她让丹丹坐在她的位置上，把她儿子的作业拿出来。丹丹很快就把她儿子不会的题做了出来，又给那个孩子讲解了一遍。那位母亲很高兴地表示感谢。丹丹回家后，轻描淡写地对我说了这件事。我听后表示赞许，说他做得很好。我为儿子能够随时随地帮助别人解决问题而高兴。

在纽约，很多孩子都有乘公交车上学的经历。如果用心、动脑，仔细观察，孩子就能学习到很多生活哲理，积累很多生活经验，对孩子成熟和自立非常有好处。

竞争激烈的纽约亨特学院高中

在六年级的下半年，即2008年1月，丹丹参加了位于曼哈顿上东城的纽约市亨特学院高中的入学考试并被学校录取。亨特高中建校于1869年，是纽约市为资优学生设立的高中。亨特高中不隶属于纽约市教育局，而是归属纽约市立大学亨特学院管理。因为不收学费，又属公立学校，学校在人文和科学两个领域，为学生提供了广为公认、极其优秀的教育。亨特高中以每年为常春藤大学和其他顶尖名校输送大量学生而著名。由《华尔街日报》和《世界财富杂志》评为美国最好高中。

亨特高中唯一的入学考试是在小学六年级，并且分两步进行。学校招收来自纽约市五大区的居民。学生必须在五年级的纽约州数学和英文标准化考试中，获得很高的成绩，才能获准参加在每年一月份举行的入学考试。在纽约市，被亨特高中录取的比率已经成为衡量一所公立小学好坏的重要标准之一。每年纽约市符合标准参加入学考试的学生在3000人左右。通过考试，学校最终录取200名学生，仅有大约6.7%的合格考生能够被录取。这使得亨特高中成为全美国竞争力最大，最难被录取的学校之一。纽约市的很多家长，从孩子一进入小学起，就把目标瞄准在亨特高中，将能够进入这所学校学习视为荣耀。

丹丹于2008年顺利考入亨特高中，从此开始了长达六年的中学学习。

能够进亨特高中学习的孩子是幸运的。但同时也意味着，摆在你面前的，不只是胜利的光环和别人羡慕的目光，还有即将到来的学习上的艰难挑战。学生来自纽约市各学校，尖子学生聚集在了一起，竞争之激烈可想而知。丹丹考进了这所著名高中，我们是既高兴，又有些紧张和担心，不知道儿子在未来会遇到什么样的困难和挑战。

开学之前，我同丹丹有过一次简短的谈话。我对他说："能够进这所高中学习，你高兴，我和你爸爸也为你感到骄傲，这是对你这几年小学和中学学习的肯定。但同时我们也要看到，你即将面临的是学习上的艰难挑战，这所学校不是那么好读的。以你的能力，我们相信你没有问题，相信你能坚持学下来。退一步讲，万一感觉太困难，学不下去了，我们还可以在八年级时去考纽约市其他的特殊高中。"

我说的是真心话。世界上好的东西很多，但是，只有适合你的，才是最好的。孩子进什么样的学校读书，是他自己的能力决定的，做父母的只有希望的份儿，而不能强行要求。孩子的身心健康才是我们最为关心的大事，我不想我的孩子因为竞争和功课的压力而变得抑郁寡欢。去这样的名校读书必然会有压力，必须要做好吃苦和经受挫折的思想准备，更要密切关注孩子的思想动向。如果学习遇到了困难，退出来去考其他的学校也没有关系。我的一席话激起了儿子的要强和自尊心，他立刻表态说："妈妈，你不用担心，我一定能学下来，而且能学好，不信你就看着。"

在六年的艰苦学习中，丹丹真的像他说的那样，顶住了学习压力，坚持学下来并取得了优异成绩，同时还做了很多课外活动。得益于他的英文和数学基础都比较好，文章写得好，又能有效地利用时间，所以并没有感到吃力，每天照常抽时间弹钢琴，打球，锻炼身体。

亨特六年，丹丹从没有叫苦叫累。可是，从他每一天早出晚归和深夜苦读，每天几个小时花在地铁行程上的艰辛，我知道他是多么的不容易。年轻时经历的艰苦是人生的财富。这样苦读锻炼出来的孩子，意志是坚强的，经得起困难和挫折的考验。后来上大学，无论多难的功课都无所畏惧。他经常说："亨特高中为我打下了坚实的学术基础，为我的大学学习做好了准备，我很感谢那些老师。将来无论怎样，我都要报答我的学校。"

在八年级时，丹丹参加了纽约市亚裔学生英文、数学比赛，在众多的参赛者中，获得了八年级组英文、数学双双第一名的成绩，并得到纽约市参议员颁发的奖励，为自己的学术水平做了一次成功的测试。在高中参加

学校数学队，与他的同学一起参加纽约州数学竞赛，曾为学校赢得九年级纽约州数学第三名的成绩。

美国的高中有很多课外活动和各种兴趣俱乐部，这些活动有些是学校组织的，更多的是学生自发组织，学生可以根据自己的兴趣爱好选择参加。这些活动能够帮助孩子寻找并发现自己的兴趣，在活动中发挥自己的作用。参加这些活动不仅仅是为了毕业时申请大学，而是对孩子的一生都会有积极的影响。

凡事开头难，习惯最重要。一个在高中很活跃、喜欢参加学校活动的学生，上大学后也将是大学活动的积极参与者和领导者。进入亨特中学，从七年级一开学，我们便鼓励他要积极参加学校的课外活动，要多参加，多尝试，看看自己到底喜欢什么。丹丹在七年级时参加了学校的数学队和田径队。每周两天中午的数学队训练，放学后还要参加田径队训练，经常是晚上很晚了，才一身汗一身泥疲惫地回来。

参加美国天才搜寻项目

丹丹在七年级和八年级分别参加过美国约翰·霍普金斯天才教育中心（John Hopkins Center for Talented Youth）和内华达大学（University of Nevada）设立的戴卫森天才项目（Davidson Gifted Program）的天才搜寻计划的搜寻考试，并且成为这两个项目的成员。

美国国内有几所大学，分别提供天才搜寻项目，并为通过考试进入项目的学生提供夏季学习的课程。比较著名的有位于美国东部的名校约翰·霍普金斯大学（John Hopkins University）和西部内华达大学的戴卫森天才项目（每年夏天，该项目都在内华达大学举办训练课程，招收六十名十二到十五岁的学生）。这些项目认证有天赋的学生，并且为升入八、九、十年级的学生提供为期三个星期的暑期天才夏令营活动。

天才搜寻活动是孩子在中学和高中早期所能够获得的最早的学术能力证明，也为孩子有更多的活动机会敞开了大门。如果孩子想在以后的十一年级和十二年级，申请做研究项目，参加比赛和其他的学术活动时，有很多的申请和面谈特别问到，你是否参加过任何的天才搜寻活动。

参加考试并且取得合格证书，就意味着进入了这个项目。

要成为这些天才项目的成员，为你的高中课外活动提供更多的机会，就必须要在七年级参加 SAT 或者 ACT 考试。有大学招生官曾经说：他们在审查大学申请表时，愿意看到那些在七年级就成功进入搜寻项目的学生。被接受进入这些天才搜寻项目的学生，意味着他们的兴趣聚焦在学术上，是一个年轻而成熟的学生。

每一年，全美国大约有 120000 名七年级和八年级的学生参加 SAT 资格考试，大约 26% 的学生有资格进入这些天才搜寻项目。如果孩子参加考试合乎资格，在中学的每一年春季，你将会收到很多有关这些项目的夏季课程和夏令营的信息，孩子可以根据自己的兴趣去选择参加。这些夏季项目包括具有挑战性的课程（大部分课程被安排在上午）和各种社交活动以及娱乐活动（下午和晚上）。

丹丹成功地进入了美国两个天才项目，成为项目的成员之一。但是，因为八年级之后，高中的几个暑期，他都忙于做社区服务工作，没有足够的时间去参加夏令营的活动，的确为我们留下了很多的遗憾。

挫折面前，越战越勇

丹丹七年级时尝试了学校的田径队训练。大概是感觉每天练习长跑，很枯燥很没劲，一年之后便放弃了。到了八年级，不知道从哪一天起，他开始喜欢上了篮球，并且似乎到了着迷的程度。放学后，只要回家早一点，就要我开车送他去我们家附近的公园球场练球。

对大多数学生来说，美国高中的几年，是学生最努力、最紧张和最关键的时期，这个时期的学业和课外活动极为重要。高中成绩如果不理想，或者课外活动不够突出，都可能影响到大学申请。这是决定孩子未来的极为重要时期，除非你的目标没有那么高，或者根本就不想上大学。在这种人人都感到有压力的情况下，丹丹却照常打他的球。

丹丹几乎是每天放学回来，放下书包，换好衣服，就“战斗”在篮球场上。那种不怕苦不怕累，大汗淋漓的样子，真是让我又急又气！现在回想起我当时焦虑紧张的情绪，还是心怀感叹。我似乎是看到，他的那些同学正在家里专心地读书写作业，为参加各种竞赛蓄积力量，或者在学校的俱乐部里参加活动。我担心他把太多的时间用在打篮球上，而荒废了自己的学业。但我知道儿子的脾气，此时在他最喜欢做的事情上强行阻止和干预，一定会发生冲突。万一他真的和我闹对立，结果可能会更糟糕。从另一个角度考虑，只要不影响学习，喜欢打球也不是坏事。当时我所能做的，就是继续送他去打球，但每天都要提醒他抓紧时间努力学习。有时候，我控制不住自己，也会对他发脾气。每当这时，丹丹就会软下来，对

我好言相劝，一个劲地说“对不起”“别担心”之类的话，但我还是不能不为他担心。后来慢慢地，丹丹告诉了我他真正的想法。他是想打好篮球，进学校的篮球队，成为篮球队的主力队员。为了能得到我的支持，丹丹还对我说，打好篮球对他将来申请大学会有很多的帮助。

在美国，体育是平民化、大众化的运动，而篮球是一项以非裔为主体的体育项目，很多孩子从小篮球就打得很好，亚裔孩子无论在体能还是在技术上都远远不及他们。儿子刚刚十三岁，正是充满了幻想的年龄。他还不知道，在美国上大学，要想走体育的路线是非常艰难的，就算你篮球打得好，大学还要按照学校球队的需求，招收他们需要的队员。

尽管儿子拼了命地练球，一年后，还是在九年级的高中篮球队队员选拔赛中失败而归。从小到大，丹丹在学习和各种升学考试中几乎没有失败过。无论干什么，决不空手而归。进学校篮球队是他最想要的，但却没有成功。这一次的打击还是挺大的。我还记得，当他得知自己没有被学校篮球队选上的消息后，非常失望，甚至还掉了眼泪。我听到了这个消息，却暗自高兴。这个结果可能会打击一下他打球的积极性，让他回心转意，认识到自己不是打篮球的材料而自动放弃，将注意力集中到学习上来。

谁知，事情的发展与我的预料相反。进篮球队的失败反而更加激起了他要练球的决心。他对我说：“妈妈，我们学校篮球队教练告诉我，说如果我愿意，可以到校外找一个篮球队打球。我不去！参加学校外面的球队，只能是去玩一玩，对我将来升学没有帮助。我要好好练球，我就是要打好了给他们看看。今年教练不要我，明年他就得要我。”听了这话，我真有点不知所措了。我知道他的个性，你越是说他不行，他就越要做出个样来给你看，证明他自己行。这也让我回想起，还在小学一年级时，他的老师对我们说的一句话：“丹丹是完美主义者，无论什么事，都力求做到最好。”凡事要做到最好并不是坏事，但有时还要考虑自己的具体情况。于是，我也很生气地说；“丹丹，你已经长大了，你将来想要做什么，自己决定吧。妈妈只有这么大的能力，我已经尽力了。但是，我要告诉你的是，你想用打篮球来帮助你上大学，你是想错了！篮球玩儿得好的人多的是！如果真的能在打篮球上有发展前途，你这个年龄就应该显现出来，并且已经有所成就了！”儿子没有回答我的话。就像一颗恒星一样，每天照常按照自己的生活轨迹运行着。

在高中的几年里，丹丹没有上网，没有玩游戏，也没有表现出青春期叛逆，唯一让我们比较头痛的事儿就是打篮球。我们常常因为打球而发生争执。我不知道他这样做，最后等待他的会是什么样的结果。丹丹很好，每次看到我着急，都过来安慰我：不要担心他的成绩，一切都不会有问题。他不知道，我担心的不仅仅是他的成绩，而是他的未来。我担心他将这么多的时间花在打篮球上，将来会一无所获。每个孩子在青春成长期，或多或少都会遇到一些烦恼和问题。对儿子在篮球上表现出的狂热，我简直是无计可施。日子就在担心和烦恼中一天天过去了。

丹丹星期天在球场练球

丹丹最终如愿，在十年级时打进了学校篮球队，但球技却并没有像他幻想的那样出色。正像我对他说的那样，篮球没有成为他的什么职业，却最终成了他的一项体育爱好。幸运的是，打球并没有影响他的学业，相反，可能是由于锻炼的原因，他身体很棒，精力充沛，可以同时做几件事。即使在高中最后、最忙的冲刺阶段，每天只睡几个小时，也能集中精力，高效率地学习。这让我对孩子参加体育运动有了全新的看法和认识。运动不仅让孩子身体强健，更让他们在意志和心理上得到磨炼，培养吃苦

耐劳，持之以恒的精神。运动过后，孩子在学校一天的压力得到释放，坐下来学习可能会更加专注，更有效率。

在失败和挫折面前，人们可能表现出不同的态度。勇敢地面对挫折，在困难面前不屈不挠，是成功人生所必备的特质。对孩子表现出来的各种兴趣和爱好，只要是好的，父母不要轻易地制止。在这方面，美国的家长更开明，他们培养孩子的目标，并不只有上好大学，有好工作那么简单。只要孩子喜欢的，正当的东西，都大力支持。大多数美国人一生都有自己的兴趣爱好，也因此而生活得更加多姿多彩。

提早准备大学申请

美国大学的入学程序与中国以及亚洲的很多国家不同。中国人把上大学的过程称为“考大学”。而在美国，这个过程称为“申请大学”。二者的差别并不仅仅是用词上的不同，而是两个完全不同的大学录取概念。美国孩子申请大学的过程是相当漫长的，如果你的目标是美国以常春藤八大名校为代表的顶尖学府，准备工作从小就要开始了。

美国大学申请时间是在高中十二年级开学后的秋季。但实际上，这只是一个具体的行动日期，而真正的准备工作早在几年前就已经悄悄地开始了。孩子一进入高中（美国高中九至十二年级）的九年级，就开始为申请大学做准备。到孩子十一年级结束时，大学申请需要做的准备工作基本都已经做完，只待填写表格了。可以毫不夸张地说，美国孩子读完了十一年级，大学申请的游戏就结束了。美国顶尖名校的录取要求，哪一条哪一项都不是一天两天能够完成的。与其到最后惊呼别人的成功，不如脚踏实地做自己的努力。

美国的教育体制与中国很不一样。中国的教育是以考试为基础，分数是大学录取学生的重要分界线，这使得教师、学生和家长都过分地看重成绩。每年六月份在全国举行的三天重大考试（又称“高考”），决定了绝大部分考生的命运。而在美国，学生申请大学，不但一定要有 SAT 考试成绩和其他的标准化考试成绩，还要有学生高中四年的学习成绩。但这只是申请大学所必须具备的条件，并不是唯一的录取标准。也就是说，美国顶尖

大学的校门，不是仅仅用好成绩就能敲开的。每年四月份，美国大学录取工作结束后，都有一些成绩优秀而被拒于藤校大门之外的学生。藤校在录取学生时，更多看重的是申请人的整体表现和未来发展潜能。应该说，与很多实行“分数线录取制度”的亚洲国家相比，美国学生的大学入学申请更为复杂和艰难。

美国大学申请是一个相当长的过程。美国高中，学校和老师都不会为学生提供如何进入名校的信息，在我认识的朋友中，也没有现成的经验可以借鉴，我只能自己一边思考，一边摸索着前行。

自从丹丹进入中学七年级后，我便经常去书店和图书馆，寻找如何申请进入美国大学的资料，熟悉大学申请程序。美国每一年都有一本新书——《大学申请指南》出版，书中列有最新的上一年各大学录取率，申请人数，被录取新生的标准化考试成绩范围以及毕业率等各项指标和具体要求。家长可以根据你自己孩子的情况，安排他的暑假课外活动，标准化考试时间等，所有事情都需要家长自己安排。除了查找现有的公开资料，我们还积极参加学校每月一次的家长会。家长会上，学校常常给家长提供一些有关申请大学和课外活动的信息。我们也认真听取高年级学生家长的介绍，从他们的谈话中吸取有用的经验。总之，利用一切机会，熟悉大学的申请过程，寻找对孩子有帮助的信息。

在美国，小学甚至初中，功课都不是很重，这一阶段学校的主要任务，是培养孩子的思维方式和思维能力，培养孩子的自学能力，养成良好的学习习惯。很多亚裔孩子在上小学之前，数学等课程比其他的美国孩子学得多，学得早。上小学后，因为学校要求不高，孩子又比较乖巧听话，在学校里一般表现都比较好，功课也跟得上。家长就会沾沾自喜，甚至出现错觉，认为美国的学校很容易，美国的书很好念，而忽视了好的学习习惯的培养。等孩子到了中学或高中，课业加重了，阅读和写作量突然增加，由于没有坚实的写作基础，甚至没有养成好的阅读习惯，孩子的学习就出现了问题。

美国孩子一旦进入了九年级，就是正式高中的开始。高中的课业比较重，在保持学习成绩优秀的同时，学生还要参加校内外的课外活动，做义工，寻找机会参加各种比赛，展示自己的才华和热情，培养自己的领导才能，还要完成大学入学考试的准备。在有限的时间里做这么多的工作，就要求孩子要有自我约束的能力和管理时间的能力，也要家长帮助做好各种标准化考试的计划和课外活动安排。总之，学生自进入高中开始，就要为升入大学做准备，同时也应该对将来的职业生涯有所规划。例如，如果孩子将来想进医学院，在做义工时，最好考虑去医院或老人院等和医疗有关的机构。

美国自高中开始，学生的每一次考试、作业成绩，甚至出勤率都要被记录在案，构成每一年的平均总成绩（GPA）。在诸多因素中，学习成绩好是申请美国顶尖大学的必备条件。所以，在孩子上高中后，家长就必须密切关注孩子的学习情况，发现问题及时与学校沟通，或者想办法帮助补救。此外，孩子在学校的表现也非常重要，课堂的参与程度，与老师的沟通互动，作业是否认真完成，在班级与其他同学的关系等也是在学习成绩评定之内。亨特在七年级，即入学的第一年，要将来自纽约市各个不同学校的学生程度拉齐，因此而不记录成绩。

亨特高中从八年级就开始正式记录学习成绩（GPA）。高中成绩不太好，将会直接影响学生的大学申请。如果学生在高中初级阶段，不小心得了一两个B，也不用太紧张，只要在以后的学习中，表现出向上的趋势，就能弥补以前的不足。丹丹的高中学习还是比较顺利的，除了花很多时间打球锻炼，让我们比较担心外，其他方面从未让人担忧过，GPA一直保持在4.0。高中的几年都很忙，但最紧张的是十一年级和十二年级，孩子要学习学校的课程，完成老师布置的作业及考试，写研究论文，参加各种课外活动，还要准备SAT等各项考试，为申请大学做准备，真是恨不能长出三头六臂来。需要注意的是，这些考试及大学申请准备工作基本都是由学生自己来完成的。美国的高中教师没有帮助学生复习、准备考试的义务，也不会因为你正在申请大学而放慢讲课的速度，或者减少考试的次数。所有的困难都要学生自己克服。看着儿子忙得没时间休息，每天只睡五六小时，还要去参加学校球队的篮球比赛，真是很心痛，但又帮不上忙。我们只能在生活上多关心照顾他。这种紧张和焦虑直到完成大学申请，收到大学录取通知书才真正结束。

孩子的成长需要有父母的陪伴。可以说，每一个成功孩子的背后，都有家长的支持和辛勤的劳动。一个孩子的成功是需要全家人共同努力来完成的集体项目，孩子自己是不可能单独完成的。即使你的孩子就读的学校是那些价格昂贵的私立高中，也同样离不开父母的帮助。父母开车接送，计划暑期活动，整理保存孩子各种获奖证书，帮助孩子做履历，对将要申请大学的研究等，都需要家长的参与，也都是我们所经历过的。即使你的孩子有极高的天分，又肯积极努力去学习，他每天想的也只是如何完成老师的作业和应付明天的考试，不可能去思考和寻找机会来展现自己。所以，家长还要成为孩子成长中的推手和引领者。

在一次亨特高中的家长会上，丹丹一位同学的爸爸对我说；“我女儿申请大学都是她自己做的，我们只负责签名，其他的什么都不用管。大学申请写的文章是什么，我们都没有看过。”千万不要相信这些。说这种话的人，背后一定付出了更多的努力。因为你的孩子和他的孩子是同学，也是竞争对手，所以孩子和家长在申请大学之前，都极少讲自己。加上美国的学校为保护学生隐私而不公开学生成绩和排名，你基本上不太知道其他同学的情况。直到大学申请结束，才慢慢地透露出来，其实每个人都做了很多事。还有，有些父母费尽心机找到的一些信息，是不愿意拿来与他的竞争者分享的，特别是如果他自己还有更小的孩子。但也不是没有办法获得。在今天信息发达的时代，你可以通过网络、书刊获得信息，根据情况安排孩子的活动。如果是有心的父母，可以打电话给大学申请成功的学生家长，告诉他们，你的孩子很想追随他们的步伐获得成功，与他们交流感受和经验，让自己少走一点弯路。

不得不打的疲劳战

现在很多正在读高中的学生家长见到我，常常要问的一句话就是："你儿子在高中时几点睡觉?"高中竞争压力增加，孩子的睡眠时间太少，已经成为很多家长最关心的问题。

过去常听在中国的学生家长抱怨中国的教育体制，抱怨填鸭式教学方式，抱怨孩子作业多，考试多，睡觉少。他们羡慕美国的教育。似乎在美国的孩子就没有压力，学得轻松，过得快乐，还能进名校，实现所谓的人生成功。于是，就出现了一些中国的父母想方设法，省吃俭用也要攒钱送孩子出国留学的现象。幻想着只要孩子能出国，就能避开中国高考的压力，有更多的机会进入国外的大学，接受优质的教育。其实，这些只是不了解情况的道听途说和误解而已。事实是，美国的教育是等级分明，看你自己把目标定在哪里。如果你的标准不高，未来只想有一份普通的工作，养家糊口过日子，无论什么学校都没有关系，确实不必有那么大的压力，轻轻松松过得去就行了。但是，如果你对自己期望值很高，想做一个优秀的人，想为社会多做贡献，将目标定在好的大学，甚至世界顶尖大学，那就必须要比别人多付出十倍甚至百倍的努力，要奋力拼搏。我相信，无论是在中国还是美国，世界上任何一个国家都如此。"世上没有免费的午餐"。要想追求成功，在哪里都不轻松，在哪里都得拼。

美国的孩子也同样要面对各种压力和睡眠不足的问题。因为竞争激烈，美国孩子上了高中之后，不仅要面对越来越繁重的功课和升学考试，

如果你的目标是要申请顶尖大学，还要求有很多课外活动，社区服务，领导能力，比赛获奖，校外学术活动等。这些事情一齐压过来，即便是成年人也难以招架。孩子自然忙得连睡觉的时间都没有。

丹丹刚进入亨特高中，在第一次学校召开的家长会上，校长就对新生家长们说："有人抱怨学校作业太多，学生睡觉太少。如果你的孩子每天都要写作业到半夜两点，请注意，我说的是'每天'，你就要考虑，你的孩子是否适合在这里读书。因为我们不会给学生留那么多的作业。"

听了校长讲话，知道学校的要求，我心里有了底。丹丹在十年级以前，我看管得比较严。我和我丈夫每天晚上轮流在另外一个房间看书，看电视，一旦儿子做完功课，立即督促他睡觉，不能耽搁。最晚不能超过十一点，尽量保证每天七小时睡眠时间。

到了十一年级以后，情况发生了变化。因为有很多课外活动，丹丹常常很晚才回家。这个期间还要完成各项升学考试的准备，弄到半夜一两点钟才休息是常有的事。睡觉，这个对平常人来说再普通不过的事情，在儿子那里变成了一种奢侈。以前我要求的七小时睡眠得不到保证。我和我丈夫第二天要早起做饭，工作，不可能陪他太晚。有时我也很生气地追他睡觉，丹丹就说："妈妈你们去睡。我也想睡觉，但还有很多东西没有做，我不能睡。"确定他没有浪费时间，我们也就不再说什么。

为了让他多睡十五分钟，十一年级以后，在大约两年的时间里，我们每天早上都要开车送儿子去地铁站，只为了能节省出十几分钟乘公共汽车的时间。下午放学，如果回家比较早，我就让他在沙发上睡半个钟头，然后再去做作业。看他睡得那么香，我真希望时间能过得慢一点。有时候，我不忍心叫醒他，有意让他多睡一会儿，起来后他就会很生气，说："妈妈为什么不早叫醒我？你不知道我有多少事儿没干，我没有时间睡觉！"

在十一年级，由于睡眠不足，还曾经发生过几次放学回家的路上，在车上睡觉而误了下车的事儿。回来后，儿子笑嘻嘻地讲给我们听。我听后笑笑，心里也是酸酸的，感觉孩子累得挺可怜。

我听说过很多孩子睡觉太少，第二天上课没精打采，老师讲课他睡觉，回家后再打电话给同学问作业的事例。我担心儿子是否也这样，丹丹总是说："别担心，我上课从来不睡觉，是不敢睡！你睡觉不影响别人，老师就不管。但一节课没听，你自己不会。”儿子明白道理，我就放心了。

在高中最后两年的非常紧张时期，很多孩子确实睡眠比较少，长期下去，有可能造成恶性循环，既影响了学习，又会给身体带来伤害。父母首先应该搞清楚，孩子是不是确实需要晚睡，如果拖拖拉拉，磨磨蹭蹭浪费时间，那就是不好的习惯，必须加以纠正。决不能把睡眠多少当成一个是否努力学习的标准。休息好和学习好是不矛盾的。对有时候确实需要贪黑晚睡的孩子，父母能做的，只能是尽量挤出时间，让孩子补充一点睡眠，在饮食上保证足够的营养，争取把体力损失减到最小。

标准化考试

美国大学入学的标准化考试（Standard Test）分别为 PSAT，SAT/ACT、SATII 及 AP 考试。PSAT 可以被看作 SAT 正式考试之前的预测性考试，申请大学时不需要上报给学校。但 PSAT 重要的一点，是它的成绩决定了学生是否有申请美国优秀高中毕业生奖的资格。如果孩子平时学习成绩很好，最好不要放弃这个考试。正式的 PSAT 考试是在十一年级开学后的 10 月份，报名及考试都在学生所在的学校。成绩在 12 月中旬出来。作为练习，十年级的学生也可以参加考试，但成绩不被记录在案。PSAT 总分 240。美国每年各州进入全国优秀毕业生奖半决赛的分数线略有不同。如果学生对考试没有把握，也可以选择不参加。

SAT 的全称是学术水平评估测试（Scholastic Assessment Test），是一种广泛用于美国大学录取的标准化考试，中国人常称它为“美国高考”。是更侧重于学习能力和资质的考试。考试分为数学、英文阅读和写作，每一部分满分 800 分，总分 2400。SAT 考试由美国大学理事会主办。每年举办七次，分别为十月份至第二年六月的七个星期六，暑假期间除外。学生可以根据自己的准备情况，决定参加考试的时间。考生只需要在大学理事会的网站上注册，选择考试的日期和考试地点，就可以参加考试。SAT 考试时间持续三个半小时。学生参加考试的次数没有一定的限制，如果对考试成绩不满意，可以复习后重新再考，但一般建议不要超过三次。如果申请人参加考试超过三次以上，就有可能被考虑为平均成绩。也有的大学可以接受每一次考试的最高分总和（Super score），美国常春藤和其他顶尖大学大概不会接受这个成绩。总之，在参加考试之前，必须做好充分的准备，不打无把握之仗。准备不充足不要轻易去考。升入高中之后，你的每一次考试都会在档案里留下记录。你即将申请的大学也能看到这些记录。

现在社会上有许多针对 SAT 考试的补习班，质量良莠不齐。有家长曾问过我，是否需要送孩子去补习班复习。我认为还是因人而异。如果你就读的学校教学质量比较好，孩子在读到十一年级时，所学到的知识应该足够应付考试。如果孩子能够主动学，家长就可以买些书回家自行练习，既能节省时间，又能节省很多金钱。而对那些可能需要和其他同学互动的学习环境，需要有老师带领的孩子，送去补习班效果会更好一些。但是，不管采用什么样的方法复习，都要调动孩子的积极性，认识到他是在为自己而学习，不是为老师和家长。要想接受良好的大学教育，在即将到来的社会和职场中取得成功，就必须要有过硬的本领，有真知识。也就是人们通常所说的：“学业好是硬指标。”

如果孩子在十一年级时才第一次走进考场，所承受的心理压力和紧张是可想而知的。为了减少这些压力，可以让孩子在九年级之前参加一次考试（九年级前的成绩没有记录），了解自己的实力，也实战体会一下考试的氛围。

学生最好在十一年级结束前的六月份，完成正式的 SAT 和 SAT II 的考试。如果考试成绩不理想，可以利用暑期复习，再参加秋季开学后十月份的考试。对想要做大学提早申请的学生，十月是最后一次机会。

美国大学的另一个标准化考试是 ACT。ACT 的全称是美国大学考试（American College Test）。ACT 更注重测试学生高中课程的学习，满分 36 分。主要包括五个部分：英语、数学、阅读、科学和一个选择性写作。根据你将要申请大学的要求，决定你是否需要考写作部分。对美国的大多数高中生来说，通常是先考 SAT，如果成绩不太理想，再来考 ACT 也不迟。如果你的高中课程学得不错，就可以选择考 ACT。多数美国的大学同时接受申请人的 SAT 或者 ACT 两项考试中的任何一项成绩。

SAT II 是单科考试，每一科成绩满分为 800。考试科目多达十几门，学生可以根据自己的优势和在大学希望学习的专业自由选择。其中也包括

中文考试。儿子虽然在小学时去中文学校学过几年，但中文能力最终也只限于听和说，自然不会选择考中文。并不是美国所有的大学都要求有 SAT II 成绩，但通常排名靠前的大学和著名的文理学院都要求有两门的 SAT II 成绩，有些顶尖大学还要求有三门课的考试成绩。在诸多的单科考试中，数学尤为重要，是很多大学和专业要求的必考科目。数学又分为 1C 和 2C，即 1 级和 2 级。1 级数学相对简单些，但评分也更加严格。而数学 2 级考题比较难，但允许考生有多一些的失误。要注意的是，一些大学在招生规定中注明，只接受数学 2C 成绩。SAT II 考试也应在十二年级的十月份之前考完，这样不会影响提早申请。同 SAT 一样，SAT II 每学年也有多次考试，你可以选择在同一天考两门课。SAT II 考试时间最好选在春季，你要考的这门课程即将结束，对刚刚学过的知识还记忆犹新，简单加以复习就能去考。

AP 课又称大学先修课（Advanced Placement）。现在，美国的很多高中都开设 AP 课。为了表示自己愿意并有能力接受挑战，学生应该尽可能多地选修学校开的 AP 课。学习完之后，可以参加全美国大学理事会统一的 AP 课考试，成绩从 1 分到 5 分，3.5 为及格，5 分为最高。

有家长认为，如能在高中多选 AP 课，上大学就可以少修课，既节省时间，又节省学费。实际情况如何，还要看你所去大学的具体要求而定。有些 AP 课可以算作大学学分，有些则不能算。如果孩子有精力，有热情，就应该支持他多学，至少可以证明自己的学习能力很强。名校竞争日益激烈，选修 AP 课的多寡也成为一个不成文的指标。

进入美国大学理事会的网站，可以看到 AP 课的获奖要求。如果学生通过 3 门 AP 课考试，成绩在 3.5 以上，可获 AP 学者奖（AP scholar）。通过 4 门考试，平均成绩在 3.5 以上，可获 AP 学者荣誉奖（AP scholar with Honors）。通过 5 门以上考试，平均分在 3.5 以上，可获 AP 优秀奖。通过八门课考试，平均分在 4.0 以上，可获全国 AP 奖。

高中选课

美国高中自十一年级开始，学生可以有自己选课的机会。选课有很多好处。学生可以根据自身情况，兴趣，将来职业发展方向来选择想要学习的课程，有助于培养学生独立思考的能力，也为大学招生官提供机会，让他们挑选那些真正有热情，勇于挑战自我的学生。高中选课是有要求的。学生要完成学校规定的基本课程，还要经过老师和升学顾问的同意。

亨特高中的课程进度比较快，在十一年级结束时，学生就已经完成了高中所需的全部教学内容。十二年级将有更多的选修课。学校规定十二年级的学生，选修的课程在 4 至 6 门之间。从学生选修的课程上，大学能够看到学生的积极性和学习的热情，对申请大学也至关重要。大学招生官将从高中升学辅导员那里，了解到你所在高中的情况，包括课程设置情况，很容易看出你是怎样的一个学生。有学生为拿到好成绩而选相对比较简单的课，这样的课即使你能拿全 A，分量也不会太重。但也不能全部都选最重的课，还要考虑到十二年级大学申请的压力，万一成绩不好，课选得多也没用。我曾听一位朋友说，她的儿子十二年级选了五门 AP 课，但一个学期过后成绩就出现了 B。这个时候，如果你再想取消这门课，已经不行了，只好咬牙坚持下去。

选课时还要考虑准备申报的学校和专业的要求。丹丹在十二年级选了六门课，英文、数理化和经济学都有，其中有五门是大学 AP 课。选这么多，这么重的课，我真是为他捏了把汗。学校规定开学后前两个星期是试

听，如果感觉不合适可以更改或者取消。试听期间，我曾和他商量，劝他减掉一门，五门课就已经满足学校的要求了，选课太多，万一成绩不好，可能会影响到大学申请。丹丹对我说："妈妈，你不知道，在我的学校里，最好的学生都选六门课。你不用担心，我都能学好，只要抓紧点时间就行了。"后来证明，我的担心是有道理的。这些课程确实压力很大，哪门课都不那么容易对付，加上要做大学申请，还有很多课外活动，忙得几乎没有时间睡觉。幸亏身体好，否则真的是很难圆满完成。

常听到有家长问，GPA 和 SAT 考试成绩在大学申请时哪个更重要？我的感觉是，都很重要，但都不是决定的因素。记得在一篇文章中看到，一位大学招生官说过这样的话："（SAT 和 GPA）我们不需要考虑哪一个更重要，因为我们有太多优秀的候选人。"学术上优秀的成绩只能作为申请名校的敲门砖，是最基本的条件，却不是进名校的保证。美国常春藤名校的录取标准，与世界其他国家名校的标准相比有很多不同。世界其他名校的入学标准是：分数面前，人人平等。他们追求的是成绩最好的学生。而以培养未来世界领袖为己任的常春藤名校，追求的不是成绩最好的学生，而是全面发展、有潜能为社会做最大贡献的学生。成绩好是必备的条件，但决不是唯一的录取标准。我曾经认识一个孩子，GPA 是当年学校毕业生中的第一名，SAT 成绩也不错。在大学申请时，不但申请的所有常春藤大学都没有录取他，就连其他的一流大学也拒他于门外。最后，幸好保底的一所纽约州立大学录取了他。像这样学习成绩优秀而没能被名校录取的例子，每年都可以听到很多。

随着大学申请人数逐年增加，美国著名的常春藤等名校录取率逐年下降。今年（2015 年）4 月 1 日，美国大学录取结束，常春藤学校公布了录取数字，竞争激烈已达历史之最。录取率已经下降至历史最低点，几乎都是在个位数字。据统计数字显示，今年报名美国八所常春藤名校总人数为 261000 多人，被录取 22000 多人，平均录取率 8.56%，可见竞争之激烈。学生要意识到，这些精英之地看到的是来自全世界最优秀、最聪明的学生。如此大量的申请人数，大学招生官当然不必在 SAT 和 GPA 两者到底哪个更重要上伤脑筋，申请材料中，因稍有不慎而出现的一点点瑕疵都可能导致失败。

美国大学招生是面向全世界的。世界各个国家和地区，甚至美国本土各地区和学校的教育质量都有很大不同。SAT 考试使用统一的评分标准，是世界各国学生申请美国大学的必备条件，因此在录取评估中显得尤其重要。为避免“一考定终生”的不公平，大学又要评估学生四年在校的高中平均成绩（GPA）。正如有人说的：“SAT 是看申请人有多聪明，GPA 是看申请人有多努力。”

课外活动

除了学生的课业（GPA），考试成绩（SAT）之外，美国常春藤名校录取学生的其他标准还包括个人素质、课外活动和体育等。最近几年，体育被合并到课外活动类。个人素质和课外活动是一个无法用数字来量化的指标，也是让很多成绩优秀的学生及家长困惑不解之处。

在美国名校的招生录取中，学业成绩只占到录取标准的一半，而另外的一半就是课外活动。课外活动在很大程度上能够表现出一个学生的情商。也就是说，除了智商之外，常春藤名校更重视情商。

如何做课外活动？什么样的课外活动才算数？

很多人误以为，课外活动就是指音乐、体育，因此出现家长逼孩子学弹琴、学体育的现象。其实课外活动的内容很多，又分为学校内和学校外的活动，包括领导才能、创新精神、校外学术活动、社区服务、体育等。美国教育之所以领先于世界，重要的一条是顶尖名校录取学生标准严格。课外活动就是申请人情商和社会潜能的最好体现。常春藤名校是为世界培养学科领军人。每一年大学录取结束，都能够听到对藤校录取的批评之声，但长久以来，藤校仍然遵循着自己的标准不变，录取他们认为最优秀的学生，坚守他们位于世界教育的领先地位。事实证明了常春藤名校招生过程的合理性。

美国的中学教育与大学招生有很多相匹配之处。美国高中有各种俱乐部、乐队、各类球队、辩论队、数理化等学术竞赛队，种类繁多。这些活动有些是学校组织的，也有一些是学生自发组织的。刚刚进入高中的新生可以先尝试不同的活动，最后根据自己的兴趣选择参加一个或几个。无论做什么，都应该在高中几年坚持下去。如果能在活动中担当领导角色，则更显出学生的领导才能。大学招生官想要看到的，不是你参加活动的活动清单，而是你卷入这些活动的深度，你的热情，你在这些活动中收获了什么，扮演了什么角色。

如果一个学生在高中，参加了几个俱乐部，但每一个都只是“参与者”，没有看到你在其中所发挥的作用，没有表现出你的热情，就不如那些只参加了一项，在那项活动中坚持了几年，并且是活动的组织者更能感动人。也就是说，最好能通过活动展示自己的领导才能，热情，积极向上，乐于奉献和回馈社会的精神，而不仅仅是一个参与者。坚持长久才能体会深刻。

在安排课外活动时，需要特别注意的是保持活动内容的连贯性。千万不要今天做这个，明天又换成那个，东一把，西一把，申请大学时列上一串，没有重点。更不要跟在同学、朋友的后面跑，因为每个人的兴趣和爱好是不同的。

有家长说：功课这么紧张，学习都忙不过来，哪有时间做别的？其实，一开始我也曾有过这种担心，但实践证明完全没有担心的必要。小孩子可塑性极强。时间就像海绵里的水，要挤总会有的，关键是要教孩子如何有效地利用时间，有效率地做好每一件事。还有，不要忘记高中的暑假。要充分安排和利用好高中的几个暑期，以及学校开学后的假期，这是学生做课外活动的最佳时间。

大学招生官喜欢看到那些同时能做很多事，精力充沛的学生。但是他们知道，人的时间和精力是有限的，你不可能要求一个十几岁的高中生样样突出：是钢琴家，又是数学天才，是球队主力，又是辩论队高手。他们只想要他们所录取的学生每个人都有不同的特点，达到校园里学生整体的多样化。例如，同在一个班里，你左边的同学可能是化学竞赛奖得主，你右边的同学是美国青少年体育运动冠军，你前面的一位可能是白血病儿童捐赠协会的领导者和组织者。每个人都有不同，在这种多样化的群体中，学生能够相互学习和互补。所以，你要有自己的特点，有与众不同之处，才能在众多的申请者中脱颖而出。

顽强的拼搏精神

从四岁开始，我们带丹丹做过很多体育运动，从最初的滑冰、游泳，到跆拳道、长跑、打网球，却没有尝试过正规的篮球训练，原因是他戴眼镜，玩这种肢体碰撞的团体运动不方便。

可能越是没有玩过的东西，就越想试一试。自八年级开始，丹丹喜欢上了打篮球，每天一有时间就奔驰在球场上。岂止是喜欢，简直就是狂热，我当时常用狂热（crazy）一词来形容他。他的目的就是要进学校篮球队。当时，第一个提出反对意见的，是他的钢琴老师。理由是“担心手会受伤”，并且明确地告诉他：“弹钢琴的手不适合打篮球。”钢琴老师的反对并没有改变他对篮球的喜爱。我只好为他配了隐形眼镜。

由于缺乏基本功的训练，在九年级的篮球队选拔赛中，儿子失败而归。没有进学校球队，他很失望。认真思考后，他决定自己练。于是，每天放学后就让我开车带他去公园球场，对着篮球网苦练投球。遇到会打篮球的人就主动要求陪他们玩儿，向他们求教，那种刻苦和认真的精神很让人佩服。一位曾经做过学校篮球队教练的中年人，常常在球场上遇到丹丹，被他的执着精神所感动，主动提出要教他。那几年里，儿子最热衷的一件事就是打球。

纽约的冬天很冷，不下雪时天空中也刮着西北风。我穿着羽绒服坐在车里等他，还感觉很冷。丹丹只穿着短裤背心，在球场上奔跑跳跃，身上的背心都能拧出水来。冬天天黑得很早，借着路灯的灯光，偌大的球场只有他一个人，执着地向球网中投球。长时间在寒风中运动，他的一双手变得很粗糙，被冻得裂开了一道道小口，冒着血丝，每次打球前，要先用胶布将手缠上。旧伤口上又添新伤，最后，一双手都磨出了厚厚的茧子。穿坏了无数双的篮球鞋，一双脚也布满了老茧。那个样子，现在回想起来还让人唏嘘不已。

暑假里，炎热的天气也不能阻止他练球的热情。在九年级结束后的2011年夏天，我回中国探望病重的母亲。那一年的暑假，丹丹白天去图书馆做义工，下班后就乘公共汽车去公园打球。回来时为了节省两块多钱的车票，常常自己跑步回家。纽约的夏天非常炎热，人们都愿意躲在有空调的房子里。一个十五岁的孩子能有这样的毅力坚持锻炼，是很难得的。丹丹曾经讲过：他花时间最多的是打球和弹钢琴，而他也从中学到了很多东西。学会任何事情，你想要得到它，就必须要坚持，不能轻易放弃。这些是在课堂上和书本里学不到的。

就这样，经过两年的刻苦练习，他终于在十年级打进了亨特高中篮球队。丹丹对自己的打球经历体会深刻，还写了一篇文章，并获得纽约地区写作大赛作文金奖。

丹丹成为学校篮球队队员后，训练和比赛季都非常忙，经常要晚上八九点钟才到家。在球队训练的间隙，还要抓紧时间做作业，在地铁和汽车上也要构思文章，思考问题。回家后要接着做功课，经常要到夜里很晚才睡觉。没有训练的日子，下午放学后和星期天就去公园球场练习。就在他志在必得地想在比赛中大显身手时，一次意外事故将他的计划打破了。

2012年12月初，就在SAT考试之后发榜的前一天，我还记得是个星期天的下午。丹丹在公园篮球场和几个成年人打球。当他跳起来去抢球的一瞬间，左腿被另一个人狠狠地撞了一下，当时就疼痛难忍。丹丹打电话让我们把他接回家。我们都以为是肌肉损伤，休息几天就没事了。谁知道，一个多星期过去了，腿痛不仅不见好转，而且越来越重。因为不能打球，不能上体育课，他着急了，要求去看医生。去医院做完X光片检查，才发现是左腿腓骨骨折。又去看骨科医生，医生为他开了诊断书，并告诉他：最少要三个月后才能恢复。知道即将到来的高中篮球赛季不能参加了，儿子很恼火。

一腔怒气总要找地方发泄出去。回到家里，愤怒的他抬起右腿，冲着书房的墙壁就踢了一脚。可怜那白白的墙，哪里禁得起这练过跆拳道的脚，墙上立刻就露出了一个大大的黑洞。看到这个结果，我和我丈夫都吃了一惊，丹丹也害怕了。从小到大，他从来没有破坏过东西，也没有发过这么大的脾气。这次的火是因为不能打篮球而发的，起因却是他自己把腿撞坏了。我们都很生气，我一句话没说就离开了他的书房。过了一会儿，我丈夫去找来白纸板，想先把墙上的洞堵上，被我制止了。我说："不能这么快就堵上，留在那里让他看看。"

到了晚上，气氛平息了。丹丹悄悄走过来，对我们说："对不起，刚才是我不对，踢坏的墙我能给它补上。"我对丹丹说："你必须改掉这个坏脾气，不能拿东西撒气。你要知道，任何行动都是会产生后果的，墙上的洞就是你今天行为的后果。做事情要为后果负责任。墙上的洞容易修补，但是，你将来在社会上，如果遇到了问题还是感情用事，后果就难以补救了。"我还告诉他："体育运动就是有受伤的危险，尤其是这种肢体碰撞性的剧烈运动。今天你只是腿受了伤，已经是很幸运了。既然意外发生了，就要想办法解决，生气发脾气对你一点帮助都没有。"丹丹认真地听着，不停地点着头，表示他以后一定能改。达到了教育的目的，一段时间后，我丈夫找了个休息时间，将踢坏的墙修补好。看到爸爸修墙，丹丹很不好意思。

对孩子所犯的错误，有时候家长采取沉默的态度，比当场责备更管用。大人和孩子都在气头上，很容易争吵起来，结果只能是两败俱伤。用"冷"处理，给孩子一点时间，让他自我反省，自我教育，可能效果会更好。

虽然腿受了伤，但丹丹一天也没有耽误上学。正值十一年级学习最紧张最关键时期，发生这样的意外，让我们既着急又担心。看着每天背着沉重的书包，顶着精神和身体的压力，一瘸一拐去上学的儿子，又很心疼。我们提出要开车送他上学，但每次都被他谢绝了。他的理由是：开车更慢，他可以自己慢慢走。那段日子，学校放假就是我们看医生的时间。为了让身体肌肉保持强健，不能双腿跑跳，他就单腿练习站立、下蹲，练习举重。和过去一样，每天晚上做完作业，还要做俯卧撑，仰卧起坐，举哑铃。做完一套运动，出一身大汗，才去洗澡睡觉。

经过三个多月的煎熬，丹丹的腿伤终于好转，我们这才松了口气。

我经常对丹丹说："你打篮球真是不怕苦不怕累，中国人讲的'冬练三九，夏练三伏'，你都做到了。如果这股劲儿能用在读书上，那一定很厉害。"他听了并不回答，只是笑一笑。高中时期，丹丹痴迷于打篮球和锻炼身体。回顾从小到大带儿子做运动的经历，我当时甚至常常怀疑是不是自己在培养方向上出了问题，不应该给孩子这么多的活动，而应该像有些家长那样，花更多时间在学术上，让孩子参加各种学术竞赛，去搞研究，做项目，参加竞赛，或者去大学选修研究生的课程？那几年，我一直处于徘徊和纠结之中，不知道我自己在培养孩子的方向上是对还是错。

无论如何，锻炼身体不会错。身体是一切的基础，所有的努力和拼搏，最终拼的是身体和意志。这是我那时经常拿来安慰自己的话。

阻止和反对他打球都没有用，事情已经超出了我的掌控，我只能顺其自然，观其结果。丹丹在高中的那几年，我就常想：只要他能健康、快乐，在学校里功课成绩能保持住就好了。至于将来上哪所大学，学什么真的不重要。现在回想起这些往事，我渐渐地清楚了：儿子当时是对的，我也没有错。丹丹有健康的体魄，有健全的人格和坚强的毅力，还有积极向上的进取精神，有这些成功的基本条件，已经足够了。

最近几年，华裔家长对美国社会和大学录取有了更多的了解，也越来越认识到了课外活动的重要性。但是在给孩子选择体育活动时，大多数人和我一样，喜欢选择诸如乒乓球、网球、游泳等单项个人运动，不愿孩子参加团体项目，如足球、棒球、冰球和篮球等运动，更不愿意孩子尝试带有冒险的运动。其中一个比较重要的原因是，这些团体运动确实带有一定的风险。丹丹学校篮球队里一位队友的爸爸曾经说过，他最大的担心是他的儿子在打篮球时受伤。我对儿子也有同样的担心。

与中国家长不同的是，美国的父母更喜欢孩子参加团体运动，鼓励孩子的冒险精神和团队精神。说到这里，我不禁想起，我在美国西部工作时，遇到的一位与我很要好的女同事。她当过兵，在军队里，曾经参加过几天几夜没有吃、喝、住的严峻的生存环境考验。退役后又去上大学，工作，人非常肯吃苦，曾在兜里只有几个美元的时候，与朋友结伴骑车去旅游，沿途打工挣钱供自己生活。她最喜爱的运动是潜水，曾经专门去墨西哥湾等很多国家的海湾去潜水。我丈夫的一位同事，专门休假一年，计划先去亚洲旅行，之后再骑摩托车周游全美国。这些运动确实能锻炼人的冒险精神和在艰难困苦中生存的能力。

在美国，周六周日，你经常能看到，公园里足球场和棒球场的看台上坐满了家长，观看在场上打球的孩子。丹丹小时候，我们送他去冰上学校学习滑冰，看到很多白人家长，周末一大早就送孩子去学校学冰球，打比赛。团体运动的确能够培养孩子的相互合作和团队精神，培养孩子的勇猛顽强，这是很多美国家长所追求的。

曾经有人写文章做过统计，美国常春藤名校录取的学生，60% 以上每人至少会一项体育运动，这个比率是很高的。当你走在大学校园里，常看到很多跑步锻炼和做运动归来的学生，他们身上散发出来的朝气就可以给人以感染力。作为个人素质的一部分，体育运动对人的生理和心理都有好处。喜欢运动的人更具有竞争意识，在未来的社会和职场竞争中可能获得更多的成功。

六岁开始音乐教育

小学一年级刚刚开学，我们就收到了学校发给学生家长的通知。内容是：学校在课后为学生开设了教授小提琴课的项目，家长可以送孩子参加。这也提醒我们，孩子到了接受音乐教育的年龄。收到通知后，我就问丹丹，愿不愿意学习小提琴？丹丹想了想后，说："我不喜欢小提琴，喜欢钢琴。"听了儿子这个回答，我很惊讶。我们家没有钢琴，他是怎么知道钢琴的呢？一定是在学校里看到的。想要学习钢琴是件好事，但是，做出让孩子学钢琴的决定，对于我们这样一个普通的工薪家庭来说，却是件大事，需要认真考虑才行。

钢琴是西方乐器之王。因为是键盘乐器，十指弹动，对人的大脑发育一定会有好处。但学习钢琴的经济投入和将要遇到的困难也必须要想清楚。首先，一台普通的钢琴少说也要几千美元。再加上请老师，几年下来就是一笔不小的费用。家里还要有足够大的空间放这个"庞然大物"。其次，钢琴不容易学。我和我丈夫都是门外汉，我们一点都帮助不了孩子。最后，钢琴不是短时间内就能学会的。要经过几年，甚至十几年的磨炼，父母和孩子都要做好打持久战的思想准备。万一哪一天孩子不要了，不想学了，这台钢琴就只能当家具摆着看了。

学习音乐对儿童成长的好处，已经被教育界和儿童心理学界所公认。音乐能开发儿童智力，增强手和脑配合的能力，提高个人的艺术修养。各种因素考虑清楚后，我和我丈夫商量，既然孩子喜欢钢琴，就应该支持

丹丹在家中练钢琴

他，让他学。在最后做出买钢琴的决定之前，我反复和丹丹讲了学钢琴是如何困难、艰苦，坚持下来不容易等。其实，这些话也是讲给我自己的。孩子的坚持，实际上很大程度是父母的坚持。父母做人做事的态度，时刻在影响着孩子。在后来学钢琴的岁月里，无论刮风，下雨，下雪（纽约暴风雪除外），我都要按照排好的时间表，带丹丹去上课，从来不缺课。我要从这些点滴小事做起，教会孩子做任何事情，只要认准了，决定了，就必须坚持做好，做到底。

在反复考证和询问征求儿子的意见后，我们终于做出让儿子学钢琴的决定。

我们在曼哈顿钢琴专卖店买回一台立式欧洲钢琴，并为他找了钢琴老师。我事先告诉他："钢琴是你自己要的，你要说话算数，坚持学下去。做事情有开始就要有结尾，妈妈不喜欢做事只做一半的孩子。"他似懂非懂地点点头。从此以后，丹丹便踏上了艰苦的学琴之路。冬去春来十二年。先后跟随几位老师，后来又考进纽约曼哈顿音乐学院大学预科班，接受了正规的音乐教育。所经历的一切都需要有坚韧不拔的毅力和专注认真的精神。

丹丹六岁开始学习钢琴，其间经历了无数的困难。我和我丈夫都不懂音乐，我们连五线谱都不认识。尽管我对音乐比较敏感，在儿子弹琴时，也只能听出音阶的对错，连错在哪里都说不出来，更谈不上辅导他了。这些虽然对他学习音乐没有帮助，但却有一个好处，就是让他一开始就必须要靠自己。如果自己上课不注意听，记不住学不会，回家后连可以问的人都找不到。没人能够帮他。

音乐教育在丹丹的成长中起到了重要的作用。我们认为，孩子学音乐固然重要，但更重要的是要学会做人。因此，我们对钢琴老师的选择非常严格，不合适就要换。

选钢琴老师的风波

儿子的第一任老师，是在长岛一家私立音乐学校教钢琴的朱丽安娜女士，一位俄国人。她是很好的钢琴家，但英文不太好。说话又有浓重的俄国口音。丹丹跟她学，主要是看她在钢琴上做指法示范，然后再进行模仿。她很喜欢丹丹，不断地同我讲，孩子对音乐非常敏感，学习快，有音乐天赋。还让丹丹在音乐学校的演奏会上演出。在她的指导下，儿子进步很快。可是，由于语言交流上的困难，一年之后，我们就决定给孩子另择老师。

在朋友的介绍下，我们找到了约瑟夫·李先生。李老师看上去有六十多岁，是一位旅居美国的印尼华人钢琴家。他人很好，为人热情，钢琴造诣也很深。曾在美国各地举办过多场个人钢琴演奏会。他给丹丹上课从不计较时间，讲到兴致高时常常忘记了下课，还常给丹丹讲他小时候学钢琴的故事。他上课时，手里拿着一根筷子一样长的小棍儿，你如果手指出现错误，小棍儿就打在了手指上。尽管教学严格，丹丹还是很喜欢这位老师，我们也决定跟他学下去。

天有不测风云。不幸的是，在丹丹刚刚跟李老师学琴不久的那年冬天，正赶上纽约的一场特大暴风雪。李老师在去长岛教学的途中因滑倒摔伤，抢救无效而离世。

儿子突然失去了他热爱的老师，非常难过。我们也很茫然，不知道再去哪里找老师。后来，从同他一起学钢琴的同学家长那里，我们找到住在纽约皇后区，来自香港的华人教师李女士。

李女士对中国古典乐曲很有研究。可以演奏很多曲目。她在教学中对学生的要求比较严。但后来我逐渐发现，可能是她自己没有孩子的缘故，她在教学上不太注意方法，对孩子的批评也不太注意言辞，丹丹上课时经常被她说得哭哭啼啼，因此也对她比较惧怕。出于对儿子的严格要求，我总是用积极的态度从正面来理解老师的教学方法。每次下课后，从她家里出来，我都要启发开导儿子一番，做他的思想工作，不要对老师的批评有想法。儿子也很听话，上课时从来没有表现出对老师任何的不满情绪。常言道：严师出高徒。我一直相信这话是对的。可是后来发生的一件事，让我的思想发生了转变。

有一天上课，大概因为一首曲子没有练好，她又停止讲课，开始骂孩子了，言辞中甚至还夹杂了几句难听的话，骂了足足有几分钟的时间。我坐在隔壁一个房间里，虽然看不到儿子的表情，但在老师的怒骂声中，我清楚地听到儿子哭了。老师骂够了，又要求他继续弹下去。儿子一边弹琴，一边抽泣。听到这些，我很气愤，心也跟着抽了起来。我突然感觉到，是我做错了什么事。作为母亲，我是多么的愚蠢。这么长时间了，我对这种情况竟然没有知觉，没有反感，没有想过儿子的感受，还把辱骂当成了对孩子的严格要求。可能是因为我这个当妈的对这种教育方式没有什么反应，老师才敢大胆地责骂孩子，而且越来越肆无忌惮。丹丹现在只有八岁，照这样下去可怎么得了？我想起来，前一段时间，李老师曾对我说过的话：如果上课的时候我不在场，她的教学效果就比较好。想到这里，更是感到很可怕。我真的不敢让儿子继续跟她学下去了。

那天一下课，我就告诉李女士，下次课我们不再来了。

一听说不来上课了，丹丹很紧张，以为我也不满意他上课时的表现。回家的路上，坐在车里又哭了起来。边哭还边说："妈妈对不起，对不起，是我没练好。"又说："妈妈，是不是老师不要我了？"我急忙向他解释："不是老师不要你了，是妈妈不要她了。如果你想继续学下去，妈妈要为你找更好的老师。"听我这样说，丹丹才停止了哭泣。后来，我发现儿子在好几篇日记中，都对当时上课的情况和他的感受做过记录。看了他的日记，心里很难受。我庆幸自己勇敢地做出了选择，为他换了老师。

过度的批评和责骂，对孩子心灵的伤害是很大的，也是看不见的。其结果，可能是钢琴没有学好，孩子的自信和自尊却没有了。这样的老师，教得再好也不行。

学习音乐对孩子来说，原本应该是一件快乐的事。我要儿子学钢琴，目的不是要培养他当音乐家、钢琴家。而是要用音乐作为工具，为孩子开启一扇智慧的大门，让他站得更高，看得更远，视野更开阔。是想让他知道，这世界上有很多美好的、高雅的东西存在。人不仅需要有物质生活，更需要有精神生活。但如果学琴变成了一个痛苦的过程，那么我情愿儿子不学。和学钢琴相比，培养快乐健全的人更重要。一个在批评和辱骂声中长大的孩子，心理上一定会留下阴影，几年都难以抹去，甚至有些人在成年之后，再用同样的方式和态度去对待其他的人，其后果是很可悲的。

人们常说，教育是神圣的事业，教师是人类灵魂的工程师。但很多时候，正是因为我们教育的方法不正确，或是某些人为的因素，将原本可以雕塑成珍品的一块好玉给糟蹋了，“玉不琢不成器”，还要看你怎样琢，由谁来琢。

这件事也让我对孩子的教育产生了更多的思考。现代中国已经基本无人相信“棍棒底下出孝子”的话。可很多人在教育子女时还是不注意方法。有人认为，孩子是我生的，我有权利管教，怎么做都行。其实，孩子无论年龄大小，都是有血有肉、有思想的人，都需要得到别人的尊重。有人说：好孩子是被夸出来的。还有人写文章说：很多笨孩子是被骂出来的。这些说法不一定完全正确，却都有一些我们可以借鉴的道理。科学研究证明，人的智商是不完全相同的。绝大部分人的智商在中间水平，绝顶聪明和智商很低的人都占极少数。骂一个孩子“你真笨”和夸他“你真聪明”，所发生的效应应该是不一样的。如果孩子一次考试成绩不好，父母说：“这么简单的题你都不会，真是太笨了！”“为什么别人能会，你就不会！”孩子就会想：连我妈都说我笨，我可能真的学不会了。慢慢地，孩子懒于动脑，不愿努力，就有可能真的变笨。这就是语言暗示的作用。所以，不要用刻薄的话去伤害孩子的自尊心。还有的父母忽视了孩子早期智力开发，直到发现孩子学习成绩变差时，又用这种话去责备孩子，对孩子失去信心。孩子的问题，家长应该首先从自己身上找原因。

记得在几年前，丹丹还在八年级时，曾经参加纽约市华裔学生英文、数学竞赛。最终获得英文、数学八年级组两项一等奖。在发奖仪式上，一位母亲带着女儿坐在我旁边。闲聊时，母亲告诉我，她的女儿得了七年级数学三等奖。并说：女儿六年级时参加亨特高中入学考试，因为作文未达到要求而落榜。话说完，转过头去又对她女儿说："你这个小笨蛋。"听了这位母亲的话，我不知道如何说才好。在华裔学生竞争激烈的竞赛中，女儿考了第三名，应该是可喜可贺的成绩，即使没有考进亨特高中，也不能称之为"笨蛋"。听得出来，母亲说这句话时是带着爱意的。但我感觉，无论是开玩笑，还是口头习惯，这话对孩子都不好。语言也是有力量的，说多了自己都会相信。父母在说话时要注意孩子的感受，切忌口无遮拦。

丹丹的第四位老师，是任教于纽约布鲁克林音乐学院的一位华裔教师。他的琴艺也无可挑剔。可是，我很快发现他有不遵守时间的毛病。一次，我按照约好的时间带儿子去他家学琴，他竟然不在家。我打通了他的手机。原来，他忘记了有学生来上课，还在商场买菜呢，我只好和儿子坐在外面等。类似的事情发生了几次。为了确保上课时间，我经常要在出发之前打电话向他确认。我认为，这种不敬业、不尊重别人时间的工作态度，也会对孩子产生不好的影响。此外，经过几年的学习，丹丹已经对钢琴产生了兴趣。教过他的每一位老师都认为，丹丹的乐感和接受能力都很强，学习音乐的条件很好。我想试一试，能否找到更优秀的老师，让儿子接受正规的音乐教育。

几经周折，我们终于找到了在美国著名音乐学府——曼哈顿音乐学院——担任教授的 Diaz 先生。他是来自西班牙的犹太裔音乐家，在音乐学院教书多年，在世界各地做过巡回演出。他的教学方法与其他几位老师有很大不同。丹丹前面请的钢琴老师，都是一首曲目一首曲目地慢慢教，一段时间只学一首曲子。哪里要弹得轻，哪里要弹得重，哪里怎么弹，都在五线谱上标志得清清楚楚，如果你偏离了他的要求，他就要把你纠正过来。

与这种比较刻板的教学方法不同，Diaz 的每一堂课都根据学生的情况，给学生几首不同的乐曲。他先将每首乐曲弹奏一遍，然后征求孩子的意见，喜欢哪一个就弹哪一个，教学量非常大。在开始一个新曲目之前，

老师要对乐曲的背景和作者做一个讲解，重点和难点勾画出来，指点一下演奏技巧，然后就要孩子自己弹。很多时候上课时，是丹丹自己在弹琴，老师坐在旁边闭着眼睛听，似乎是在欣赏着音乐。哪个地方听出有问题，立刻给他指出来。讲解和指导都是耐心的，有时还是开玩笑式的，儿子跟他学得很愉快。每一节课孩子都弹很多曲目，学习进度非常快。

后来我慢慢地领悟到了，这种钢琴教学方法和美国学校的教学方法相同，是开放式的，既让学生接触到了大量不同的乐曲，又让孩子随意发挥，弹出了自己的个性。老师只起“画龙点睛”的引导作用，并不要求孩子一定要跟在老师后面学，照老师教的模式弹。孩子在弹琴中领悟乐曲的含义，任意地发挥自己的个性和想象力，也不会对练琴产生抵触。

说这话的意思，并不是对前面几位钢琴老师的全盘否定，而是强调教学方法的重要。美国的教育长久以来一直处于世界先进水平，很大程度上是与这种不束缚孩子的个性发展，鼓励式的创新教育有关。

在这位老师的精心指导下，丹丹的钢琴有了很大的进步，并在八年级时，成功地通过了音乐学院大学预科部的入学考试，进入这所学校的大学预科部钢琴专业学习。

曼哈顿音乐学院的学生

2010 年 5 月，丹丹参加了音乐学院的入学考试。6 月，我们接到音乐学院的录取通知书。儿子的努力有了结果，我们很高兴。大学预科部的钢琴专业，招收学生的数额有限。报考人数很多，竞争很激烈。能够成功地考进去，说明丹丹的音乐天赋得到了承认。

在音乐学院开学之前，对是否要去那里上学，我们又犹豫了。

能考进这所世界著名的音乐学府，接受正规的音乐教育是很不容易的。每年很多来自世界各地的音乐学子，都力争进入这所学校，能考进去确实很幸运。但这对丹丹来说又是艰难的，它意味着要同时上两所学校。音乐学院是星期六上课。因为几门课要在这一天里集中上，学生周六从早到晚一整天都被要求待在学校里。而这一年的九月，丹丹将要正式进入高中学习。亨特学院高中课业繁重，学术要求严格是出了名的。我真担心可能出现抓得太多，又什么都抓不住的糟糕局面。为这事，我们全家几次商量，最后由他自己决定，是去还是不去。丹丹在认真考虑后，决定还是要接受录取，并答应我们，保证不会误了高中学习。但我有言在先：先试试看，以高中功课为主。如果学校功课太忙，随时可以退出来。可我知道儿子的个性，他下定的决心，认准的路，是不会轻易改变的。他不会退出来的。

从九年级到十二年级的四年中，除了寒暑假，几乎每个周六，一大早我们就要离开家，赶去音乐学院上八点钟的第一节课。纽约的冬天常下大雪，早上又黑又冷，七点多才刚刚亮天。我和我丈夫很早就要起床，准备好早饭，分别装在三个饭盒里。来不及吃，叫起睡得正香的儿子，开车上路。从家到曼哈顿，开车最快也要一个多小时。丹丹在车里继续睡觉，直到车快开到学校，才叫醒他在车里吃早饭。孩子去上课了，我们家长只能在学校的图书馆或餐厅里等。结束了一天的学校，晚上回到家常常是七八点钟了。大人辛苦一点不算什么，最难的是孩子。在高中十一、十二年级，繁重的功课和考试以及大学申请一起压上来，练钢琴的时间也不得不减少。

每年的五月份，在学年结束前，音乐学院都有一次对学生的联考。联考由五位本专业的教授组成，检验一年的教学成果，成绩不好的学生，第二年就有可能被终止学习。这对教师和学生的压力都很大。丹丹在音乐学院的成绩一直很好，真不知道他那段时间是怎么熬过来的。

联考前，白天没有时间，丹丹就常在夜里十一点以后练琴，怕影响我们休息，他就把音量调到最小。人的适应能力和抗压能力是很强的，要同时做几件事情，还要做到最好，不但要有良好的精力、体力和耐力，更重要的是要有接受挑战的恒心和毅力。现在回想起那几年的经历，是对孩子人生最好的磨炼。

时间久了，我们也都习惯了这样紧张的周末。儿子每个星期六去学校，都要带上笔记本电脑、书和作业，有时间就做自己的事。十二年级最忙的时候，我也说过几次，如果坚持不了可以停止学钢琴，但他都没有理睬。理由是他喜欢音乐学院，另外又是到了高中后期，无论如何要坚持到底，把一件事情做完。

度过了四年艰难的岁月，在丹丹亨特高中毕业的同时，也完成了曼哈顿音乐学院大学预科部的全部课程，获得了音乐学院的毕业证，顺利毕业。

钢琴就像一个老师，不但引导儿子进入音乐的殿堂，同时也磨炼了他的意志。从六岁到十八岁，经历了小学和中学，当年和丹丹一起开始学琴的孩子很多都已经放弃了，他还坚持着。为了练琴，他养成了早起的习惯。上小学时，学校上课时间是八点二十。丹丹每天早上比我起得早，六点钟闹钟一响就起床，弹琴一小时再吃早饭上学。如果有表演，放学回家再练三四小时是常事。记得小学三、四年级时的一个冬天，一天早上，天还没亮，我还没起床，就听到楼下有钢琴声。我看看表，刚到五点。走到楼下，看到丹丹在练琴。原来，他看错表了，把五点当成了六点。

练琴很枯燥，学的又是古典乐曲，小孩子比较贪玩儿，丹丹也不例外。为了能偷一点懒，还常常耍点小伎俩。六岁刚开始学琴时，规定他每天练一小时，他就常常找借口，用上厕所、喝水、站起来看表等来拖延时间。为了避免养成坏习惯，每次练习前我就要求他将这些杂事处理完，又将钟表挂在抬头就能看到的墙上，让他找不到偷懒的理由。小时候曾有几次练得不好被老师批评哭，我就试探地说："钢琴这么难学，要不就算了，不要学了。"听我这样说，他就反驳我："不行，我就要学！我能学好。"我知道他性格倔强，你越说他不行，他就越想把这件事做好，因此我也常用这种激将法来达到我的目的。

学习钢琴和学习其他很多知识一样，刚开始都会有一个困难期，如果能坚持下去，过去了那道坎儿，接下去就会容易很多。丹丹上小学时，因为钢琴弹得好，在学校里常常引来同学们的羡慕，上音乐课时，老师常让他弹给同学们听。这让他很自豪，很自信，也越来越喜欢钢琴，还在小学毕业典礼上为毕业生大合唱担任伴奏。

丹丹在高中发挥自己的特长，参加了学校的音乐俱乐部，还担任队长，组织同学每个月去学校附近的老人院演出。他很喜欢这样的活动，每次表演后都表现得很兴奋，说那些老人喜欢看他们的表演，很多老人坐在轮椅上看。演出结束了还不想走，拉着他们的手说话，要求他们下次再来。音乐能给那些孤独的老人带来一些快乐，丹丹也很高兴。

曼哈顿音乐学院毕业，上大学后，儿子的钢琴还是放弃了。而打篮球和体育锻炼他却坚持了下来。所以，一个人能把一件事情坚持做下来，一定是他对那件事有激情，有兴趣。

高中恋情

很多孩子在进入青春期后，就有了交异性朋友的欲望。这是大多数孩子在成长过程中必然要经历的一个阶段。

美国对学生的性教育是公开的，是由老师在学校里正式完成的。孩子上中学后，学校就开设健康生理卫生学课，这是每个学生的必修课。过去曾听说过，美国的老师在课堂上给学生发放避孕套的传说。丹丹上了中学后，我才知道，这并不是什么传说，是事实。把生理卫生知识如实地传授给这些处在青春期的孩子，对他们进行正确的性教育，是学校替我们父母做的一件非常好的事情。它让孩子了解了自己的身体，把人的来龙去脉告诉给学生，消除了他们的好奇心和对性的神秘感，让孩子保护好自己，少经历一点挫折，有助于孩子健康地成长。

少年男女之间互相倾慕是很正常的事。只要是正常的友谊和朋友式的交往，在功课和学习上互相帮助，我们都支持。

自从丹丹上了中学，进入了青春期，我的神经也跟着绷紧了。我要关注他的学业，也要注意儿子思想和行为的细微变化。美国很多普通的学校里，不涉世事的男女青年因为恋爱而影响学业，女孩儿十几岁就怀孕辍学的事屡见不鲜。还在丹丹十一二岁时，我在和他的交谈中，就有意识地对他进行过如何看待异性和情感方面的教育。上高中后，我提醒他：你年龄太小，一定要专心读书。并且正式立下规矩：高中时不许交女朋友，大学不许结婚。

丹丹从小学到高中，学习成绩和行为都不用我们操心。每天放学，学校的课外活动一结束，就立刻打电话告诉我，他在回家的路上。即使是节日里，偶尔参加同学聚会，也是结束了就离开，从来不在外面过夜。儿子喜欢运动，高中时期曾疯狂地迷恋打篮球，更是让我比较放心的理由。看到有的孩子青春期叛逆，专门与父母作对，找女朋友，我还挺庆幸，自己的孩子挺听话。就连他的钢琴老师都说：他是个规规矩矩的孩子。

高中学习很紧张，几乎没有时间与他做长时间的交流谈话，我只能改变方法，见缝插针地讲几句，提醒他需要注意的事情，确保大方向的正确。

高中十二年级时，大约是在大学录取发榜之后的某一天。儿子一位同学的母亲打来电话，询问大学申请的情况。她的女儿和丹丹在同一所高中，低丹丹一年级。电话里，她不经意地说起："你儿子有女朋友了，你知道吗?"听了这话，我问道："你在开玩笑吧，我不知道。我儿子放学后从来都按时回家，不会的。"我根本不相信。我自认为还算是个称职的母亲，儿子有女朋友我怎么会不知道，而且也没看到他有任何不正常的行为。那位朋友告诉我，是她女儿年级的同学，一个很优秀的女孩儿，从小就在曼哈顿音乐学院学习，钢琴弹得好，学习也好。我听明白了，原来是丹丹音乐学院大学预科班的同学，也是低他一届的高中同学。尽管听她这样说，我还是半信半疑。

儿子接到大学录取通知，高兴得什么似的，整天进进出出都昂首挺胸。加上十二年级的课程还没有结束，毕业前还有很多考试和一大堆的事情要办，我们也就没把他女朋友的事当一回事儿。

一转眼到了六月初。毕业典礼之前，学校将毕业生的纪念册发了下来。美国高中毕业是孩子人生中的大事，很多家庭是要好好庆祝一番的，学校也早早做准备。毕业生纪念册都制作成漂亮精美的厚厚一本书，里面有学校教职员工的照片，毕业生的照片，朋友们相互间的祝福和题词等。出于好奇，我几次向他提出，想要拿过来看看。可是每一次，儿子都找理由推拖了。他把那本纪念册放在书包里，说还有同学要给他签字，就是不拿出来。周日出去和同学约会吃饭，也把书包背在身上。很明显，儿子不愿意让我们看。不给看就等等吧，纸里包不住火，早晚你得让我们知道。

一个星期天的早上，我起床晚了一会儿。等我下楼时，我丈夫正拿着儿子的那本纪念册翻看。丹丹还在他屋里睡觉呢。我看出我丈夫神情不太高兴，就问怎么了，他把纪念册递给我说："你自己看吧。"我拿过来一看，是儿子和女孩儿两人照的照片。照片上，两个人都笑得很开心。照片的下方，一行英文小字写着：亨特一对儿。看到这里，我很生气。心想：看来我那位朋友说的话是真的。等会儿他起来了，一定好好问问他。我丈夫看我火了，在一旁告诉我说："这个时候一定要好好和他谈，不能把事情闹僵，先把它搞清楚。也可能没什么事儿呢。再说，他面临着毕业，马上要上大学了，去了新的环境，可能这段感情自然就结束了。"我想了一下，觉得他说的话有道理，火气消了一点儿。

过了一会儿，丹丹从楼上下来了。看到我们一脸的严肃，又看见桌子上放着的纪念册，脸立刻就红了。我问他那张照片是怎么回事？他急忙向我们解释说："不是像你们想的那样，我们什么事儿都没有！就是在一起说话，感觉挺好。只是一般的朋友，不是那种能结婚的女朋友，照一张照片又能说明什么呢？高中毕业时，我和很多同学都有照片，也有和其他女同学照的照片，什么都说明不了！"儿子又向我解释那行英文字的意思，总之一句话，就是表示希望我们能理解。

丹丹说得理直气壮，他的话让我的心情平静了很多。再想想他平日的行为表现，没有任何迹象说明他做过什么错事。我们不再指责他。但还是借此机会，向他做了一番爱情婚姻和道德的教育。

后来我注意到，暑假期间丹丹和那个女孩子有过一些手机短信联系，我装作没看见，不去干预。我相信儿子的理智，能够处理好自己的情感问题。如果这种感情能够发展下去，变成坚贞不渝的爱情，当然是一件非常好的事情。但是，通常来说，高中的恋情是不会结成正果的。父母在这个问题上不必管得太紧。十七八岁的男孩儿，对喜欢的女孩子有好感没有什么奇怪。这种纯洁美好的感情，正如儿子所说的，不是为了爱，更不是为了结婚，纯粹就是因为喜欢她。我不想过多责备孩子，我们也有过年轻的时候。感情这种事，父母越是想窥探，他就包得越紧。你管得越多，逼得越狠，他就越是有兴趣，甚至可能引起孩子反叛，或者把他越推越远。

上大学后，他们没有再见过面。大学第一年的圣诞节放假，丹丹回家，我曾悄悄地问他，是不是还和那位女孩子保持联系。丹丹很不好意思地说："我们都很忙，已经没有联系了。"我很欣慰，儿子能在高中体验一下喜欢一个人的感觉，又很轻松很自然地把它放下了，真是活得很洒脱。

我们和子女两代人，成长的环境和经历完全不同，在思想和意识形态上的确存在一些差别。我们这一代人，青春期是在动荡的中国度过的，根本不懂得"性"为何物。男女之间正常的接触都要受到限制。我们的孩子生长在美国，在西方文化中长大，很多我们认为不好的东西，在他们看来却很正常。对高中孩子的恋情，父母要理解孩子，相信孩子能处理好这个问题，还不能惊慌失措，往往慌乱之下会错过孩子打开心扉的机会。应该相互理解沟通，并用学业或者课外活动转移其注意力。父母要制定大的方向，给孩子留有自由行动的空间，让他们自己亲身去体验。总有一天，他们会在感情上、心智上成熟起来。

社区服务收获大

美国学校很重视对学生道德品质的教育，希望培养出来的学生能够对社会有奉献精神。高中生做社区服务也是课外活动的重要组成部分。学校要求学生在高中毕业时，不但要完成学校所规定的课业要求，还要满足一定数量的义工服务要求。各学校对义工的数量要求稍有不同。亨特高中要求学生必须做满 75 小时义工才能毕业。这只是学校对高中毕业生的要求，如果学生想要申请名校，75 小时是远远不够的。

自丹丹七年级进入亨特开始，我们就有意识地鼓励他参加学校的义工服务。例如，每年的一月份，在招收新生的入学考试之前，学校都要征集在校学生，自愿参加监考和帮助学校组织考生家长等工作。类似这样的活动，都算作义工而被记录在学生档案中。丹丹每年都早早报名参加这些活动。学校的图书馆需要人帮忙整理图书，丹丹也报名，利用中午时间每周帮忙一两个小时。这些工作其实不会耽误多少时间。只要养成参与的习惯，也就是举手之劳。

2010 年夏，丹丹八年级结束后的暑假即将开始了。夏天两个半月的暑期安排，是令很多学生家长头疼的事。每年一进入二三月份，我们就开始考虑安排儿子的暑假活动。我曾经听我丈夫说，美国孩子十四岁就可以拿到工作许可，合法工作了。我就想，与其让儿子去那些价钱昂贵的夏令营，还不如让他出去找个什么事做，对他会是个很好的锻炼，比花钱去玩儿强多了。于是，我和丹丹商量是否要去找义工做。我对他说：“你已经十四岁了，妈妈像你这么大的时候，已经去当兵了，什么苦活累活都干过。你也应该去找点工作体会一下，不需要去挣钱，做义工就行。”丹丹听了我的话，同意暑假开始做义工。还很顺利，放假前，他在纽约市立图书馆找到了一份义工的工作。丹丹又在学校里申请了临时工作许可。因为年纪小，又是第一份工作，他只能在图书馆里做一些图书上架的事情。那年夏天，丹丹先是去了我们家附近圣约翰大学为期两周的篮球夏令营。其余的时间，几乎每天都在图书馆里做义工。我送他去工作，再接他回家。看着儿子放假了也不能像别的孩子一样出去玩，我也挺心疼的。可是，为了他的前途，必须这样做。我们坚持下来了。

九年级的暑期，丹丹继续去图书馆做义工。因为熟悉了那里的工作，从这个假期开始，教一些中老年人如何使用电脑，帮助他们发电子邮件，帮助去图书馆的孩子学习数学，帮图书管理员做书籍整理等工作。十年级的暑假也去那里工作。在三年的暑假里，丹丹将绝大部分时间用在图书馆的工作上，总共累积做到400多小时义工，并因此而获得了美国国会颁发的金牌奖章。

十一年级结束后的2013年夏天，丹丹申请到了一份在纽约州国会议员办公室做义工的工作，同时还在图书馆开办了一个SAT辅导班，免费为低收入家庭的学生教授英文和数学，深受学生和家长欢迎。有人说，要想上美国顶尖大学，至少要做300小时义工。其实，大学对申请人做多少义工并没有具体要求，全凭学生自愿。美国从政府到学校都鼓励人们要有奉献精神。孩子为社区服务，当然是越多越好。

丹丹做了很多的社区服务，在这些活动中，我能够感受到他的变化。他变得会关心父母，关心他周围的人了。做义工的好处很多。首先，孩子能接触并了解社会，与不同的人打交道，又学会了如何处理问题和待人接物，这些是在书本里和学校里学不到的。其次，培养了孩子的爱心和同情心。通过一个暑期的SAT教学，丹丹了解了那些生活在社会不同阶层的孩子的生存状况。很多低收入家庭的孩子需要在暑期打工挣钱补贴家用，还有那些要帮助父母照看弟妹的学生，坚持来听他的SAT课，也让他很受感动。他曾对我说：“和那些孩子相比，我太幸运了。他们不是不聪明，而是没有我这么好的条件，他们要利用时间去工作赚钱。如果我在他们的环

境里，可能会和他们一样。”丹丹在为他人服务中锻炼了自己，并将感动和收获写入大学申请论文中。

做义工的目的绝不仅仅是为了申请大学。重要的是要培养孩子的爱心和责任感，要在活动中真正用心去体会。如果只是为了满足上大学的要求，就失去了为社区服务的真正意义。

暑期活动规划

美国中、小学校暑假时间比较长，通常在两个半月左右。

丹丹小时候，除了安排孩子读书学习外，我还常常带他回中国，探望祖父母和亲友。升入高中后，则主要是利用假期在公共图书馆做义工，参加大学为高中生举办的学术活动。丹丹曾去过纽约大学的数学夏令营，十年级暑假参加过哥伦比亚大学的商务创业研讨班。十一年级暑假为低收入学生开办了免费 SAT 辅导班，在美国国会议员办公室做无薪实习，去篮球夏令营等。暑期是做课外活动的最好时机，要充分加以利用。选择一些有意义的活动，让孩子既得到了休息，又有所收获。

高中的几个暑假对孩子的大学申请非常重要，应该提前计划安排。在每年的一二月份，很多暑期活动的项目就已经纷纷出台。如果你在四、五月份才开始考虑安排假期活动，很可能就已经晚了。我曾经有相识的朋友，因为工作忙，没有时间仔细研究和思考孩子的假期安排，在最后的关头，只能随便凑上一项活动。还有的家长干脆花钱将孩子送去补习班，重复那些已经学过的无聊的课程，或者花高价送孩子去昂贵的夏令营。其实，在大学申请时，这些活动都是无法填进申请表中的。昂贵的夏令营也不能感动大学招生官。大学想要看到的是，申请人自己到底做了些什么，从中看到申请人的热情，积极向上，勤奋努力的精神。很多活动是不需要花费很多金钱就可以做到的。高中暑期，尤其是大学申请之前的两个暑假活动极其重要（十年级和十一年级结束后的暑期）。应该根据自己将要选

学的专业和兴趣，做有意义的活动，为大学申请做好准备。

在美国，高中四年共有八个月的暑假。在孩子成长的关键期，这是非常宝贵的时间，好好利用，可以让你的孩子在同龄者中突显出来，为大学录取和将来的职业生涯创造优势。很多父母忽略了这个每个人都拥有的机会，也有很多人也许根本就不知道还有很多机会的存在。当一些孩子花几星期时间打电子游戏，或者漫无目的游玩时，那些有计划、有目标进入顶尖学府的孩子，却在忙碌地探索着新的领域，充实着他们感兴趣的新思想，让大学申请变得更漂亮。

一旦你有了清楚的目标，就应该精心安排高中四年的暑期计划。首先，保证拿到高中课程最佳成绩（GPA）；其次，是暑期校外选课，参加具有挑战性的竞赛、实习、社区服务（义工）、有薪工作、独立研究项目，以及其他与学术兴趣相关的课外活动。

如果你的目标是美国顶尖大学，提早计划和准备是非常重要的。这个计划不仅仅在学术上，更重要的是在课外活动上，在除了智商以外，情商的培养上。

首先，在小学阶段，要根据孩子的具体情况，制定出各个阶段要达成的小目标，当达到这些小目标时，孩子和大人都会有一些成就感。到中学后，就要考虑将来想要申报的学校和职业，设立一个几年的、长远的目标，有个具体的规划，尤其是暑期规划。而计划应该要有持续性，有连贯的记录，即与自己将要学习的专业相符合。在一些专业性很强的领域，例如工程、科学和商学等，大学招生官也很想知道，申请人是凭借一时冲动，还是对这项职业真正了解，真正喜欢和愿意去做，否则，对学校和学生个人都可能造成损失，在时间和金钱上造成浪费。

例如，一个学生要申请一所商学院，想在将来的某一天拥有自己的公司。但他的简历表上却显示，他将每个暑假都用去参加戏剧表演，参加舞台表演夏令营，而没有看到任何与商业相关的活动和兴趣。这样的申请者，即使是成绩最优秀的学生，也很难让商学院招生官感动。

这个持续性的整体概念的确很难被许多父母所理解。

大学非常关注申请人在想要学习的领域的持续活动记录。举例来说，如果一个女孩儿，从没有拉过小提琴，却偏要申请朱莉亚音乐学院，并说自己想成为大学乐队的小提琴家，如何能感动招生官呢？很多人似乎只理解在音乐和体育上需要的经历，却不知道在其他领域也有同样的概念。药学院喜欢学生有在药店工作的经历。设立于综合大学的牙科项目，则喜欢那些曾经在牙科诊所做过无薪实习和工作过的学生。即使是文学艺术学院，也喜欢那些有较强的本专业背景的学生。丹丹一位立志读医学院的同学，在高中几年中，利用课余时间和暑期去曼哈顿一家医院做义工，接送病人，传递文件，送水送饭等。大学申请时，成功地申请到了纽约市立大学七年制的医学项目，因为是公立大学，既为父母节省下很多学费，也省去了再考医学院的烦恼，是个很聪明、很实际的选择。

很多家长可能认为，暑假就是一年紧张的学习之后，让孩子好好休息放松，减轻压力的时间。有人甚至说："如果没有很好的休息，孩子返回学校后又如何能在学业上取得成功呢?"事实上，有调查显示，那些孩子能进入顶尖学校的父母坚持认为，他们尽最大努力用他们所能找到的、最丰富的活动来填充孩子的暑假，因为这些活动能够激发学生的热情，孩子把这些课外活动看成娱乐，而不是工作。这些父母也认为，暑期是孩子在有兴趣的领域探索和发现，竞争并超越他们同龄人的唯一最好时间。

很多父母错误地将减轻学生压力，与没有活动计划、闲坐懒散等同起来。但有时，有组织有计划的活动，比那些消磨时间，游游逛逛更充实和放松。无论多么有趣，一个没有总体计划和目标的假期，都会使父母和孩子感到沮丧。当其他青年人渴望在学术、艺术、体育训练，甚至工作经验上获得优势时，那些毫无计划的孩子开始感到生活的无趣——无目标，无效率。当学校再开学时，他们没有竞争力去参加辩论队、数学队，在学校乐队的试演中也很难争得首席乐手的位置。闲散的孩子不仅失去了竞争中获胜的优势，他实际上已经开始落后了。当一个无目标的夏季结束后，学校开学时他就可能表现出不太喜欢学校了，因为没有什么新的可以示人的特长和收获。并不是所有的父母都知道这些。

只要孩子愿意去追求，在你的家庭预算之内，应该用丰富的活动和机会填满孩子的暑假。并不是所有的活动都需要花钱。在高中，很多实习甚至是付薪的，远比那些昂贵的旅游，户外宿营和其他昂贵的暑期高中项目更有声望，对大学申请更有帮助。一些非常有竞争力的项目甚至是免

费的。

可能有一些父母会问："假期里，孩子就不应该有休息的时间吗?"

休息是需要的，但不应该占用你孩子的大量暑假。可以安排在两个活动中间，也可以在学校开学之前，全家一起出门度假。此外，平日繁忙的家庭也利用暑假为孩子做体检，准备秋季开学所需的学习用品。孩子也可以睡懒觉，或者与朋友在一起。

我们也正是这样安排丹丹在高中的假期。每年在假期结束之前，我们都要抽出几天时间，全家人开车出去玩几天。地点大多选在历史景点，名人故居，名胜古迹，著名战役的古战场等，参观后，督促儿子用写日记的方式记述下来。既做到休息放松，又对孩子起到了教育目的。虽然时间安排很紧张，但每次假期结束，丹丹都会感到过得很好，很充实。

在大学招生面试中，一次与一位面试官谈话，当丹丹谈起自己曾开办免费 SAT 辅导班，为家庭经济有困难的学生补习时，那位面试官非常感兴趣，开玩笑说："噢，你已经有自己的主见，开始创业了。"这就是美国人对事物的看法，他们将学生身上的一点点闪光点都看成是你的领导和创新能力的体现。他们希望招收那些有自己特点的学生。

如果孩子有明确的职业目标，暑期工作可以找与其相关的部门实习。例如，如果计划未来从商，去当地的商店工作也许是个宝贵的经历。但如果想成为物理学家，去物理实验室工作会更有价值。如果孩子渴望成为一名教师，做夏令营的助教会为他提供很好的训练。如果你是中产阶层，孩子在暑假为了赚钱去做那些低薪的、与自己的目标毫无关联的工作，就是既浪费了宝贵的时间，又没有起到丰富自己的作用，对大学申请并没有太多的帮助。但如果是低收入家庭，你去打工挣钱，则对你的大学申请没有坏处。大学申请时，低收入家庭打工的学生，甚至能得到优先考虑。总之，每个人的具体情况不同，不能一概而论。

美国国会金奖

美国国会奖是美国鼓励青少年为国家和社区民众服务的最高奖项。因为是国家级奖项，在大学申请中是非常令人瞩目和感动人的。获奖评审标准是客观的，不需要判定裁决。其具体程序是：孩子做满一定的社区服务时数，有体育运动和其他的课外活动，满足这些要求而自动获奖。（美国国会奖年龄限在13～21岁的青年）

当学生完成了体育和其他的课外活动，奉献了总共400小时社区服务后，他就会被邀请到华盛顿特区，在美国国会前，被授予金牌奖章。在此之前，学生也会收到银牌和铜牌奖。这些奖也同样可以列入大学申请之中。

丹丹在十三岁半开始参加国会奖项目。八年级结束，九年级开始之前的那个暑假，丹丹刚满十四岁，到了可以合法工作的年龄，便在学校申请了工作许可证，正式开始去图书馆做义工。此后的三年里，每年暑假，除了去大学修课以外，丹丹都在图书馆里工作。整理图书，做卡片，抄写书目，教老年人使用计算机，辅导学生功课等。每个假期里，丹丹都要做好几件事，时间总是被安排得满满的，只有在开学前几天，才能抽出时间放松一下。公共图书馆是社会的一个窗口，每天都会接触到各种各样的人。做义工的经历让孩子很快地成熟起来。集中大量时间工作，也让孩子体会到工作的责任感。

丹丹把国会奖看得很重，也真的想得到这个荣誉。因为有了预定的目

标，有动力，他每个夏天都满心欢喜地去工作，从来没有怨言。虽然是无薪工作，但他干起来还是很认真，很卖力，很遵守时间。图书馆工作人员和顾客都很喜欢他。

连续三年暑期做义工的经历，培养了丹丹的奉献精神和社会责任感。奉献时间，奉献精力，丹丹做满了400小时社区服务，加上打篮球，弹钢琴，达到了国会奖金牌的全部要求。于2013年3月获得美国国会颁发的金牌奖章。在此之前，丹丹还获得了铜牌和银牌奖章。遗憾的是，2013年美国国会颁奖日定在了6月初，正是高中考试期间，丹丹没能亲自去华盛顿地区领奖，失去了参观美国国会及会见美国国会议员的机会。

我们在同年夏天收到了美国国会寄来的奖章，证书，纪念品和纪念册。当年和丹丹一起获得金牌荣誉的，全美国仅有250人左右。

2013年丹丹获国会银质奖章与美国国会议员合影

美国国会奖（US Congressional Award Program），是一个对任何孩子都极具鼓舞力和动力的奖项。该奖共分六级。铜奖证书，银奖证书，金奖证书，铜质奖章，银质奖章和金质奖章。下面是获奖要求，供有兴趣的学生及家长参考：

美国国会青年奖要求一览表

奖项	自愿公益活动（小时）	个人发展（小时）	体育锻炼（小时）	野外考察和探险	完成时间要求
铜奖证书	30	15	15	1 天	没有具体时间要求
银奖证书	60	30	30	2 天	没有具体时间要求
金奖证书	90	45	45	3 天 6 个月内	公益活动和个人发展，以及体育锻炼，需在 6 个月时间完成
铜质奖章	100	50	50	1 夜，2 天	公益活动和个人发展，以及体育锻炼，需在 7 个月时间内完成
银质奖章	200	100	100	2 夜 3 天	公益活动和个人发展，以及体育锻炼，需在一年的时间内完成
金质奖章	400	200	200	4 夜，5 天	公益活动和个人发展，以及体育锻炼，需在两年内完成

美国国会奖网址：

http：//congressionalaward. org/program/how – it – works/program – requirements/

美国数学竞赛（AMC）

美国数学竞赛（American Mathematics Competitions，AMC），是美国高中学生最重大和最具声望的数学比赛。它由一系列考试组成，全部是严格的定时考试。在考试中得到高分，就为进入最具有竞争力的任何一所大学创造了有利条件。

考试分为三个级别：AMC－12（目标针对十一到十二年级学生）、AMC－10（九到十年级）、AMC－8（六到八年级）。

美国数学竞赛（AMC）并不仅仅为数学天才所设计。全美国每一个爱好数学的学生都能参加，每一个参加者都能受益。数学竞赛给孩子一些额外的、有些是课堂上所忽略的数学训练。所以，即使你的孩子不认为自己有数学天分，他也能因为参加学校数学队而获益。

这些考试对升学有多重要？

美国的常春藤大学，以及其他一流大学，在他们的补充申请材料中，明确向申请人提问，是否参加过这些竞赛。

大多数学生是通过学校报名参加 AMC 竞赛。

参加 AMC－12 考试，并且达到成绩标准，合乎资格的学生，可以受邀参加下一轮竞赛——美国数学邀请赛（American Invitational Mathematics Exam，AIME）。据统计，全美每年大约有 15000 名学生能通过 AMC－12 考试，获资格进入美国数学邀请赛。这些学生中最终选拔出 400 多名优胜者，参加每年的美国数学奥林匹克竞赛（USAMO）。美国数学奥林匹克竞赛从400多参赛者中，选拔出25~50名学生，参加数学奥林匹克夏季项目训练，最终选出六人参加国际数学奥林匹克竞赛。

丹丹参加中学数学队，曾多次随队参加纽约地区数学竞赛。自七年级起，他每年都参加AMC考试，通过了AMC-8、AMC-10两级考试。十一年级和十二年级又分别两次通过AMC-12级考试，获得美国数学邀请赛参赛资格（AIME）。能够在这种严格的比赛竞争中取得这样的成绩实属不易，在丹丹就读的亨特高中，每年也只有极少数的几个人可以获得参赛权。但是，丹丹参加了（AIME）竞赛，两次都未能获得通过。两次得分均为5分，虽然是不错的成绩，但最终没能进入美国数学奥林匹克竞赛。通过（AIME）难度很大，不但要有数学天分，还要个人爱好，花大功夫刻苦练习才行。

几次参赛结果让我们明白，丹丹的数学成绩一直很好，应该说在数学上有一些天赋，但不是什么数学天才，又缺少对数学的特殊兴趣和长期的艰苦训练，也就是说，没有下大功夫，花大力气。靠考试前做一下短期突击训练，“临战磨枪”，想取得杰出的成绩是不可能的。考虑丹丹各方面的具体情况，我们决定还是要坚持全面发展的原则，不能在数学上投入太多精力。有了AMC-12级的成绩，在大学申请时也可以添上一笔。能通过AMC-12级，就是对数学能力很好的证明。

美国国家优秀奖

美国国家优秀奖（National Merit Scholarship）是一个学术奖项，创建于 1955 年。每年奖励全美国优秀的高中毕业生。经过几轮筛选，最终决赛胜出的 2500 名优秀学生，将被授予每人 2500 美元的优秀奖学金。

十一年级的高中学生通过参加标准化考试 PSAT（The Preliminary SAT/National Merit Scholarship Qualifying Test）进入这个竞赛项目。据统计，每年参加 PSAT 考试的高中生有 150 万人。除了要求 PSAT 考试外，学生还必须是美国公民或合法居民，计划未来在大学注册全日制的学生。

每年全美国大约有 16000 人通过 PSAT 考试进入半决赛。各州都从最高分录取。进入半决赛的学生，通过所在的高中提交申请：提供学生高中成绩单（GPA），SAT 考试成绩，社区服务和课外活动，所获得的奖项，一篇申请文章以及学校升学辅导老师的推荐信。其程序类似大学申请。在 16000 名合资格的侯选人中，评审委员会评选出 8000 名决赛优胜者，在这些优胜者中，再评选出 2500 名学生，每人授予 2500 美元奖学金。美国很多大学都会争取这些最终决赛获奖的学生。

全美五十个州，各州录取分数线略有不同。2012 年，纽约州进入半决赛分数线 218 分。

PSAT 考试每年十月举行一次，地点在学生所在的学校。丹丹在 2011 年，十年级时参加过一次考试。因为不算成绩，考试前没有做任何复习准备，目的就是做一次对自己学术水平的实战测试，试一试水的深浅。那年丹丹的成绩是 216 分，差两分没有达到纽约州分数线。但有了这次试探，知道了自己的程度在哪里。

第二年，即十一年级的十月，丹丹参加了正式的 PSAT 考试。因为已经计划参加即将在十一月份举行的 SAT 考试，同时也在紧张地做备考准备。有了这个复习基础，参加 PSAT 考试就显得很轻松。结束考试后，我问他："感觉怎么样?""哦，感觉很好，不太难，应该都对。"听到这个回答，我有些放心了。

十二月中旬，PSAT 成绩出来了。丹丹的成绩是 233 分。在英文阅读、数学和英文语法三部分的考卷中，仅仅在批判性阅读部分错了三道题。比上一年纽约州进入国家优秀奖半决赛分数线超出了 15 分。我们知道，丹丹明年获国家优秀奖的可能性很大。

2013 年 10 月，在大学申请之前，我们收到评审委员会来信通知，丹丹进入国家奖半决赛。几乎是同时，我们又收到亨特高中的通知。按照通知要求，丹丹提交了一篇自传文章，老师推荐信，高中成绩单，SAT 考试成绩和社区服务及各种奖项等。

2014 年 2 月，我们收到评审委员会的来信，祝贺丹丹荣幸地进入了总决赛，获得美国国家优秀奖，并获得 2500 美元大学奖学金，奖学金由评审委员会直接拨发给丹丹即将入学的学校。虽然奖学金数额不多，但却是很大的荣誉，是对他多年努力和学术成绩的肯定。

备考 SAT

2012 年 6 月，十年级结束后的暑期，丹丹开始动手准备 SAT 考试。这个暑假要继续做社区服务，做义工，还要准备 SAT，毫无疑问，又是一个忙碌的假期。

对于立志上大学，并且将目标定在顶尖大学的高中学生而言，SAT 考试无疑是非常重要的。它同高中成绩一样，是大学审查申请人时的首要条件和硬性指标。是迈进名校的第一道关卡。过了这道关，才能进入下一道程序。SAT 考分越高，对申请人越有利。但同任何考试一样，要考出令人满意的好成绩，不是短时间内突击练就的，是十几年学习积累的结果，还要做好考前充分的准备。

其实，对 SAT 考试，我们早就有所考虑。SAT 考试英文阅读部分比较难，单词量非常大，很多词汇并不常用，词与词之间意思相差极小，很难分辨，即使是英文专业的人，没有准备也难完全做对。要应付这一部分题目，只有两个办法可选：一是靠大量阅读英文报刊杂志，二是提高英文单词量。在丹丹进入九年级高中后，我们就着手做准备。我先去书店买来一盒五百个单词的 SAT 基本词汇卡片，有时间就让他背一点儿。我给丹丹规定，每天晚上做完作业后背 15 ~20 个单词，积少成多，一定会见成效。当时刚刚读九年级，功课还不太忙。五百个基本词汇都不太难，丹丹很快就将这些单词背过了一遍。我就又去书店，买回来一大盒一千字的英文单词卡片，还是每天背几个。这一次的词汇难度明显加大，有些词汇平时很少用到，也有一些很难、很偏的词，不太容易记住。我就把他认识的单词和不熟悉的单词分开，不会的词过一段时间再拿出来背，这样反复几次就能记住了。通过这些不常用的单词和注释，加上平时学校里大量的阅读写作，丹丹的英文水平得到很大的提高。

九年级之前，丹丹曾参加过两次美国大学理事会的SAT考试，就是说已经有考场经验了，只是因为还没有上高中，所以没有成绩记录。一次是七年级报考约翰·霍普金斯大学天才搜寻项目，另外一次是八年级报考戴韦德森大学天才项目。两次考出的成绩都不错，丹丹四平八稳地考进了这两个天才项目。但是，在申请大学前的正式SAT考试，还是不能掉以轻心。

放暑假之前，我们就曾对如何应付即将到来的SAT考试做过讨论。为稳妥起见，我们也考虑过是否要送丹丹去外面的SAT补习班。这是纽约市很多华裔家长的选择，好处是可以保证孩子做些练习。但价格不斐，而且往返路途要花时间。当我们同丹丹商量时，他一口回绝了去补习班的提议。理由是：他完全有能力自学，没有必要浪费钱和时间。既然他这样有信心，我们也提出要求，必须按考试标准做出计划，按计划严格执行，充分有效地利用好暑假的每一天。

依照我们对丹丹的了解，他所学习过的知识应该足以应付SAT的考试，关键是要多做练习，熟悉考题，掌握好考试时间。美国高中没有帮学生准备考试的任务。一切都要靠家长和学生自己解决。如果下决心多做练习，我相信考试不会有问题。

主意已定，我就去书店买回最新版的SAT书，专门挑练习题多的书买。按照计划，周六、周日每天做一套考题。平日里，每天做完义工下班后，做两小时习题。为了防止儿子偷看答案，我将每套题后面的答案和注解部分撕下来，再用订书机订上，由我来保管答案。做练习之前，我定好了时间，让他一个人在屋里安心地答题。每做完一套题，我就和他一起对答案。对答案很简单，A、B、C、D，我只要将做错的题目用笔圈出来，然后再让儿子看题解，知道为什么做错。这样复习提高很快。自己在家里复习的好处是不受外界干扰，环境安静，时间充足，效率比较高。不足之处是写作部分没有专人指导，孩子也不愿意每一次做习题时，都按要求把

文章写出来。幸好丹丹写作一直很好，不是我们所担心的，也不是复习的重点。俗话说：熟能生巧。几本书做下来，丹丹对自己更有信心了。

暑假很快过去了。开学前，我和丹丹最后做了几套试题，根据我的粗略估算，成绩一直在 2330 分以上。我保守地估计，如果考试时发挥得好，达到 2350 左右应该没有问题。

接下来，该考虑选在什么时间考试。按照普通规律，多数高中学生把 SAT 考试放在十一年级下半学期，即来年的三月份或者六月份，学校也是这样建议的。原因很简单：到十一年级的下半学年，高中所学的课程基本结束，学生也有充足的时间准备。但我们认为，丹丹在一个暑假的复习中，已经基本准备就绪。时间拖得越久，思想负担就越重。不如早些结束考试，腾出时间，全力以赴做其他事情。即使万一考得不理想，也可以有更多的时间复习，准备再考。再三思考后，我们决定报考当年十一月份的考试，并希望一次考出好成绩。

捷报频传

丹丹在十一年级的 11 月份参加了 SAT 考试。原定的考试日期是 2012 年 11 月 3 日，因为纽约市在 10 月 29 日遭遇飓风袭击，考试日期被推迟到了 11 月 17 日。

那是一个星期六，天气很好。我们选定的考场和前两次相同，在皇后区离家不远的一所高中。参加考试的学生很多，都来自不同的高中，参加不同种类的 SAT 考试。丹丹八点进入考场。将近下午一点，考试结束了，才看见他和其他的学生一起，从学校教学楼里走出来。

“考得怎么样?”一见到他，我就着急地问。丹丹回答说：“挺好的，感觉还可以，题目不是太难。”听他这样说，我放心了一些，但还想继续追问下去：“有不会做的题吗？你自己估计能有多少分?”丹丹想了想，说：“我说不好，很多题目答完就忘记了，但是好像没有不会的，感觉作文写得挺好。”“你觉得能达到 2300 分吗?”我又接着问。“我想应该没有问题。”儿子回答道。

我知道，丹丹说话向来比较保守，没有把握的话不会乱说。他说过的话也不愿意再重复。无论如何考试已经结束，应该放松一下了，再多想也没有用，安心等待结果吧。

半个多月后的 12 月 5 日，是 SAT 成绩公布的日子。早上一起床，丹丹便打开计算机，进入大学理事会的网页，输入名字和考号，一串数字便跳了出来。儿子的英文阅读、数学和英文写作三门均为 800 分，获得 2400

满分的好成绩。看到这个成绩，我们都惊喜万分。我立刻拥抱了儿子。丹丹这才告诉我们说，他当时考完后就感觉，可能会是满分，但不能肯定，所以不敢讲。

完美的SAT成绩为丹丹的大学申请吃了一颗定心丸。当然，SAT高分不能保证你能上顶尖学校，但却是申请人必备的条件。据统计，每年在美国国内参加SAT考试的人数为160多万，只有大约300名左右的学生满分。如果其他条件符合要求，这些学生基本都能进入美国顶尖大学。而绝大部分满分者都被常春藤大学录取。

2013年5月，十一年级结束前，丹丹报考了两门大学先修课AP考试：统计学，美国历史，均获最高分5分。6月，又报考了两门SAT II考试：数学第二级，获800分满分，美国历史，获790分。（十年级结束时的六月份，曾参加SAT II生物学考试，获770分。）2014年5月，在即将高中毕业，迈入大学校门之前，丹丹又报考了五门AP课考试：数学微积分，宏观经济学，微观经济学，心理学，生物学，均获得最高分5分。

高中最后一场激战终于过去，竭尽全力，战果辉煌。最后等待我们的，一定是灿烂的明天，美好的未来。

免费 SAT 辅导班

同往常一样，丹丹十一年级第二学期开学后，我们就开始考虑暑期活动安排事宜。十一年级后的暑假是高中最后一个假期，也是大学申请前最关键的一个暑假。根据丹丹的情况，这个假期的主要任务应该是准备大学申请论文，找有薪工作或无薪实习。

丹丹在给学生上课

2013 年 5 月，丹丹在国会议员孟昭文（Miss Grace Meng）办公室申请到一份无薪实习的工作。但六月份时意外得到通知：因为申请人多，原定每周工作五天，现在要减少到每周工作两天。剩余的三天时间如何安排成了亟待解决的问题。已经临近放暑假，原订的计划却突然出现变故，真让人焦急万分，不知如何安排才好。

六月末，暑假开始的第一天，丹丹就对我说，他想出去找工作。但找工作是需要时间的，等你找到了，暑假可能已经过去一半了。怎么办？焦急之中，我想起儿子 SAT 考满分，为什么不利用这个有利条件做点什么呢？丹丹可以教学生英文和数学，既锻炼了自己，又有了收入，何乐而不为？

有了这个想法，我们立即在《世界日报》上做了广告。很快，接到一些华人家长打来的电话，有人询问丹丹是否可以上门做家教。考虑到去学生家里教学比较麻烦，我就和我丈夫商量，是否可以让丹丹到公立图书馆开办辅导班。我记得我丈夫曾经提起过，经常有学生家长去图书馆询问，是否有供孩子学习的免费 SAT 辅导班？听了我的建议，我丈夫也认为这是个好主意，既可以锻炼孩子，又为那些有需求的学生创造了学习机会。丹丹前两年做义工时也教过学生数学，应该没有问题。于是，我就问儿子是否愿意去做这件事？

开始时他还有些犹豫，说：“我已经做了几年的暑期义工，我做义工的时间已经远远超出了大学的入学要求。我现在更想挣钱，我要上大学用。”孩子想赚钱不是坏事，这意味着他的独立性比较强。但是他年龄还小，培养爱心，公益心更重要。孩子未来的路能否走好，现在是关键时期。我就鼓励他说：“你想工作挣钱是好事，我们支持你。但现在比赚钱更重要的事情，是寻找机会锻炼你自己。俗话说：教学互进。你一直在最好的学校读书，很少有机会接触其他阶层的同龄人。开办辅导班会给你提供一个难得的机会。常听人说：你要学习一样东西，你最好是去教那样东西。这也锻炼你在众人面前讲话的能力。你应该想一想，这是非常好的一件事。”听我这样说，儿子答应去试试。

于是丹丹就向皇后区公共图书馆提出办班的申请。看到丹丹的考试分数。图书馆馆长瞪大了眼睛：“我的上帝，这是真的吗？你真的考了满分？”馆长高兴地说：“太好了，刚才还有家长让我找老师辅导SAT，我正发愁找不到合适的老师呢。”于是，他安排丹丹到纽约市皇后区与长岛交界处，西语裔，非裔和少量亚裔混居的来明敦分馆去办班。该区新移民比较多，也有一些低收入家庭，对公共图书馆的依赖性很大。

得到了馆领导的首肯，丹丹首先设计了开办辅导班的广告。他将广告贴在图书馆大门上，放在馆内的信息台上，还将广告放到图书馆附近的商场、饭店和其他的公共场所。没有几天，就有很多孩子前来报名。

丹丹首先设计了一个诊断性的考试，通过这个考试，可以了解报名的学生程度，有针对性地制订教学计划。同时还要考虑时间的安排。因为从七月初开始上课，到八月末结束，只有两个月时间。每周一、三、五上课，每次三小时，也只有七十多个学时。而SAT的考试包含了英语、数学等很多知识，是高中知识的总汇合。只有有效地利用时间，才能收到良好的效果。在经过了第一次测试之后，丹丹心里有数了。他决定把每次课分为两部分，自己先讲，然后对学生进行考试。这样，既可了解学生是否听明白了，又可以发现新的问题，大大提高授课的效果。

第一天上课前，丹丹在家中练习，把自己关在厕所里很长时间。我不知道他在里面干什么，敲开门看，才知道他在厕所里对着镜子练习讲话。每一次讲课，他都要预先准备好讲课内容，并且要将上课的内容提前一天用电子邮件传到图书馆，请图书馆的工作人员帮助把它们复印出来。这样，在上课时学生就有阅读材料了。

通过与学生们的近距离接触，丹丹也学到了一些他在学校里学不到的东西。他教的是十到十一年级的学生，大多数人来自新移民家庭，也有来自多子女的单亲家庭，尽管很多人要去工作赚钱，他们还是挤出时间来听课。有些不爱学习的学生被父母送过来上课。令丹丹感动的是，还有家长为送孩子来听课，取消了自己看医生的时间。

知道了这些情况，我们更是要求儿子要认真讲课，决不能误人前程。丹丹教学也很卖力。有几次他曾对我说：“这些孩子都很好，他们中很多人不是不想学习，是没有好的条件。他们要去工作，照顾弟妹。如果我生活在那样的环境里，我可能也和他们一样。我很感谢你和我爸，给我好的学习和生活条件，让我学那么多东西。”

暑期教学结束后，学生及家长反映很好。丹丹由此获得了纽约市议员颁发的社区服务优秀奖证书。后来，经常有家长去图书馆询问类似的项目是否还能再办几次。但儿子已经去了大学，没有时间做了。

几年暑期做义工和教学的经历，培养了丹丹乐于助人的精神。上大学后的第一年，丹丹很快申请加入了学校的两个学生组织，一个是帮助大学周边社区中学生学习，每周五下午去一所高中辅导学生功课。另一个是帮助贫困国家申请贷款资助项目的组织。虽然要在紧张的学习中抽出很多时间做这些义务工作，但儿子还是非常乐意去做。

在暑期教学中，我们要求丹丹每个星期将自己的教学情况，连同在美国国会议员办公室做实习的感受写进日记里。现实生活对他的教育，比我们的说教来得更快更真实。亲身经历让儿子懂得了感恩，对贫困家庭的孩子多了理解，同情心和爱心。这个收获是金钱买不来的。正如他在大学申请论文中提到的，虽然没有挣到钱，但实践让他成熟，从少年成长为成年人。我们相信，这些经历将作为儿子的精神财富，让他受用终生。

大学申请论文

大学申请中，申请人写的论文是申请材料中最重要的部分。大学招生官可以通过论文，来了解每一位申请人。也就是说，在经过了标准化考试、GPA 等一系列数字化之后，他们要通过阅读申请人撰写的论文来真正了解申请人，来识别该申请人是否是他们要招收培养的对象。通过论文，让申请人由一堆堆冰冷的数字变成了一个个活生生的人。大学招生官将会认真阅读每一位合格申请人所撰写的论文。所以，无论怎样强调论文的重要性都不为过。

目前，美国大学申请表格分为两种。一种是大学通用申请表格，自每一年的 8 月 1 日起在网上公布，学生及家长上网就可以看到。这种表格是一表多用，绝大多数美国学校都接受。每一年的通用表格可能稍有改动，但大体内容不会变。通用申请表很重要，所谓的大学申请论文也包含在这个表中。

另一个重要的表格是补充申请表，是各个大学按自己学校的要求而发出的。有的大学只需要申请人填写通用申请表格，没有补充申请表。所以在做正式的申请之前，申请人要先进入各大学网站，搞清楚要求后再做申请。大多数顶尖大学都要求申请人填写补充申请表格。在补充申请材料中，主要是要回答表中所提出的问题。需要注意的是，无论是通用申请表中撰写的论文，还是补充申请表格中的提问，都有字数的限制，不能太少，也不能多。否则可能会被认为不遵守规定而影响录取。

丹丹是在十二年级开学前的八月份，通用申请表公布，看到申请论文的题目之后，才开始思考并动手写论文的。记得当年的选题中，有一个题目，是让你描写你生活中的一个场地，它帮助你从少年变为成年人。因为儿子喜爱篮球，在几年的练球中体会深刻，深感其中的酸甜苦辣，就很自然地选择了他常去的、最为熟悉的公园篮球场。以球场为背景，写了在打篮球中自己成长成熟的经历。我们看了这篇文章，感觉写得很好，文笔和内容都很感动人。

但是，到了九月份学校开学后，丹丹拿给亨特高中升学辅导员看时，却引来异议。辅导员对他说："你想要申请的大学是学术性大学，不是体育学校。你又没有一米九的个头，恐怕难进大学篮球队。应该换个选题和内容来写。"我们听到这个建议后也觉得很好，很有道理，但同时又非常担心。因为当时已经是九月末，离大学提前申请的截止日期只剩下一个多月的时间，很多同学都已经开始动手准备填写申请表格了，大多数人都是利用暑假期间就动手写申请论文的。十二年级功课很重，要推翻以前写的全部内容，在这么短的时间内，重新构思出一篇文章并不是一件容易的事。我曾忧心忡忡地问儿子："你能行吗？能在这么短的时间里写出一篇新的文章吗？如果实在来不及，就用这篇文章也可以！"儿子却挺有信心地回答说："妈妈，别担心，我能写出来。"

果然，一个月后，一篇几经改动，有关暑假期间教授 SAT 课程的文章写了出来，再拿给老师看时，都认为非常好。文章最终被敲定了下来，我也算松了一口气。

在撰写大学申请论文时，首先要确定的是：你想要写什么？你想要告诉别人什么？也就是文章的选题，这是写作最重要的部分。因为申请人太多，如果你的文章没有创意，文章的题目和内容不太吸引人，就很难让招生官读下去。可以想象，如果让你每天读几十甚至上百份申请人的论文，你会有足够的耐心吗？此外，还必须要提醒注意的是，申请论文必须是原创，也就是申请人自己体会深刻，经过认真构思亲自写出来的。不能因为想进名校心切，就找人代笔或者在网上抄袭。如果大学招生官发现一点抄袭的痕迹，你的申请都会失败。大学招生官能够看到你 SAT 考试写的文章，可以拿出来做比对，很容易就能发现你的论文是否有人代写。

申请论文要能够体现出申请人的积极热情，诚实认真和努力克服困难的精神。不要有任何消极的语言，也不要耍小聪明。申请大学是你一生中最重要的事，实在不是什么儿戏。

2014 年申请作文给出五个选题，丹丹最后选择的题目是："描写你生活中的一件事或一个成就，它标志着你从幼年转变为成年。你在家庭、社区或文化背景下的成长经历。不超过 600 个字。"下面全文附上儿子的大学申请作文：

My First Paycheck

I began the summer before my senior year eagerly anticipating my first job and the extra spending money it would bring. I advertised in a local newspaper as a private SAT tutor, and expected to have my first student within the week. But when my dad saw my plan did not prove to be as lucrative as I imagined, he suggested that I start a free SAT class at the public library. Having already done a good share of community work, I was slightly reluctant to give it away for free; I was anxious to earn my own money. Even so, I hung posters around the neighborhood and hoped for a more enthusiastic response.

To my surprise, twenty students showed up on the first day, most arriving late and without pencils or backpacks. We convened in a makeshift classroom that was too cramped for comfort, with walls too thin to block the noises outside. When I stood before them and looked into their eager faces, I became painfully aware that my knees were trembling. As I stumbled through my introductory speech, I realized that I was not prepared for their expectations of me in the journey that lay ahead.

Scared that my students would lose interest, I raced through the material as quickly as I could. However, I soon gathered from their glazed expressions that I was teaching too hastily for them to comprehend. I had skipped over most fundamentals at their insistence, but in reality they were clueless about what they knew. Compounding matters, each student had different strengths and weaknesses, which meant I had to know everybody individually. When I finally commit-

ted myself to them, I solemnly understood that I had assumed a level of responsibility over their futures I never foresaw.

Gradually, teaching the classes became easier as I grew more comfortable with my students and saw their lives open up to me. Though my students lacked in schooling, they compensated for that with their maturity and resolve. Though only sixteen, Dominique supported her family by taking care of two younger brothers in addition to working a day job. Leshana and Dimon were recent immigrants with rudimentary English and thick accents, but they came to every class determined to learn more than they did in the previous one. When Azana arrived with a nasty cold that would have caused me to stay in bed for the day, I truly began to appreciate their motivation to keep pushing against the obstacles that life threw at them, many of which I could not imagine. Collectively, they seemed no different from any other classroom of juniors, yet beneath their easygoing personalities there was already embedded the steel will and fortitude of adults.

Slowly, I came to see that the process of teaching is simultaneously the process of learning: in my students' lives and characters, I found role models of perseverance and grit that I have started to emulate in my own life. I knew they had put their trust in me, hoping that I would give them the opportunity to understand what potential they had. Despite the language and economic barriers that seemingly separated us, my students showed me that inside we all shared the same desire to overcome the limitations that others placed on us. I had started the class thinking that my students ought to be grateful, but ended knowing that I was the thankful one.

In my gradual transition towards adulthood, my students showed me that the most meaningful moments may easily be the smallest and most unexpected. As a child, I had always thought that bringing home my first paycheck would be my first step to adulthood and independence. Ironically, by giving up that paycheck, I was able to learn through my students that what makes an adult is not the success I bring to myself, but what I can do for others.

中文翻译

我的第一张（薪水）支票

十二年级开学前的暑假，我急切地期待着我的第一份工作和它将带给我的额外报酬。我在当地一家报纸上登了做SAT私人教师的广告，希望在一周之内看到我的第一个学生。但当我爸爸看到我的计划没有达到我想象的那种结果时，他建议我在图书馆开办一个免费SAT班。已经做了很多社区工作，我不太情愿再免费做；我很渴望自己赚钱。即便如此，我还是听从建议，在附近社区贴海报，希望能得到热情的回应。

出乎意料，第一天就来了二十多个学生，他们中多数来迟了，还没有带铅笔或书包。我们被安排在一间狭小而不太舒适的简易教室里，薄薄的墙壁抵挡不住外面的嘈杂声。我站在他们前面，看着他们渴望的面孔时，我痛苦地感觉到，我的双膝在颤抖。当我结结巴巴地结束了介绍演讲时，我认识到，我没有像他们期待的那样事先准备好。

担心我的学生失去兴趣，我加快了讲解速度。然而，从他们的目光表达，我很快推测出，我教得太快，他们理解不了。在他们的坚持和要求下，我跳过许多基础知识，但现实是，他们并不了解自己会些什么。事情复杂，每个学生有不同的长处和弱点，这意味着，我必须分别了解每一个人。当我最终虔诚地了解他们时，我深深地懂得，我对他们的未来承担着责任。

渐渐地，我和学生们相处得更舒适，我看到他们的生活状况，教学也变得更容易。尽管我的学生缺少学校教育，他们用成熟和坚定做补偿。尽管只有十六岁，Dominique除了工作一天帮助支撑家庭外，还要照顾两个年幼的弟弟。Leshana和Dimon是仅懂粗浅英语，伴浓重口音的新移民，但他们每堂课都来，决心要比从前学更多东西。Azana带着重感冒来上课，要是我的话，就会呆在床上。我真正开始体会到他们抗击生活障碍的动力，很多困难是我所想象不到的。总体上讲，他们似乎与其他高中三年级的学生没什么不同，但在他们脾气随和的个性下，已经牢牢地嵌入钢铁意志和成年人的坚韧。

慢慢地，我开始看到，教学的过程同时也是学习的过程，在我的学生身上，我找到了仿效的不屈不挠的决心和勇气的榜样。我知道，我承载着他们的信任，希望我给他们机会让我了解他们的潜能。尽管语言和经济屏障似乎要将我们分开，我的学生展示给我的是，在内心深处，我们都拥有同样的愿望去克服困难和障碍。我开始讲课时认为我的学生应该感谢我，但最终知道，我是应该说感谢的人。

在我逐渐向成人的转变中，我的学生展示给我最具重要意义的瞬间无疑是最小的，最意想不到的。作为孩子，我总认为，带回家我的第一张薪水支票将是我成人和独立

的第一步。具有讽刺的是，放弃了那张支票，我从我的学生那里学到了，成人的标准不是我自己的成功，而是我能为别人做什么。(全文共559字)

大学申请论文写好，通用申请表填好后，就要填写各大学的补充申请表格。在补充申请表中，主要是回答你将要申请的大学提出的问题。通常每个问题有200～300个字数的限制。回答问题前要先进入将要申请的各大学网站，熟悉大学情况，最好是熟悉你想要申请进入的专业，这样在回答问题时就更具体，更有说服力，更说明你对所申请学校的了解和兴趣。

大学申请是丹丹人生中的大事，也是他一生最关键的一步。选择什么样的学校和专业，将决定他的未来走向和发展。在那段时间里，这是我们家的头等大事。我们不能帮他写作，但可以根据他的情况帮他选择要申报的大学，帮他查找大学资料。我丈夫常将要申请学校的情况及要求打印出来，我们一起讨论研究，重要的地方要拿给儿子看，共同商议。最后的决定权还在他那里，要他同意才行。

选专业的冲突

高中生不仅面临申请大学，选择学校，还面临着选择什么样的专业问题，也就是职业取向。在美国的华裔父母常常愿意让自己的后代学习医学、法律和工程等学科。丹丹升入高中后，将来要学何种专业，也成为我们必须要经常思考的问题。在某种程度上，我们认为专业与学校二者相比较，专业比学校更重要。俗话说：隔行如隔山。在人生的关键时期，有时一脚迈出去，就会耽误很多时间，走很多弯路。当然，“三百六十行，行行出状元”。但前提是，必须要你自己喜欢、热爱、有兴趣才行，只有这样，喜欢做的事才有可能做好。

和很多在美国的华人父母一样，我们也曾为丹丹设计过他的未来。根据丹丹的个性和学习成绩，最初我们是希望儿子报考与医学相关的专业。理由一，在美国，我们是新移民，缺少丰厚的经济基础和社会资源，希望孩子将来能掌握一门技术，不必为生存而发愁，也不必担心年纪大了被“炒鱿鱼”。理由二，丹丹的学习成绩一直都很好，性格比较平和，做事专注认真，这些都是做一名好医生所必备的素质。最后，也是最简单的一个原因是，我过去学的也是医学专业，至今仍然很喜欢医生这个职业，希望儿子代替我，把这项事业进行下去。

在我们的耐心说服下，丹丹虽然没有积极的响应，但也没有明确表示过反对。在十二年级选课时，还选了化学和 AP 生物学课，学得很好。我们很高兴，有一种终于要达到某种目的的喜悦。

就在准备填写大学申请表格，考虑专业志愿时，丹丹却突然反悔了。有一天，他来到我们面前，很镇静、很明确地告诉我们："我已经决定了，不进医学院，不想当医生。以后也请你们别再提进医学院的事了。"

对丹丹的这些话，我们一点思想准备都没有。我丈夫听了这话，呆呆地立在那里，似乎不知道说什么。我听后很震惊，立刻便火冒三丈：这之前说得好好的，怎么说变就变了？并且一点商量的余地都没有。听口气，简直就是在通知我们，向我们宣布他的决定。其结果，当然是全家大吵一场。

吵归吵，丹丹并没有因为我生气而动摇自己的决心。他用各种理由来说服我们。儿子的意思是：他已经做过很多研究，在网上查过很多资料，大体了解了进医学院的全过程和将要学习的课程，也问过一些同学。很多同学要学医学，其实是家长的意愿，他们自己也不知道学医是怎么一回事。学医学院需要太长时间，他认为自己不适合，也没有太大的兴趣。如果勉强去学，学了一半想要放弃的话，既浪费他的时间，也浪费父母的金钱。

丹丹的话有一些道理。我太了解他的性格了。他在小事情上从不计较，平时处事低调，看上去似乎大咧咧，吃点小亏也不会记在心上，但遇到大事总是要认真思考，从来不会立刻给你答复。他常说的一句话是："让我想一想。"一旦讲出他的看法，那就是想好了，准备了足够的理由来说服你，你需要用更充足的理由才能推翻他的决定。他是个很有主见的孩子。高中这几年，从打篮球、学钢琴到学校里选课，做课外活动，哪一个他都是依照自己的意愿去做的。在填报专业之前，经过认真的考虑之后，才决定和我们讲的。

丹丹能说出这些话，并不奇怪，这是多年来我培养的结果。我不是一直希望他成为一个自主自立的孩子吗？为什么现在他有了自己的主张，我们却一下子接受不了了呢？去大学学习什么，的确是孩子自己的事情。只有他真正喜欢和感兴趣的事，他才能学好做好。我们要仔细地思考一下，说服我们自己，准备接受孩子的这个决定。

"强扭的瓜不甜"。生活中太多的事实不断地在证明这一点。

我见到一位来自台湾的朋友的女儿，也是从亨特高中毕业，成绩优秀。大学读的是著名的约翰·霍普金斯大学（Johns Hopkins University），毕业后又考入纽约州立大学医学院。但读了几年之后，发现医学并不是自己喜欢的专业，最终还是放弃了医学院，考进纽约大学法学院学习法律。花了几年时间，转了一大圈，年届三十，才找到了自己的位置。

几年前，一位朋友曾给我说起过她朋友的故事。她朋友的孩子喜欢音乐，也很有音乐天赋。但是，父母却无视孩子的兴趣，强迫儿子去学医学。为了服从父母的愿望，孩子去学了。几年之后，医学院毕业，拿到了毕业证，却把毕业证交给了他的妈妈，并对妈妈说："拿去吧！这就是你想要的。"说完离开了家，自己去加州参加摇滚乐队去了。

这些都是发生在纽约亚裔中的真实故事，它给我们后来的家长提供了很多警示。如果我们一味地要求孩子按父母的意志行事，为实现父母的理想而活着，结果就可能是这样的。父母都希望子女好，但是却设计不了他们的未来。孩子要学什么，选择什么样的职业，家长只能给他把把关，提一些想法和建议，提醒他们尽量考虑周全一点，却不能代替他们做决定。

丹丹对我们说出了他想进商学院的想法。并且告诉我们，这是他很久以来的愿望，希望我们能够支持他。儿子的这个决定虽然与我们的意见大相径庭，但是，既然他已经考虑好了，我们也只好尊重他的选择。在正式填写大学专业之前，我和他谈过一次话。我说："如果你对学医学院没有兴趣，你可以选择你想要学习的专业。但是，如果你是因为进医学院太辛苦而不学，那就错了。因为不管学习什么都不容易，都要付出艰辛和努力。怕苦怕累，终将一事无成。你想学什么爸妈都支持。想进商学院是你自己做出的决定，你要为你自己负责任。你自己选的专业、选的路，要好好地学、好好地走。不要后悔，不要抱怨任何人，再难也要坚定地走下去。"

丹丹把我们的话记在心里。上大学后，一直高高兴兴，非常喜欢学校，喜欢他所学习的专业，喜欢他的同学，朋友。每次见面、打电话都表现得信心十足，让我们感到很欣慰。我们遵从了孩子的意愿，也又一次赢得了他对我们的信任。相信儿子在自己的道路上会越走越好。

细节决定成败

申请表中的论文及所有的信息填写好后，在邮走之前一定要认真反复审阅，其中出现任何一丁点的错误，都有可能造成申请的失败，因为你要申请的不是普通的学校，而是世界顶级的学府。

丹丹的所有资料填写好后，我们都要打印出来，逐字逐句地检查，发现不能确定的拼写就查字典。试想，美国名校每年接到几万份申请，而只录取极少数的学生。可以说，绝大多数的申请材料都有可能遭到拒绝。申请材料中的任何一点疏忽，都有可能成为你没有被录取的理由。特别要注意的是错别字，如果因为这种低级错误而影响孩子进心仪的学校，实在是太不值得了。我们也发生过在最后的关头，还挑出单词拼写错误的经历。每一次找出错误，即使是一个字母、标点符号之类的小错，我们也要丹丹马上改掉，然后再重新打印出来检查，这样反复五六次。在送发之前，还要儿子将所有要寄出的材料最后完整地印出来看一遍，直到确认万无一失才发出去。在关键时刻，千万不要为了节省一点纸墨而不认真检查。我曾看到有的家长过分相信孩子，孩子认为没有问题就邮了出去，之后又发现了错误，却追不回来了。

现在的大学申请不再需要去邮局邮寄，大部分都是在电脑网络上完成，很方便。但应该提早一至两天，在学校截止日期前发出去，以防止在最后的时刻因网络拥挤和故障而影响申请。

至于孩子学术之外的才艺作品是否应该寄给所申请的学校，各家看法不一。

有些家长将孩子的绘画和音乐制作成 CD 邮给学校。在十一年级结束时，我们也在曼哈顿音乐学院为丹丹录制了一盘钢琴独奏光盘。但在大学申请之前，我们问过亨特高中的升学辅导员，得到的回答是：如果你要申请的不是音乐专业，就不必邮寄音乐作品。得到这个回答，丹丹就没有送这些作品给学校。我理解他的真实想法。因为花了很多时间打篮球，练琴的时间不多，他担心邮出去的 CD 光盘会让音乐专业的教授去听，再与音乐专业的申请人相比较，那将会产生对他不利的结果。儿子的想法也有道理，我们就在申请表格学生简历一栏中，只注明了有音乐学院大学预科教育的经历。

个人简历

有的父母抱怨，说自己的孩子暑假期间，很懒散，什么都不愿意做，每天早上睡到很晚才起床，最喜欢做的事就是玩游戏。我告诉他们，你要与孩子商讨，共同设定一个目标，这个目标不需要太大，首先要设立一个小目标，在近期内通过努力便能够达到的。其次，再设立一个长远的大目标。每达到一个小目标，就是一个小胜利，离到达大目标就接近了一步，对孩子是个鼓励。一个失去了理想和目标的人，就像一台没有发动机的汽车，没有了前进的动力。父母还应该依据孩子的兴趣和热情，帮助他及早建立一个努力的计划和档案，不断地在档案里增加新的内容。这也向孩子传递了一个信息：他所做的事情和取得的成就很重要，是要被累积在一起的。

自丹丹八年级开始，我们就在计算机里为丹丹做了一个个人档案，也就是简历。这个时期的简历比较简单。随着时间的推移，每一年，都要往简历里增加新的东西，去掉不需要、不重要的项目。从夏天的活动安排，到学术计划和参加学术比赛，在档案里都能找到。建立档案的好处很多，它对孩子有一种激励作用，让他们能看到自己经过努力取得的成绩，也让你清楚地知道，还需要做些什么。每一年，我们都要随着孩子活动的变化，在秋季开学后，更改或添加简历的内容。简历在大学申请中也很重要。因为有了这份完整的简历表，丹丹在填写申请表格时就很方便，需要的信息随手就能拿来，防止遗漏，节省了很多时间。

大学申请表要求填写九年级之后，即高中阶段的活动。自从进入中学，我就将他从小学开始的所有比赛获奖证书、学习成绩报告等收集在了一起，建立一个个人档案，认真保管起来。做到对孩子的情况了如指掌，同时也比较清楚下一步的努力方向。我也常常去图书馆，书店，查阅美国高校情况，为儿子录找各种适合他的比赛机会，安排暑假活动等。与中国学校不同，美国孩子的很多事情都需要家长参与，安排孩子的课外活动。平时学校功课比较忙，暑期是最好的课外活动机会。如果孩子的目标是美国名校，就要抓紧自八年级结束后的每一年暑假时间，多参加活动。无论是做无薪义工，还是去找有薪工作，去帮助社区流浪者，还是去为患病儿童募捐，只要是对社会有益就可以。也可以参加大学举办的学术活动。一份好的简历也帮助你找到努力的方向。

推荐信的重要性

美国大学申请通常需要三封推荐信。

一封来自高中升学顾问（辅导员）。

这封信主要是向大学介绍高中的整体教学情况，如课程设置，有多少AP课程，荣誉课程。学生在高中四年选修的课程及其成绩，参加的活动及表现评估等。很多学校还上报学生在校的排名情况，如前5%，前10%，或者前15%。通过这封信，大学了解申请人在其高中的学术位置，该学生是否积极热情，愿意选修最难的课程来挑战自己。

美国的学校为保护学生隐私，不公开学生排名，只有学校的辅导老师知道学生的学习成绩。丹丹所在的亨特高中在正式开始大学申请前，曾经召开过几次家长会，明确告之，因为该校是全美国最著名的高中之一，具有良好的信誉和优秀的教育质量，学校相信，他们的学生都是优秀的。所以，学校不向大学上报学生的学术排名和GPA，只上报学生平时的学习成绩（如A、B、C、D）。这种做法有很多好处，也符合顶尖大学筛选学生的原则，要求学生全面发展，不以考试成绩为唯一标准。

美国各个学校教育水平和评分标准不同。比如有的高中第一名是97分，而有的学校则是105分。无论你报的分数是多少，大学都有他们的计算方法，将各学校学生的成绩换算出来，防止出现分数膨胀和不公平。在十二年级大学申请发出之后，学生的学习成绩还要由高中升学顾问继续上报给你所申请的大学。所以在十二年级大学申请结束，甚至在收到大学录取通知之后，学生也必须保持良好的学习记录。大学在录取通知书中明确说明，如果一个学生在录取之后，成绩出现了明显的下降，大学将有权力取消你的入学资格。

美国公立高中与私立高中稍有不同。私立高中通常较小，学生少，每位升学辅导员要负责写推荐信的学生人数比较少，他们有更多的时间了解并熟悉学生，为学生升入大学提供更多的帮助。有些著名私立高中升学顾问甚至与顶尖大学都保持着联系，为他们输送学生，这就是所谓的“包装”。私立学校在升学时的确显示出一些优势，但每年几万美元的学费也让很多家长望而生畏。相比之下，公立学校的资源就比较紧张，一位升学辅导老师要负责给很多学生写推荐信。丹丹所在的亨特高中虽然是公校，由于学校很小，情况相对好一些，但每位升学顾问也要负责50多个学生的升学推荐工作。这就要求学生自己经常与升学辅导老师保持联系，特别是在十一年级之后。很多亚裔学生比较害羞，虽然学业很好，但不善于与人交流，有时就很吃亏。可以想象，如果升学顾问不认识你，对你没有太多的了解，只能面对着照片为你写推荐信，那这封信的作用和分量如何，就不得而知了。

为了让升学辅导老师熟悉并了解自己，自八年级后，我们将丹丹每一次活动、比赛的获奖证书复印件都交给学校辅导员，在学校建立起档案。开始时，儿子也不太情愿去做这件事，认为是在显示自己。我就对他说，美国就是一个鼓励个人奋斗的社会。你努力了，就要争取别人的承认，就是要让别人知道，不能把自己的优势藏起来。在我的不断追问和催促之下，儿子去做了。慢慢熟悉后，丹丹经常去找辅导老师交谈，和他讨论自己要申请的学校和大学申请作文的写作，辅导老师在大学申请中给了他很多的帮助。上大学后的每一年寒暑假，儿子都会回亨特高中看看那些给过他帮助的老师。

并不是每个学生都能把自己的文件和证书交给学校。但是请相信，这样做对你是非常有好处的。

除了来自学校升学辅导教师的推荐信外，另外两封推荐信均来自你的高中任教老师。在读十一年级时，就应该认真地考虑要找哪位老师为你写推荐信。为学生写推荐信是美国高中老师的职责，很多教师愿意去做。美

国的教师绝大多数都很有职业道德，如果他们答应为你写推荐信，他们就会如实地、负责任地去写。当然，学生要找平时比较喜欢自己、能够为自己说好话的老师。老师是否喜欢自己，孩子的直觉是会感觉出来的。此外，也要考虑自己要申请的专业。如果在大学想学习理工科，至少要有一位数学或物理老师的推荐。如果要学习文科，就应有一位英文老师推荐。大多数情况下，为你写推荐信的人选最好是一文一理，而且是刚刚教过你的、十一年级或者十二年级的老师。最好不要找九年或十年级的老师，因为时间比较久远，他们对你最近的情况不太了解，同时也可能让大学招生官产生疑惑。

找老师为你写信的时间不要太迟，要为给你写推荐信的人留下足够的时间，大多数老师喜欢在暑假时为学生写推荐信。所以，最好是在十一年级将要结束之前，有礼貌地询问老师是否愿意为你写一封申请大学的推荐信，如果得到同意，就可以在假期将准备好的个人简历等材料送给老师。有些学生在十二年级开学后才考虑找老师写信，这样可能会太晚了。特别是你想要找的老师是教英文或数学的老师。可能他会对你说："对不起，我已经有很多学生了，你还是去问问其他的老师吧。"学校每年毕业那么多学生，每个人都需要升学推荐信，很多人都想找主科老师，下手晚，你可能要着急了。

需要注意的是，推荐信一般是不给学生本人和家长看的。如果你请人为你写信，就要相信为你写信的人。推荐信在申请截止日期之前，由学校升学顾问统一发给大学。

在十一年级即将结束的四五月份，丹丹开始认真思考究竟要请谁来为自己写大学推荐信的问题。在考虑找老师写推荐信时，第一个想到的是十一年级教他的数学老师。这位老师负责过中学数学队的训练和领队。因为参加过数学队，儿子自七年级开始就认识这位老师，曾参加过由她带队组织的多次比赛，互相比较了解，是最佳人选。丹丹数学成绩一直很好，又在十一年级时通过了美国数学竞赛 12 级的考试，是全年级仅有的几个通过考试的学生之一。在征询老师的意见时，她也非常高兴为儿子写推荐信。数学老师就这样被确定了下来。

而在考虑另一位老师的人选时，丹丹却表现出了犹豫。说："我不知道是选英文老师，还是选历史老师。”因为丹丹的英文成绩一直是A，历史成绩在十一年级结束时是A－。但比较这两位老师，他的感觉是，历史老师更了解自己，可能写出的信更有分量。听了儿子的分析，我说：“两位人选都很好，关键是你自己的感觉。要考虑清楚的是，成绩好坏并不是写推荐信唯一要考虑的因素。一封好的推荐信是需要写信人对你的了解，愿意为你说好话。课堂上能得到好的成绩，并不代表老师对你的了解。这只是妈妈的看法，如何选择还要你自己决定。”几天后，丹丹告诉我，他还是想请历史老师为自己写这封很重要的信。

事实表明，丹丹的决定是对的。在十一年级结束时，历史老师将丹丹写的一篇研究论文《洛克菲勒与美国的石油》推荐给了美国一家著名的高中生学术杂志，虽然由于儿子忙于篮球比赛，没能按时修改，文章最终没有被发表，但却可以看出，历史老师对丹丹是很欣赏的。

写推荐信的人选确定之后，暑假里儿子又将自己的简历分别发给两位老师，并且认真回答两位推荐人提出的提问，直到暑假结束，快开学时才将这些事情做完。

为了推荐信的可信度，亨特高中规定，学生不能看信的内容，由学校统一邮寄给你将要申请的大学。

因为每位老师都很忙，开学后要教新的年级，所以在大学申请截止日之前，申请人还要主动与为你写信的老师联系，确定信已写好并在指定的日期前发出去。另外，不要忘记在收到大学录取通知后，将结果告知为你帮忙的老师，并且准备好，写一张感谢卡表示谢意。在美国不需要用金钱，但感激之情还是需要表达的，更何况不知今后是否还需要他们的帮助。

补充推荐信

补充推荐信是除了学校升学顾问和老师的三封信之外，申请人自己提供的额外的信件。通常情况，写第四封推荐信的人选，如果没有提供有关申请人新的信息，那么这封信对申请人就不会有太多的帮助，也有可能对你的申请不利。从丹丹申请学校的经历和许多资讯来看，申请人递交的材料最好严格遵循学校的要求。想想看，名校怎么会对一个连基本规则和要求都不遵守的人感兴趣呢？当然，任何事物都有例外。如果申请人参与了校外的某些学术研究，取得了杰出的成就，而大学招生官可能不熟悉你的研究，就可以请你的指导教授为你写一封信，表达你所做的研究的声望和重要性。再比如，如果升学顾问仅仅说一个学生在软件公司每周工作十小时，而你的兴趣在计算机上，并且这也是你的重要卖点，你就有必要请你公司的监管人为你写一封推荐信。但需要记住的是，只有在推荐人能够提供新的信息，展示你的优势，最大限度地减少你的弱点时，才应该提供补充推荐信。

面　谈

面谈是美国大学申请中的最后一个环节。并不是每一所大学都必须面试申请人，也不是每个申请人都会得到面谈的机会。但是，大多数美国最具竞争力的大学，如常春藤盟校，都要对申请人做面试，将面谈作为申请程序中重要的一部分。

为大学做面谈的，大多数是从该校毕业，并在申请人所在地工作的校友。面谈地点也会安排在你的居住地或学校附近。如果你得到了面谈的机会，是好消息，应该好好利用。首先，要熟悉你申请的学校，熟悉你自己的申请表格和简历，可以带上一份备用。对许多高中生来说，这可能是人生中第一次面试，难免会有些紧张，但没有关系，人生总会有第一次，将来的学习和工作可能会有许多的面试。只要认真对待，好好准备，一切都会过去。

丹丹在发出大学申请半个多月后，便陆续收到几所常春藤校的面试通知。面试官都是从该校毕业的校友，地点都在曼哈顿。有的是在大学的校友俱乐部，有的是在他们工作的公司，也有的选在书店的咖啡厅。因为丹丹的学校在曼哈顿，多数地方他都熟悉。有两处地址他不大清楚，我们就提前开车去看，熟悉地铁和汽车路线，计算好从学校出发所需要的时间。当时正是在一二月份，纽约常下大雪，天冷路滑。还要考虑在放学后的通勤高峰期，路况不好，交通拥堵等意外状况，为出行留出足够的时间。因为丹丹周六要去音乐学校上课，面试时间基本都安排在下午放学之后。遇

到有面试的日子，他一大早就要把面试时需要穿的衣服带到学校，放学后换好衣服赶去面试。

那一个多月的日子非常忙。每次面试前，儿子都要花一些时间在网上搜索学校信息，熟悉学校情况。我丈夫也帮助他收集资料，练习如何回答各类问题，在面试之前要演习几遍，尽量做到准备充分。

初战失利

为提高学校知名度和吸引更多优秀的申请人，美国很多名校每年都从考试机构购买应届高中毕业生的信息和资料，给成绩不错的学生发出热情洋溢的邀请信，请你申请他们的学校。这些极具诱惑力的信，无疑让那些正在准备大学申请的学生信心倍增，很多人都会抱着“这就是我的大学”的心理提出申请。众多的申请人又增加了大学申请的分母。为大学的低录取率作出了贡献。儿子也同样充当了一次他们当中的一员。

在大学申请开始之前，丹丹也收到了很多这类具有诱惑力的信件，有些甚至承诺给你奖学金资助。在“一片大好”形势之下，丹丹将提前申请的赌注押在了耶鲁大学。考虑到耶鲁大学的本科教育没有商学院，在填写专业选择一栏时，增求我们的意见之后，他选择了“未定”二字。

2013 年 11 月 1 日，是美国大学提早申请截止日。在截止日之前，丹丹发出了耶鲁大学的申请材料。同时发出申请的还有密歇根大学。耶鲁大学是“提前单一行动”。为了保险，也为了能在提早申请时就能拿到一个保底学校，在我们的建议下，丹丹还申请了排在全美国公立大学前几名的密歇根大学。

提早申请大学的文件发出后，在等待结果的同时，还要紧罗密鼓准备下一步的常规大学申请。

一个半月后的 12 月 16 日，我们在焦急之中等来了耶鲁大学的消息。那天下午，丹丹有篮球比赛。大约五点半，儿子打来电话。他在学校的计

算机上查出，耶鲁申请的结果是 defer（被推迟录取）。从讲话中听得出来，丹丹的情绪很低落，很伤心。电话里，我简单地安慰他："defer 并不是拒绝，只是把你放在大批的常规申请里重新考虑。不要灰心，我们接下来还有其他的学校要申请，凭你的条件，一定会有理想的结果。"

话虽这么说，可我还是有一种失落感。Defer 虽然不是没有希望，但预示着不太乐观。耶鲁大学已经不太有可能了。我们必须认真审查在这次申请中存在的问题，接下去的常规申请才能多一些成功的机会。我立即打电话给我丈夫，将这个结果告诉他。我们一致认为，这个时候，我们做父母的首先要用平常的心来正确对待，鼓励孩子，决不能抱怨。任何消极的语言和行为都解决不了问题。

根据丹丹在学校里的表现和高中所做的课外活动，我们以前一直认为申请耶鲁大学还是有希望的，丹丹更是很有信心。出现这种结果，对他的打击一定很大。

果然，儿子晚上垂头丧气地回到家，很生气，情绪也不太好，不知道自己错在哪里，不知道下一步该怎么办，坐在沙发上没精打采地问我："为什么是这样的结果？为什么我没有进去？"看他这样，我很认真地告诉他："没有人能回答你的'为什么'。如果一定要一个解释，那也只能说，好学生太多了，竞争太激烈。大学申请结果不如意，是很正常的事，没什么奇怪。你必须要经得起失败和挫折，勇敢地面对现实。要打起精神来，尽快将注意力转移到下一步其他学校的申请中。离常规申请截止日期只剩下半个月了，还有好几个学校的申请要发出去。你必须要抓紧一切时间，做最后的拼搏。其结果如何，只能由学校的招生官来裁决，我们无能为力。一句话就是，尽最大的努力，做最坏的准备。"

见我们态度明确，没有任何不理解和抱怨的话，丹丹的心情也慢慢平复了下来。开始思考其他学校的常规申请。因为有了教训，这一次他更加用心思，认真地准备大学的补充申请材料。在回答学校的问题时，每一所申请大学的网页都认真看，认真研究将要申请的专业，甚至精细到了解学校一些重要的相关项目和著名教授的情况。丹丹白天要去学校上课，要参加篮球比赛，晚上还要准备大学申请，弄到很晚才能休息。那段时间里，常常每天只能睡五六个小时。一直坚持到十二月末，将全部的大学入学申请发出去为止。

也正是在十二月中旬，丹丹收到了密歇根大学商学院的录取通知，并且在我们没有提交任何财政申请的情况下，学校给出每年一万五千美元奖学金的优惠条件。密歇根大学是排在美国前五名的公立大学，是美国老牌名校之一，它的商学院和很多其他专业在全美是很著名的。尽管丹丹最后没能选择这所大学，但我们却从心底里感激这所学校。因为在儿子的情绪比较低沉时期，这所学校的录取给了我们很多安慰，也为他后来的常规大学申请增加了信心。可以说，正是因为有了密歇根大学这条底线，我们在接下来的申请中没有太过担心，觉得不管最后的结果如何，儿子已经有大学可以去了，而且还是非常好的一所学校。这就是在大学申请时必须要有保底学校的好处。

有了保底学校，在常规申请时，我们又去掉了几所认为即使得到录取，也不太可能去的学校，既节省了很多时间，又节省了申请费用。

后来回想起来，在丹丹大学申请的整个过程中，我们的确有很多失误，有很多经验可以总结。而其中最重要的还是“藤校”情结。同很多中国的父母一样，我们也曾为“名”所累。其实，在大学申请一开始，就不应该将目光瞄准在耶鲁大学，因为耶鲁大学除了名声之外，没有儿子真正感兴趣的专业。而真正适合他的，是最后姗姗来迟的宾西法尼亚大学。正是“塞翁失马，焉知非福”。

与中国和很多亚洲国家不同的是，美国大学申请中，有很多不确定因素。在中国，学生的高考成绩几乎决定你能否上大学、上哪一所大学。中国和美国大学的录取制度和方式不同，这与各国家的制度和国情有关。与“中国高考”的录取制度相比，美国的大学申请对学生的压力更大。在美国，学生即使高中成绩优秀，SAT 考满分或者接近满分，都不能保证你能进顶尖名校，学术成绩只是满足了其中一个最基本的条件，迈过了第一道门槛。后面相伴的很多条件也是不容忽视的，最后还要看你的运气如何。美国大学申请是个复杂的过程，需要家长和学生共同努力，提早做好准备，认真对待才能有把握成功。

胜利的喜悦

丹丹在高中毕业典礼后与父母合影

度过了漫长的寒冬，纽约迎来了温暖的春天。经历了几个月等待的煎熬，我们迎来了美国大学发榜的日子。那些天，我们接二连三地收到大学录取通知，门外的信箱里常被大信封塞得满满的。儿子先后收到密歇根大学商学院、肯德基梅伦大学商学院、纽约大学商学院和常春藤名校康奈尔大学、宾夕法尼亚大学沃顿商学院的录取通知。其中任何一所都堪称世界级名校。在几所大学的录取中，丹丹选择了宾大的沃顿商学院。

在那些充满欢乐和喜悦的日子里，我们为多年付出的辛勤努力终于得到回报而兴奋，也为有这样的儿子感到自豪和骄傲。更为他即将离开家到外地上大学，有点恋恋不舍。迈进大学校门，是人生的又一个开始，往后的路还很长，妈妈不能永远陪你走下去，儿子你必须自己坚定地走好人生的每一步。

大学申请全部结束，从小学到高中的十三年基础教育（含学前班）也画上了圆满的句号。从此以后，丹丹即将进入人生的另一个重要阶段，迎接人生的新挑战。

在那段时间里，我和儿子曾经有过几次长谈。

当谈起这些年在成长奋进的路途中做出的努力，获得的成绩时，丹丹表示："以前的成绩不能再提了，那些只能代表过去。能进这种名校的学生，每个人都不简单，每个人都做了很多事情，有很多成就。上大学后，高中的东西都不算数了，我们每个人又站在了同一条线上，比赛重新开始，我必须更加努力才行。"丹丹说得对，人的一生要不断地进取。要成为一个优秀的人，就要不断为自己设定新的目标。为了给儿子减压，我对他说："你对自己一直要求很严，事事争强好胜。妈妈过去也总是鼓励你，一切要向前看。可是在某种情况下，人也应该向后看一看，你后面还跟着很多人呢。这样会为自己找一点理由，让自己的压力不要那么大。"丹丹说："妈妈我不是这样想的。我干什么事都喜欢往上比，和比我好的人比，往下比没有意思。上帝只帮助那些准备好的人。所以，你要自己帮自己。"这些本来应该是做母亲嘱咐他的话，从他的口中说出来，让我感觉儿子真的懂得了很多的道理。儿子长大了，成熟了，可以放飞了。

我又说道："你是爸妈唯一的孩子。但是，从小到大这么多年，妈妈对你不但不娇惯，反而要求很高、很严，因为妈妈的心很高，你能理解妈妈吗？妈妈要你做那么多事，学习那么多东西，还总是要求你做到最好，却从来没有时间真正带你出去旅游，甚至在你小的时候，连美国的迪斯尼乐园都没有去过，妈妈挺遗憾的。你不生妈妈的气吧？"丹丹回答："妈妈，我怎么能生气呢？我非常感谢你，你是世界上最好的妈妈！你花钱让我学钢琴，学体育，就是一种投资。我弹了十二年钢琴，我已经学会了，不会忘记的。滑冰、游泳和跆拳道也不会忘。在这些活动里，打篮球是我最喜欢的。我小时候是学习了很多东西，很忙，但是很好啊！小时候学习

很重要。小时候什么都不懂，我还以为 life（生活）就应该是那样的呢！幸亏那时候学，要是现在让我学，我可不爱学了。没有去过迪斯尼也没有什么。纽约和曼哈顿就是世界上最好玩儿的地方，我很感谢你和我爸爸把我带到了这里。以后我会有很多机会去迪斯尼玩儿的。”

丹丹想了想，又说：“妈妈你不要总是感觉你待在家里，没有出去工作就不高兴。你应该高兴，你很成功！你有一个很好的家，你还把我培养得很好！成功不成功不是全都能用钱来衡量的。”儿子的话给了我极大的安慰，我的苦心栽培获得了儿子的理解。还有什么能比这更让我开心的呢？

一分耕耘，一分收获。现在回想起来，虽然经历了几年的拼搏，但我们陪伴儿子一起走过来，一起品尝艰辛，一起分享胜利的喜悦，一起快乐地成长。看着个子一米八、身材挺拔健壮、品学兼优的儿子，心里有说不出的骄傲。

上大学之前的暑假，丹丹又申请到了宾西法尼亚大学为新生组织的一个自愿者服务项目，在开学之前提早进入学校，参加学校周边地区的社会现状调查工作，研究如何帮助提高较贫困地区的高中发展项目。我们支持儿子所做的一切。他已经是一个有责任感的成年人，尽自己所能为社会工作了。

一位教育学家曾经说过：“教育不是万能的，但是没有教育是万万不能的。”可见教育对人一生影响的重要性。教育是多元的，分为学校、社会和家庭等。很多家长认为，好的教育是要用钱来买的，认为钱可以解决一切问题。他们在职场忙碌地打拼，没有时间照顾孩子。只好把孩子交给祖父母，或者交给保姆。还有的父母千方百计，费尽周折也要让孩子上个好学校，花高价买学区房。似乎只有这样，才是尽到了做父母的义务，才算对得起孩子。其实，这些都无可厚非。但应该指出的是，在对孩子的教育上，人们常常忽略了一个最简单、最基本的地方，那就是“家庭”。对孩子教育最多的应该是孩子的父母，他们的一言一行，一举一动，都对子女产生着影响，尤其是在孩子幼年时期。人有时会有一种感觉，就是到我们老了的时候，是不是从仪态，举止言谈，都越来越像我们年迈的父母？这就是先天遗传和后天生长环境潜移默化的结果。

孩子与孩子是不一样的，如同世界上每个人都不一样。别人的经验，无论成功的或是失败的经验，都只能作为自己施教的参考，不能完全复制。父母应该多花一点时间与子女相处，在相处的过程中，注意观察自己的孩子有什么特点，调动孩子自身积极性，才能达到理想的结果。

在美国，我们这些新移民多多少少都会在不同程度上存在着语言和文化上的挑战。在学校的功课上，我们基本帮助不了儿子，我们能做的，只能是在学业之外的其他方面加强对孩子的教育。天下的父母亲们，在给孩子积累金钱，为孩子争先恐后寻求优质教育的同时，不要忘记先教好我们自己，不要忘记我们对孩子成长的影响。给孩子多一点爱和鼓励，给孩子一个好的家庭学校。

分享成功经验

2014 年 6 月 8 日，丹丹受邀参加纽约亚裔社区华人家长会举办的教育讲座。与其他几位被常春滕名校录取的学生一起，向华人家长和学生介绍自己高中四年的学习体会和大学申请经验。在讲话中，丹丹强调了亚裔学生的自我认同问题。在高中阶段，他也曾有过对自己“到底是中国人，还是美国人”的迷茫。并且说，只要不被亚裔“安静，只会读书，只交亚裔朋友”的刻板形象所束缚，最终都会度过这个时期。

最后，丹丹接受了《美国中文电视台》《美国侨报》和《世界日报》记者的采访，讲述自己十几年来，在父母的支持下努力学习，努力为社区服务，培养各种兴趣爱好的体会。他强调，自己在中学阶段能够尽最大的努力，做很多的事，最关键的是做事要专注认真，合理有效地安排和利用时间。最深刻的感受是，做任何事，要想成功就要有毅力，就要坚持，坚持就是胜利。

当记者采访我和我丈夫时，我们认为儿子的成功是家庭和学校相互配合的结果，社会的大环境也起了不可忽视的作用。孩子成长的过程，也是我们不断学习和成长的过程。可以说，这十几年里，我们是和孩子一起长大的。父母养育孩子，不但要养，给他吃饱穿暖，满足他最基本的生活需求，更重要的在“育”。教育孩子成为对社会对家庭有用的人，是每一个做父母的责任。在养育孩子的同时，也让我们不断地学习，不断地用新思想新知识充实自己，不断地在做人的行为准则上检讨自己，用高标准要求和约束我们自己。我们总是希望将最美好的一面展现给孩子。只有不断学习，才能跟上时代发展对教育孩子的要求，因为我们养育的，是要在21世纪参加世界竞争的一代新人。

下面是我们保留的一张报纸剪接。在记者采访的第二天，发表在美国纽约《世界日报》，被其他华文媒体和华文报纸广泛转载的关于儿子的一篇报道：

王天偉 文武全才

記者劉大琪／紐約報導

June 09, 2014 06:00 AM | 6 次 | 0 | 1

王天偉被華頓商學院錄取，父母強調應及早養成子女好習慣。(記者劉大琪/攝影)

被賓州大學華頓商學院錄取的亨特學院附屬高中本屆畢業生王天偉(Dan Wang)，課業、音樂、體育能全面發展。父親王小良和媽媽顧平的教育理念是：孩子的優秀是全家共同努力的結果。家長要從孩子小時候培育，注重發掘、鼓勵孩子的興趣，及時發現、引導孩子的問題，建立積極的親子與伙伴關係，成功也就「水到渠成」。

王天偉可謂「學霸」式人物，SAT考了2400分的滿分，還有豐富的社區服務經驗、學了約十年的鋼琴、擅長籃球、游泳，還曾獲得美國國會表彰。能被名校錄取，他認為社區服務是他的閃光點之一：輔導兒童學習、為國會眾議員孟昭文當義工等，都是他回饋社區的方式。他的興趣繁多，「我很有熱情、很堅持、從不輕易言棄，或許因為這些，校方挑中了我。」他鼓勵學弟妹要設定目標、盡力實現，「哪怕嘗試了、失敗了，都比沒嘗試過要好。」多發掘自己的興趣並堅持。長遠眼光，不能因為貪圖一時享樂而荒廢時光，「你想要的不見得馬上能得到，但只要努力，總有一天會得到它。」……繼續閱讀 》》

结束语

我并没有写书的打算。把孩子成长的历程记录下来，总结孩子一路走过来的经验和体会的想法，是在送他上大学的时候产生的。2014 年 8 月 18 日，我同我丈夫驾车，从纽约送儿子到沃顿商学院所在的费城上学。在分别时，和儿子拥抱的那一刻，泪水不由自主地涌了出来。注视着儿子独自走在校园的林荫大道上，一种怅然若失的感觉涌上心头。总结儿子成长历程的想法油然而生。

经过 10 个月在计算机键盘上的敲打，当我为最后一个句子画上句号时，我长长地呼出了一口气。我终于把陪儿子一路走来的感想，儿子所做的课外活动和一个个小故事，以及申请美国常春藤大学的全过程，变成文字写出来了，这不能不说是完成了一件重要的事情。通过这本书，展现了我们是如何努力摸索教育经验，帮儿子走向成功的。书中尽力回答了申请美国大学过程中所遇到的疑问，尽可能全面地解答了大部分比较棘手的问题。希望此书能够对想申请美国大学的学生和家长，以及教育工作者都有所启示，帮助充满梦想的年轻人实现他们的理想，这也是我的一点心愿。

来美国后，看到那些进入常春藤名校的学生时，我很羡慕，同时也在想，他们是怎么做到的呢？他们的成功完全归于他们的聪明吗？有了儿子之后，作为母亲，我对名校的录取和一些学生的成功产生了极大的好奇，我想帮助我的孩子做到这一切。于是，我就读书、查找资料，试图探寻这些孩子背后的秘密。我终于发现，他们的母亲对他们的成功起了至关重要的作用。我对探寻成功母亲的秘密抱有极大的兴趣。是母亲帮助孩子寻找各种发展和表现自己的机会，帮助孩子具备参加竞争并取胜的条件。

陪伴儿子的过程，是我们相互学习，共同成长的过程。在这期间，不仅仅是我们教儿子，很多时候，是儿子的语言和行为启发了我们，督促我们努力学习新思想，新理念，努力提高和改变我们自己。十八年里，我们历经了无数的艰辛，也收获了无尽的快乐。

本书能够与读者见面，我要感谢中国文史出版社的编辑殷旭，没有他的辛勤努力，本书不会如此快速地出版发行。也要感谢为此书而工作过的文史出版社的所有工作人员。特别感谢我的丈夫王小良，在我写作的过程中，帮助我查找资料，充当我的第一位读者，承担家务并给予我巨大支持。还要感谢儿子对我的鼓励，并且愿意让我将他的成长经历拿出来与公众分享。

为帮助读者了解美国大学的招生过程及其要求，我在本书后附上编译的美国专家撰写的有关书籍和文章，以飨读者。

本文作者与儿子在纽约海边

附　录

美国大学是如何录取学生的?

在决定申请美国大学之前，家长和学生首先应该了解美国大学招生的基本录取程序、申请人的评估标准和申请大学的时间。有了对这些基本知识的了解，才能根据自己的情况做出正确的决定，所谓“知己知彼，百战不殆”。以下是有关大学招生的一些具体介绍：

招生部门的作用：

在美国，大学招生部门负有双重责任；一是负责向学生和家长推荐他们的学校，二是评估申请人。大学招生的人员就像学校的大使，一方面为学校寻找优秀的学生，同时也向高中生和他们的家长推介学校。提高大学的公众形象。他们尤其关注影响学校排名的因素，诸如，大学的入学接收率，上一年入学学生的SAT成绩和被接受的申请人的入学率（被录取的申请人与最终决定入学人数的比率）。由于这些原因，大学希望申请人越多越好（这样可以把接收率拉下来），并要寻找SAT高分的学生。从每年的十一月开始，直到来年的四月份，招生人员在学校审阅申请材料，选出候选人，最后决定录取名单。

谁来做入学评审：招生办公室

大学招生部门的工作人员通常由下列人员组成：资深招生人员（校长、教务长和相关助理人员），普通工作人员和行政人员。资深人员通常监督办公室其他人员的工作，并且在候选人意见不统一时做出最后决定。他们常常也参与普通人员的工作，如在校园与申请人谈话，拜访高中，去各地参加大学讲座，评估候选人资料等。大多数招生人员都有自己所负责的区域。对所管辖地区的高中，社区和文化了解，确保在做录取决定时对申请人做出合适的评估。大多数的大学招生官，同时参与学校的领导。他们中的很多人除了在招生办公室工作以外，还在学校里教学，拥有学位，在学术杂志中发表文章。因此，申请人应该知道，那些阅读他们申请材料的人是具有很高能力，了解需要具备什么品质才能够在大学成功的人。

招生委员会优先考量的因素：

学生和家长们都很希望知道美国大学是如何评估学生的。当然，每一所好的大学都想挑选那些能够在大学成功的学生。可是，什么样的学生会在大学里成功呢？为了使选择更为准确，大学提出三个基本评估标准，即学术潜能，课外兴趣和个人天赋及品质。

此外，大学也有其他的考量。就是尽量使学生群体多元化。这就意味着，招生官不仅要将申请人作为一个个体对待，同时，要考虑到每一个申请人都将成为学校整体的一个“成分”。为达到学生多元化的目的，大多数大学对少数族裔和国际申请人的要求比较宽松一些。

学校也要照顾一些特殊群体，例如体育人才、巨额捐款人后裔及校友子女等。这些申请人的录取率比其他申请人的录取率要高。而同时，大学招生官在录取学生时，也要考虑大学是否具备为困难学生承担一部分学费的能力。

家庭收入对录取的影响

在评估申请人的过程中，大学招生人员要评估申请人的财务需求。基本上有两种情况，需求遮蔽和非需求遮蔽。前一种是说许多精英大学有足够强大的财政预算，允许他们在不考虑申请人财务的状况下，去评估申请人。大学招生官在没有申请人任何财务信息的状况下审查申请人的材料。当录取决定做出之后，才通知财务办公室。财务办公室再根据学生的家庭收入，做出是否给予资助，以及资助数目的决定。然后，招生办将包括财政资助在内的所有材料归拢成一个大信封，由学校发出录取信。因此，如果你是一位非常优秀、非常称心的申请人，即使你有很大的财政需求也没有关系，大学可以接受并给予你帮助。

在那些不是需求遮蔽的大学，招生办的人员在评估申请人时就要考量他们的经济能力。在条件大致相似的情况下，招生官要优先录取不需要财政资助的申请人。如果你需要很多财政支持，并且排在大学可能被录取名单的末端，要获得大学的录取就更加困难。

招生办做出的四种入学决定

对学生的申请，招生委员会做出以下四种决定：录取（admit），推迟录取（defer），候补（waitlist）和不录取（deny）。

录取表明学校将接收申请人为该校的学生。不录取，就是告诉申请人，学校没有接受申请人为该校学生。候补是通知候选人，现在学校没有接受申请人，但是，如果有空出的位置，学校会考虑录取他们。也就是说未来还有希望被录取。推迟录取是将申请人放在等候之中，等候申请人更多的信息，或者等侯在常规大量申请中与其他申请者进行评估比较。推迟录取在常规申请中不会发生，只发生在提前决定，提前行动的申请中。

四种录取形式

在美国，基本上有四种大学录取形式：常规录取（regular admission），滚动录取（rolling admission），提前决定录取（early decision，缩写为 ED）和提前行动录取（early action，缩写为 EA）。

常规录取——是标准的录取方式。绝大多数学生都是以常规录取方式进入大学的。申请截止日期通常在申请人即将入学学年的一二月份。在申请截止日期后，招生人员开始评估收到的所有申请材料。几个月之后，大学将会通知所有申请人大学的决定。因为必须整体考虑学校学生群体的组成成分，录取决定是在审阅完所有候选人的申请材料后才最终做出的。多

数学校在三月底四月初将通知发给申请人，收到录取通知书的申请人，要在5月1日前告诉学校是否接受录取决定。这意味着，在5月1日之前，被录取人可以在收到所有大学通知后，做出比较，最后决定到底要接受哪一所大学的录取。

滚动录取——是开放式申请，只要求申请人在某些截止日期前完成申请，例如冬季或春季。大学收到申请材料之后四到八个星期内通知申请人。一般说来，大的公立大学比较喜欢采取滚动录取的方式。

提前录取又分为提前决定（ED）和提前行动（EA）。这两种录取方式稍有不同。对申请人来说，提前决定的好处是，录取的概率相对较高。但是，申请者要同学校签署一份有约束力的合同，如果被学校录取，没有特殊情况就必须在秋季入读。并且，申请人只能申请一所学校，不能同时申请其他学校。这种申请方式，比较适合那些决意要就读该大学的学生，也适合于家庭比较富裕，不需要很多财政资助的学生。选择这种方式的学生通常将该校作为他们的第一选择。提前决定的截止日通常是每年的11月1日或15日。

提前行动不需要申请人与学校签署有约束性的合同，如果被学校接受，也不一定要进这所学校。可以继续等待其他学校的通知。待申请人收到所有学校的通知后，经过选择和比较，再做出最后的决定。一些学校允许申请人同时申请其他学校的提前行动，有些则禁止申请。后者称为单一提前行动。

提前决定对大学的好处是，有助于学校挑选理想的候选人，并且可以确定这些人获得录取后，一定会在秋季入学。提前决定也让学校肯定，采取这种方式申请的学生对学校非常感兴趣，是他们第一选择的学校。而提前行动对大学的好处没有提前决定那么大。因为他们并不能肯定他们所录取的学生最终是否会选择他们学校。但学校从提前行动中还是有更多机会选择优秀学生。

从以往的经验来看，提前申请对申请人有利。在过去的十年中，常春藤大学从提前决定和提前行动的申请人中，录取新生的比率越来越高。大多数一流大学在提前申请中，已经录取了全部招生总数的30%～50%。在大多数学校，提前申请的接收率比常规申请的接收率要高很多。并且，如果在提前申请中被学校录取，你就节省了申请其他学校的时间和精力，放心地享受最后的高中生活。

什么样的学生适合提前申请呢？下列几种人应该做出提前申请：1. 能够确定你最想要去的学校，你的决定不会改变了。2. 你选择的大学喜欢提前申请（最具竞争力的私立大学喜欢提前申请）。3. 你的成绩在中上等，在常规录取中，你被接受的机会比较小。4. 在高中的最后一年，你的申请条件不会有大的变化。5. 你不用担忧经济问题，或者不需要太多的财政补助。6. 你已经提前做好充分的准备。

大学申请条件及要求

大学通常要求学生提交以下几方面的材料。大学将以这些材料为基础，衡量一个申请者是否符合入学标准。它们包括；

- 高中学业成绩单（high school transcript）
- 高中整体概况（high school profile）
- 标准化考试成绩（standardized test scores）
- 申请表格（包括基本信息资料，课外活动清单，回答问题的短文和申请论文）（basic data sheets , activity lists , short answers , and essays）
- 财政补助申请（如果你需要财务资助）（financial aid）
- 高中升学辅导老师推荐信/高中报告（high school guiding counselor recommendation letter）
- 学校老师推荐信（一封以上）（teachers' recommendation letter）

高中成绩单是高中三年，即九到十一年级所有课程和成绩的正式记录。高中十二年级秋季学期的成绩也包括在内。

高中整体概况 —— 由高中升学辅导员提供。这个材料是对申请人所在高中的基本介绍。包括学校的使命，提供的课程，评分标准和最近几届毕业学生的大学录取情况及数字。

标准化考试成绩是指 SAT 或 ACT 考试成绩。大多数大学也评估 AP（Advanced Placement）（大学先修课）课成绩。

SAT（Scholastic Assessment Test）全称为学术能力及推理测验，是由美国大学理事会创办。是在美国及世界范围内高中生进入美国大学的升学考试，分别在每个学年的七个星期六举行。SAT 经历了几次重大的变化，从过去注重学习才能，变成更多与高中课程相关的考试。2005 年 3 月以后，增加了写作部分（包括一篇文章），更多的阅读理解和更高深的数学概念。

SAT 分成九个部分，分别为：两个 25 分钟阅读理解，一个 20 分钟阅读，一个 25 分钟作文，一个 25 分钟写作（英文语法），一个 10 分钟写作，两个 25 分钟数学，一个 20 分钟数学部分。作文总是在考试的第一个部分，十分钟多选题写作总是在考试的最后一个部分。SAT 全程为 3 小时 45 分钟。每一部分分数从 200 ~ 800 分，800 为最高分。因此，三部分总分满分为 2400 分。

ACT

ACT（American College Testing Program）是近年流行的，和 SAT 相同的美国大学入学考试。其考试更侧重于一个学生在高中学习到的知识，而 SAT 则侧重评估学生的逻辑推理和语言能力。ACT 有四个部分——英文、数学、阅读、科学——和一个作为选择部分的写作。高中的学习成绩是准备 ACT 考试的关键。

很多美国顶尖大学要求 ACT 附加写作成绩。ACT 最高成绩 36 分。

美国大多数大学接受 SAT 和 ACT 两种考试。多数人从 SAT 考试开始，如果你在 SAT 中得到很好的成绩，或者通过复习能够得到更好的成绩，就没有理由再考 ACT。

SAT II 单科考试：美国很多大学要求申请人提供单科考试成绩。是考学生到底学到了多少知识。申请人可以选择自己擅长的 2 ~ 3 门高中课。考试时间最好是在课程快要结束的春季。SAT II 包括英文，美国历史，世界历史，数学 I 级，数学 II 级，生物，化学，物理，外语等。

大学先修课［Advanced Placement（AP）］

对那些准备好的申请人，AP 课是展示你学术能力的重要部分。高中学生在完成 AP 课的学习后，可以参加美国大学理事会的 AP 课考试。美国很多高中为学生提供 AP 课并要求学生参加考试。AP 考试设在每年五月份，考试成绩为 1 ~5 分，5 为最高分。大多数大学只接受 AP 课 4 ~5 分的成绩。一些大学承认学生 AP 课成绩，让学生有更多的时间去追求其他学术上的兴趣，甚至可能提前一个学期大学毕业。

PSAT 考试

PSAT（Preliminary Scholastic Assessment Test）是 SAT 之前的练习考试。它模仿 SAT 的考试形式和评分，但是删去了写作部分，成绩不能用作大学申请依据。PAST 适用于十年级和十一年级的学生，帮助他们为 SAT 考试做准备。PSAT 考试每年只有一次，在十月份举行。PSAT - NMSQT 是 PSAT 相同的考试（只限定于十一年级），是全国优秀生半决赛资格考试。学生在 PSAT 中的表现决定是否能够进入每个州的半决赛。从全国进入半决赛的学生中最终评选出总决赛获奖者。

大学申请表格包括申请人的一般资料：个人和家庭情况，课外活动，申请人在这些活动中起的作用，所奉献的时间和参加时间的长短。有些还需要申请人对提出的问题做简短的回答，或者写一至两篇较长的论文。

财政补助申请包括家庭收入、资产、财政状况等基本情况，通常需要最近几年税务表格的详细信息。一些大学要求填写联邦学生补助免费申请表或大学理事会的表格，也有一些大学除了要求上面两种申请表之外，还要求填写大学自己设计的申请表。

高中升学辅导教师的推荐信/高中报告。这份报告是基于学生的老师和学校办公室的信息，是对学生在校成绩和年级排名，十二年级课程，申请人的长处和优势及弱点的全面综合性的评价。为大学评审申请人提供相关背景材料。

教师推荐信——大多数大学要求一至两位高中老师的推荐信。

面谈——一些大学要求面谈，地点设在大学校园或者在你所在的地区。对申请人面试的可能是大学招生官，或者大学校友，甚至在读的高年级学生。

高中成绩单和高中报告，标准化考试成绩共同组成申请人的学术能力证明。是客观的硬指标。申请人所写的申请论文，面谈和推荐信则为大学招生人员提供了申请人的其他信息。招生办的老师利用这些信息来全面了解申请人。申请论文展示你的写作能力和逻辑推理能力。推荐信可以提供申请人的学习态度。面谈展示申请人的个性、语言交流能力，成熟度和相关的其他品质。除此之外，敏锐的招生官们也将反复核对申请人在申请中提供的各种信息的一致性。例如，在面谈中，他们将用你所说的来与你论文中的陈述做比较，尽可能得到你的真实画像。所以，申请材料必须真实可靠，经得起推敲。

没有任何你可以遵照的公式，也没有答案告诉你大学招生官在寻找什么。这个理由非常简单：顶尖大学并不是在寻找某一种特殊类型的申请人。大学最关心的是申请人的学术能力，对一个申请人要做全面考察。大学评估学生的最基本的标准是：

- 学术能力及智力潜能
- 非学术性课外活动和才华
- 个人品质

学术及智力潜能——大学喜欢那些成绩一贯好的学生，也喜欢那些随着时间推移，成绩有改善的学生；不倾向录取那些开始表现很好，以后成绩退化的学生。可以简单理解为成绩曲线是上升的，而不是下降的。竞争力越激烈的大学，越要求学生选择最重的课程挑战自己。通过学术成绩，大学招生委员会也能够了解申请人的某些个性。所有的大学都喜欢那些在学习中表现出极大热情和激情的学生，想要招收喜欢挑战自己的极限，拓展知识，充满好奇心的学生。

非学术性课外活动和才华——大学最感兴趣的是要看课堂之外，申请人是怎样利用课余时间的。从申请人课堂之外的活动，来了解你是什么样的一个人。如果申请人有非学术性的才华，你取得的成就能够极大地吸引大学招生官的注意。那些没有特殊才华的申请人也不用担心，只要在你喜欢的、“值得”的活动上花足够的时间，展示你在努力做就可以了。大学想要看到的是，申请人是否充分利用了他们面前的所有机会。

积极参与并在某些活动中表现出领导能力是非常重要的。课外活动重质不重量，贵在精，而不在多。大学寻找在某一个方面有特殊强项和才能的人，也需要完美的多面手。例如，一个聪明的、计算机出色的学生将所有的业余时间都用在计算机实验室，并设计出计算机软件。而另一个同样有计算机天赋的学生还发表了诗歌，或者为盲人训练导盲犬。后者就比前者更能感动招生官。

个人品质——通过你在申请中的描写，通过你的课外活动和其他的生活经历，大学招生委员会能够了解你的人品。大学渴望寻找的个人品质是：激情，坚持不懈和具有同情心，人与人之间相处的能力，创造力，成熟，诚实，有好奇心。在申请大学前，你应该认真思考你拥有哪一个特质。最重要的是，通过学术能力，课外活动和生活经历，在申请中告诉招生官你所拥有的个人品质。

竞争力最激烈的大学，希望在他们的教室里包含尽可能多的不同种类的学生——不同的背景和不同的优势，在某种意义上，他们又是相似的，那就是他们都有特殊的天赋。所有的大学都希望他们的课堂是由好学生组成。但这并不是说每个人都是“全能”，那只是一个神话。成功的申请人不是那些每件事都做一点儿的人。最成功的申请人是那些能够证明在一个，两个或三个领域有杰出成绩的人。大学招生官认为这样的人能够在顶尖大学的教育中受益更多。

大学录取多样性的作用：入学决定远比三个录取标准复杂得多，因为多样化的要求掺杂在其中。大学不仅将每个候选人看作一个个体，也把他们看成是组成整体的一部分。学生不仅在课堂里学习讨论，他们在课后的宿舍和校园里的活动是另一种形式的学习。如果一个申请人来自边远的小镇，他的学术潜能没有其他被录取的人强，但他是一名优秀的长号手，是学校乐队急需的人才，他就可能被录取。另一位候选人也是大学招生委员会优先考虑的，因为除了很强的学术记录，她是来自乌克兰的新移民，是这个家庭的第一位进入大学的人。另一个突出的候选人是东北部一位中产阶层的男孩，是全州曲棍球冠军，又是社区反对虐待、保护动物的领袖。大学录取多样化，是要学生从他们的同伴中相互学习，达到提高、改善和丰富教育的目的。

美国大学招生录取程序

每一所大学审查申请档案的过程不甚一样。但通常都包括如下程序：

在申请截止日之后，就进入第一步，称“一审”。在一些学校，这一程序由学生所在区域的招生负责人员来完成。有些学校是按申请学生的姓氏字母排列，也有的学校随意开始审查。一审需要的时间最长，最小心谨慎，大多数学校要求他们的工作人员在一审中，要花十五到三十五分钟完成一个候选人的档案。

参加一审的招生官通常要填写申请人的硬性资料和信息的表格。表格包括的信息：成绩排名，标准化考试成绩，申请人的种族及任何特殊情况（如巨额捐赠人后裔，学校所需的运动员，有特殊天才者）。表格也有一审人和接下来审核的人，在不同区域的评分，例如学术和课外活动等。大部分大学使用数字评分，这使得一份申请材料的审查者，能够从几个不同的方面判断候选人，也有利于与其他候选人做出比较。

在结束一份材料的一审后，招生官有权在阅读的文件上写出自己的意见：录取、拒绝或进一步讨论。

档案接着进行到下一步。第二位招生官也要仔细检查所有的档案材料，提出他自己的意见，候选人是否被录取，拒绝或者推迟。在很多学校，如果一审和二审的招生官一致同意候选人被录取或者被拒绝，档案将不再继续进入程序，而直接被送给负责招生的校长或教务长，请他们在录取或拒绝的档案上签字生效。而对很多在分界线上的申请人，或者前两位招生官意见不一致的申请人，则要经过招生委员会集体讨论后做出最后决定。

招生委员会集体讨论申请人的档案，然后投票决定，是录取，拒绝还是放在等候名单中。招生程序继续向下进行，招生部门通常要审核所有被录取的候选人。在录取通知信发出之前，招生委员会要确定课堂的成分确实满足多样化和他们的目标。有时，还要做最后一分钟的调整和变化，例如，如果有性别不平衡，或者课堂不是充分多样化。

大学准备和申请时间安排：

1. 美国本土学生在升入九年级后，在大学辅导教师的帮助下，要做出高中四年的大概课程安排，确定自己选择具有挑战性的课程。通常，竞争激烈的大学喜欢看到申请人在高中四年中学习的科目包括：四年的英文课程；四年外语；四年数学（代数 I，几何学，代数 II 和高等数学课如微积分）；四年自然科学（生物学，化学和物理学）；四年社会科学课（历史，政府与政治，伦理学等）。除此之外，大学希望看到你的 AP 课和其他的荣誉课程。

2. 认真地参加几项课外活动，在最后的四年中，有计划地保持一或两项活动。最好能在活动中发挥你的作用。要记住，至少在一到两项活动中做负责人，对申请顶尖大学是至关重要的。在高中开始时，随意去尝试几项活动，从中发现两到三个你喜欢的。同时也要留意，在高中时，你还应该参加一些社区服务工作。这些活动不一定要在九年级就开始，但是在此后的三年里，要抓紧时间去做。

3. 在暑假期间从事有意义的活动。例如，有薪工作，义工，课外活动项目（体育和其他娱乐为主题的夏令营或艺术项目），暑期学校，或学术充实项目（有助新学年的飞跃或探索感兴趣的学术新领域）。

4. 提前参观大学。例如，在家庭度假地参观当地的大学，在十一年级开始对自己进行评估和正式申请之前，让学生感觉一下大学校园的氛围。

展示你的学术优势

申请人的学术能力及表现在顶尖大学申请中是十分重要的。学术能力由两部分组成：高中成绩和标准化考试成绩。竞争力最强的候选人，是那些在重点学科中选修最具挑战性的课程，并获得优秀成绩的人。

高中成绩和标准化考试就像一把开启大门的钥匙，让你进入顶尖大学的理想成为可能。所有的候选人都没有办法绕开这个环节，申请人的天赋和智力潜能是大学入学评估时的最重要标准。当然，顶尖大学寻找的并不是那些仅仅有聪明头脑的人。但是，除了特殊录取外（如征召体育运动员），申请人的学业是大学招生官最关心的问题。通常，招生官首先检查这些硬指标，只有通过了学术标准之后的申请人，才有资格进入通道，成为一名潜在候选人，在更接近的范围内被进一步审查。如果你没有满足基本的学术要求，大学招生官将不会考虑你的其他特点和强项。

高中成绩记录和标准化考试，那一个更重要？

大学通常考虑的两项学术指标——高中成绩和标准化考试成绩——是同样重要的。最具竞争力的大学有很多优秀的申请人，所以，他们在审查申请人档案时，不需要在两者之间哪一个更重要做出选择。而那些排名在前面的大学，在录取程序中，对两者之中哪一个更重要，还是略有一点差异的。基本的情况是，在所有最具竞争力的大学，不会优先考虑那些SAT或ACT成绩不够好，而高中成绩很好的申请人，就如同那些高中成绩不太好，而SAT或ACT成绩好的申请人一样。就是说，两者都同等重要，取决于你要申请哪一所学校，各个学校有不同的考量。

大多数学校更喜欢看到申请人优秀的高中成绩。标准化考试优异的成绩和一个不太好的高中成绩，预示这个学生可能很聪明，很有天赋，但是很懒惰，缺乏成功的决心。另一方面，不太好的标准化考试成绩和一个非常好的高中成绩，暗示一个学生通过努力可以成功，他可能不是非常聪明，但确实愿意努力去做（还有一种可能，是你所在的高中分数膨胀）。一般说来，在大学招生官眼中，在高中懒惰的学生，上大学后还是懒惰，而在高中努力学习的学生，在大学也将继续勤奋地学习。因此，在很多案例中，和标准化考试成绩相比，他们更倾向于录取高中成绩好的申请人。

然而，大学对标准化考试成绩也是十分重视的。其一，SAT分数被视为申请人智慧的证明。没有大学愿意接收为基本学业而挣扎的学生。另一方面，大学清楚，众所周知的大学质量和水平的排名依赖于几个重要的因素，其中之一就是被录取新生的SAT分数。伴随着高居不下的申请数字和逐年下降的录取率，大学想要向公众显示，他们的学生有最好的SAT分数，因为这有助于在公众眼中获得更多的赞誉。基于这些理由，SAT分数对大学申请人来说，是非常重要的。

很多学校使用“学术排名”的方法录取学生。这个方法将标准化考试成绩计算进去。在其他条件相同的情形下，申请人考试成绩越高，学术排名就越高。所以，在这些学校，对于一个成绩较低的申请人，即使招生官“喜欢”申请人展现的某种特征，相信你是一个值得录取的候选人，但你的学术排名（以你的成绩为基础）可能阻止你最后成功地被录取。

高中成绩

一个非常好的高中成绩和一个高的 GPA，两者并不完全等同——即便是普通的学生也能有一个很高的 GPA（在竞争力不大的高中里，选最容易的课程）。招生官要看在高中期间你所学习的课程，包括你选学的荣誉课程和快速课程的数量以及你的年级排名。一些大学将申请人的 GPA 和考试成绩放进方程式中，为录取申请人提供相互比较的数据。

高中整体概况

候选人高中的整体概况在是否录取申请人的决定中也很重要。大学招生官要对你所在高中有很清楚的概念。你的高中要向大学提供全部课程的清单，解释评分标准和学生的 GPA 如何产生及评定的，还要提供每一个课程的平均值和中间分数。同时告诉招生官，前一届毕业生进入四年制大学的百分比和大学的种类。

高中整体介绍使申请人很难对招生部门做出欺骗。例如，不能因为你选了容易的课程而得了全 A，就要招生官承认你的天赋和成就。高中介绍也为那些需要花大力气学习竞争的高中和用最难的课程挑战自己的申请人提供了公平的场所。

从高中整体介绍中，招生官知道你是否选择了最具挑战性的课。如果你是一个非常好的学生，却没有选择学校提供的荣誉课，大学可能认为，你在学习上没有足够的动力。如果你所在的高中没有提供 AP 课程，你的成绩单上没有 AP 课的记录，大学不会因此而拒绝你的申请。高中整体介绍也让大学知道，高中计算的是“重量” GPA，还是“非重量” GPA。“重量”是指课程的难度和评分的严格程度，大学有他们自己的一套算法。如果你的高中开设高深的，领先的课程，而且作业量大，评分严格，大学知道，你的数字说明你选修了很难的课程。相反，如果你的高中解释说，他们“是非重量” GPA，大学就可能提高你的 GPA 标准，尽管你也选修了一些很重的课。这对你很不利。

你所在高中的严格程度和整体水平，能够让招生官更多地了解你。招生官们知道，在学术要求高，竞争力大的高中，一个学业表现中等的学

生，可能比一个在容易就读高中的顶尖学生，在学术上准备得更好。同样，如果在一个高中毕业生大学入读率低的学校，你有非常出色的学业表现，更让招生官所青睐。因为这个来自贫困地区的学生冲破了他周围环境的限制，为自己确定的目标而努力。

大学喜欢看到申请人尽可能多地选学荣誉课和AP课，即使你在具有挑战性的课上得A⁻或B，也胜过那些在容易课上得A的学生。所以，在高中阶段，如果你只想满足最低毕业要求，就不太可能进入理想的大学。如果你的目标是最具竞争力的大学，在高中阶段要保持好的成绩，还应该利用学校提供的机会，尽可能多地选修具有挑战性的课程和AP课。

高中哪一年最重要

大学通常审查高中整体成绩，而不是强调哪一年级更重要。大多数学校审查四年高中成绩的走向，重点放在高中十一年级和十二年级。如果你的成绩和GPA表现一直非常好或者是上升的曲线，这对你十分有利。不要认为十一年级结束就可以高兴地松口气。大学在评估你的申请之前，需要收到你十二年级秋季的成绩单，你要保持你的成绩不下降。对那些被提前决定录取的申请人，大学也要求他们提供十二年级的成绩报告，并且有权利取消他们的录取决定。

标准化考试成绩

标准化考试成绩是学术能力的一部分。标准化考试成绩为招生官提供了对所有候选人使用统一标准的条件。尽管考试不是完美的，但是，考试成绩帮助招生官比较来自不同教育背景的学生，评价世界各地区的学生。

在美国，有少数大学不需要申请人提供标准化考试成绩。但是，大多数学校，SAT和ACT在录取中一直占据着重要的部分。有的学校还告诉申请人，标准化考试成绩不像高中成绩那么重要。在招生官从整体上审查申请人时，这种情况确实是客观存在的。然而，一个大学的声誉依赖于它的整体概况，其中包括它录取的新生的SAT成绩。许多大学因此而倾向于录取SAT成绩高的学生。基于这个原因，一些学校的学术排名更多地依赖于标准化考试成绩，而不是高中成绩。顶尖大学要求申请人提供SAT成绩和两门 SAT II（单科考试）成绩，或者 ACT 成绩及两门 SAT II 成绩。

标准化考试不仅在学术排名中起重要作用，大学招生官也把它作为学术潜能的重要指标来考量。由于每一个专业都有自己对 SAT II 考试的要求，申请人在考试之前，要事先了解大学的要求。以确定在高中期间选择合适的时间，完成全部申请大学所需要的考试。

课外活动的重要性

现在，聪明的高中学生知道，仅仅有优秀的学业成绩并不能保证他们进入理想大学。耀眼的分数让你进入大学申请合格者的行列。在那些最具竞争力大学的众多入选者中，成绩优秀的申请人是否能够被录取，还取决于其他诸多的因素。这些因素包括：1. 课堂之外的个人才艺追求；2. 课外活动（包括校内、校外）；3. 社区服务；4. 工作经历；5. 暑期活动经历。

随着时代发展和社会变化，大学录取与过去的十年、二十年前有很大不同。大学录取变得比以往更为复杂。从录取普通的好学生，到录取他们非常喜欢的、有特点的学生。也就是说，与过去的普通意义上的好学生相比，精英大学更加青睐那些在一两个方面非常突出的学生。大学如果只录取普通的好学生，可能导致学生成分的平庸，而不是杰出。

一个很强大的，多元化的学生群体，要求每一个学生都是杰出的，但可能仅仅是在几个方面突显出的杰出。要求一个人面面俱到，在每一个领域都突出，是不可能的，每个人每天只有 24 小时，很少有人能做到样样杰出。如果一个学生在学术上有造诣，那么他可能只需要在一两项课外活动中有突出的成绩，就可能在顶尖大学的录取中，从众多的竞争对手中突显出来。

录取学生的多样化让学校的课堂成分得到平衡——将不同方面优秀的人放在一起。但这是个对招生官来说很棘手的要求。过去，招生平衡的考量可能是包括来自农村和边远州的申请人。现在，除了地理位置（其中包括外国学生），学校还要平衡种族，家庭收入，个人学术兴趣，课外追求。还必须兼顾学校需要的体育运动员。此外，录取决定也同样影响到学校在大学排名中的位置。这将迫使他们被迫放弃那些他们认为在某些方面有天

赋，但 SAT 考分不太理想的学生。因为学生 SAT 分数过低可能将学校的平均入学成绩拉低（这将破坏学校的整体排名）。

这些复杂因素的结果，使大学录取变得不可预测。正是因为结果难以预测，学生将要申请更多的大学，或者更多的人申请提前决定。这些现象又增加了录取系统的复杂性。这就需要申请人在申请之前做好功课，熟悉大学录取要求，评估自己的实力，认真提前做好各种准备，聪明地选择学校。聪明的选择能够让你终生受益，不经意和失败的决定将会使你失去很多宝贵的机会。勇敢地面对这个决定你的教育和职业生涯的重要时刻。申请大学的过程可能是艰难痛苦的，但是，这个过程对你的成长会有帮助。

大学招生官希望看到的是，申请人是如何聪明有效地利用课堂之外的空余时间，而不是希望寻找什么奇迹。如果你在晚上和周末必须去工作，以帮助你的家庭需求，大学将不会因为你没有参加学校的体育队而责备你。如果你必须在课后帮助照顾你年迈的祖父母，也是你课外活动的一个部分。只要你能证明你没有浪费时间，这些活动都不会影响到你的大学申请。课外活动记录已经成为大学申请中非常重要的一部分。你是怎样利用你的课余时间的，你所拥有的天才、技能和你的个人形象，所有这一切，都通过课外活动彰显出来，成为你大学申请中的重要组成部分。

需要注意，在大学申请中，课外活动部分的编排不必太多。你可以将社区服务放在课外活动或者工作经验中去。课外活动不是越多越好。太多的活动可能分散人的注意力。申请人在活动中表现出来的热情，个人品质，投入的程度和持之以恒的精神，是大学要审查的重要部分。

重要的是，你的申请要包含你所做过的、能够展示你自己的形象，又能让你聚焦在某一点的每一件事情上。也不要在重要的部分显示你的不足。例如，如果申请人从没有做过有薪工作，但又有很多的课外活动，你就可以把你做义工的经历放入“工作经历”一栏里，避免表现出似乎你从来就没有工作过。

课堂之外的学术及才艺追求

过去，很少听到有高中生参加学校之外的学术活动。现在，有特殊兴趣的高中学生，除了学校的基本功课之外，在校外也能够寻找很多机会追求自己的兴趣，这些兴趣可能是他们未来的专业选择，或者是探索大学专业和职业的追求。

大学喜欢看到那些积极主动寻找机会，充实他们课堂学习的学生。大学招生官们努力寻找那些享受学习的乐趣，充满好奇心，有特殊智能兴趣的学生。最近几年，这种趋势变得越来越明显，特别是那些竞争力大的学校。伴随着合格申请人数量的增加，大学也在不断地考虑如何在众多的优秀申请者中选出所需要的学生。因此，在顶尖大学的录取中，申请人个人的才华技艺显得非常重要。例如，麻省理工学院（MIT）在四个方面评估申请人，将所有申请人分为 1 到 5 级，5 为最高。四个方面分别为：学术能力，辅助课程活动，课外活动和与人交往的能力。辅助课程是指课堂之外的学习活动。申请人必须能够显示，他们所参加的学术活动和追求与 MIT 入学后目标的一致性。

校内外课外活动

课外活动的内容包括很多，从高中体育队到参加正式的艺术音乐会表演。大学愿意看到的是你长期的努力，在你感兴趣的活动中，投入很多个小时，坚持几年时间，而不是你参加学校的每一个俱乐部的活动。质量重于数量。一个长长的课外活动清单只能冲淡你的申请分量。

大学招生官会通过申请人所参加的课外活动，发现申请人的重要特性，以及你如何利用课外时间来展示你的特殊天赋和技能的。总之，面对申请人的课外活动，大学招生官会问自己一个问题，如果录取这个学生，他在大学将如何表现？大学招生官不是特别关心申请人是否是学校报纸主编，是否是学校环境保护队的队长。他们希望看到的是申请人长时间地投入几项活动，显示你的责任，领导能力和热情。要求一个人所有方面都做到平衡是不现实的，通常在一个或几个方面有突出的成绩，比多方表现一般的申请人要好很多。**深度和广度相比，深度更重要**。

下面列举美国高中生常做的一些课外活动，供参考：

1. 参加模拟联合国组织
2. 参加辩论队或者模拟法庭
3. 为社区的报纸投稿
4. 就你感兴趣的题目为报纸或网站投稿
5. 参加科学竞赛或比赛
6. 参加写作竞赛，提交原创小说、诗歌或戏剧
7. 创作剧本并导演
8. 在大学选课或参与研究项目
9. 在艺术学校或者技术学校选课
10. 在大学或者寄宿学校选修夏季课程
11. 参加一个写作研讨班
12. 创办一个网络杂志或报纸
13. 在老师的指导下做一项特殊的研究项目

社区服务

大学要求申请人展示四年高中期间所做的社区服务。什么样的社区服务算数呢？像其他课外活动一样，社区服务并没有特殊的要求。如果你是小提琴演奏家，你去当地的老年中心演奏，就是社区服务。如果你喜欢园艺，帮助当地的旅游景点设计建造一个花园，也是社区服务。你也可以帮助盲人孩子学习盲文，在挽救海豚的工作中做自己的贡献，或者为医院的艾滋病人送食品饮料。你应该直接参与到你所从事的工作中去，而不仅仅是为了满足上大学的要求。在你为那些人提供帮助的同时，他们也将教会你更多。如果你来自富有的、不需要你帮助父母工作挣钱的家庭，社区服务就显得更为重要。在美国，你可以在你所就读的高中，得到一些社区公益团体及组织的信息和资料。从九至十年级时开始做起，选择一个你最有兴趣的活动参加，并且坚持下去。

工作经历

什么样的工作对大学申请有利？大学喜欢看到学生有工作经历，将“工作”与“责任”等同对待。对来自低收入家庭的学生，无论什么工作经历都没有关系。如果一个学生工作是为了支撑他自己和他的家庭需求，大学不会考虑这项工作是否对他的大学教育有帮助。而对那些来自中产家庭以上的学生，工作的性质则是招生官要考察的内容之一。

如果你是弱势群体和低收入家庭的申请人，不必担心你做什么样的工作对大学申请有利。尽你的能力工作，学习。大学将会欣赏你的职责和责任心。在大学申请材料中，不要忘记认真地解释你为什么要工作，你是怎样支持你自己和家人的需求和你选择这份工作的理由。

大学招生官喜欢那些并不是为了生活需求，却能利用这个优势，为将来的成功寻找最好机会的申请人，而不是那些在一个不需要技能的工作中，只是为了赚钱的学生。大学愿意看到申请人在一个领导者的位置，做某些丰富自己人生的事，而不是只做简单的、对人生成长并无太大帮助的工作。这也意味着，在大学申请中，对那些没有必要一定要做有薪工作的学生，参与领导才能的活动或重要的实习，比做没有意义的有薪工作更重要。

那些不是因为生活需要但却选择做有薪工作的申请人，要小心地选择你的工作。选择去工作不是不聪明，但是，如果你有选择的空间，应该选那些能够给你最大收获的工作。问你自己这些问题，确定你所选择的工作不仅为你的银行账户有所贡献，而且是为你的成长做贡献，有助于你的大学申请。

暑期活动经历

暑期活动经历，特别是十一年级和十二年级暑期的活动安排，在大学申请的课外活动中起了重要的作用。暑期可以用作课堂之外的学术追求，让自己专心于一项课外活动；做一项社区服务项目或者做带薪工作都是可以的。尽管在高中第一年暑假，你不一定要做很感人的事，但你高中的几个暑假应该做些有意义的事情，为你的大学申请做准备。这并不是说，你

每一年都要参加昂贵的私立大学的暑期课程或者夏令营。一个有意义的暑假应该包括半日制带薪工作，或做社区服务及强化你的体育训练。做一项费力的工作，实习，或做义工发展你的技能。参加一个学术强化项目，参加一个才艺夏令营。选择一个你感兴趣，但是高中没有提供的课程学习。参加一个大学暑期项目，探索你喜欢的、可能选择的大学专业。总之，高中暑期的选择和活动影响你的大学申请，在夏天的几个月，要最好地计划你的时间，做一些事情，有计划地、聪明地度过你的几个高中暑假，大学招生官将其称为“值得”。

大学申请表格的填写

在大学申请中，申请论文无疑是最重要的部分，但表格中的其他内容也是不能忽视的，你必须小心，详细认真地填写。新的大学申请改为电子申请，申请人在网上就可以完成。你只需要在网上填写大学要求的补充申请表和大学通用申请表格，在规定的申请截止日期前，传给你申请的学校。与十几年前只能在表格纸上填写相比，计算机申请要简单方便很多。电子申请表中没有任何多余的空间留给申请人，因此要按要求的字数填写。在申请发出前，要确定一切都填写完毕（例如干净整洁，字迹清晰，有条理）。

通用申请表格

通用申请表格是美国绝大多数大学都接受的表格，一些学校甚至用通用表格来替代他们自己的表格。换句话说，你可以用一份表格申请很多大学。学生在申请前，要上网查一下，你即将申请学校的要求，是否接受通用申请，是否要求补充申请材料。一些大学只接受通用申请，而一些学校还要求学生填写学校自己的补充申请材料，回答学校提出的问题等。所有这样的学校都视两种申请表格与同等重要的程度。一些大学招生官还相信，补充申请材料更能够发现那些让他们感兴趣的学生。你如果对一所大学非常喜欢，最好花时间认真填写大学的补充申请表格，回答提出的所有问题，以展示你对大学的兴趣。

基本信息的填写：通用表格首先要填写的是申请人及其家庭的基本信

息。包括：姓名，住址，社会安全号码，种族，父母的职业及受教育程度等。确定所有的信息都是正确的，没有拼写的错误。如果在这里出现失误，你入学之后的一系列文件都将是错的。请你的父母帮助检查以达到精确。任何文件都要反复打印出来几次，确认没有错误才能发出。

记住，你的申请是否干净整洁，没有错误，也是大学招生官审查的内容之一。申请人提交的一切都被称为是“自我展现”，它象征着申请人对大学的兴趣和在申请过程中的用心及努力。一份有拼写错误、语法错误和不能按指令要求填写的申请，大学招生官则认为申请人根本不关心申请。如果你自己都没有把大学申请当一回事，还如何指望别人呢？如果有必须用手写填写的部分，确定字迹清晰易懂。不能使用铅笔，只能使用黑、蓝色钢笔，让墨迹自然干以免模糊不清。试想，一个每天阅读无数份申请材料而筋疲力尽的招生官，如何有耐心去分辨那些读起来都费力的申请呢？在申请表中，你的名字必须前后一致，并与标准化考试的名字相同。不要使用乳名或简化名。

对专业的选择也是申请大学要认真考虑的问题之一。如果你未来在几种专业之间选择，就要考虑哪一个要填写在表格中。大学里一个特殊好的、著名的专业，都要保持特别高的录取标准，希望录取对本专业感兴趣的申请人。这是为了避免申请人入学之后才发现自己的兴趣在其他的领域，对你和校方都是很大的浪费。在你申请之前，应该对你要申请的专业有所了解。如果你的方向不太明确，可以填写“未定”，这对你的申请没有影响，同时也给自己留有思考的时间。事实上，美国的很多高中生对自己未来的职业并没有明确的方向，大学要求你填写这一栏，但他们知道，大约有一半的学生在后来的学习中会改变主意。

在填写课外活动、工作经历和获奖一栏之前，要仔细阅读大学的要求。大多数大学要求申请人按活动的轻重顺序排列，而不是按年月次序排列。如果你参加足球队只有一年，尽管你很努力，但你不是主力队员，也不能把足球放在“最重要活动”一栏中。如果你长期参加艾滋病人的社区热线服务，这项活动则是你的重要活动。时间长短和在活动中承担的责任更重要。

大学招生官不愿看到申请人参加十几项活动，而每一项都只是简单的

尝试。他们想要看到申请人在几项活动中有自己的兴趣，在活动中表现出来长期的坚持，热情和起到的领导作用。列举几条重要的课外活动，中肯恰当地表明你的努力。还有一些学生列出暑期旅游参观的城市和景点，以此来当作课外活动，也是完全错误的。

填写申请时，大学常常要求申请人回答问题。回答这些问题时，要花时间认真思考对待。这些问题与你的申请论文一样重要，能够帮助读者获得“你是谁”，你与其他申请人相比较的信息。要像你写长篇文章一样打草稿。无论长短，回答问题时前后要一致，主题不变，文字简练。大学招生官认为回答问题的短文很重要。从短文中，招生官可以看到学生的注意力、活动和兴趣的中心，洞察和了解学生。短文也给学生机会，阐述对他所感兴趣的学术领域的深刻见解。

展示个人才华的补充申请材料

给大学申请提交补充材料通常是可以的。如果你认为你的才华很重要，能够对你的大学申请有帮助。大多数的大学劝你不要送普通的作品。例如，斯坦福大学就要求申请人和推荐人在文章中描述你的学术追求和天赋。但是，如果你的才能和天赋在比赛中赢得了奖项，或者你相信它能够显示你杰出的才华，给大学提交补充材料对你也没有什么伤害。

提交的材料不要过多。不要认为大学招生官有多少耐心来挑选和阅读你的作品。你应该尽量精炼你的申请，显示出你已经将自己的工作做到了最好。正如前面所提到的，五花八门的课外活动常常会减轻其他信息的分量。你送给大学的补充材料，应该能展示出你与众不同的天赋。浪费大学招生官的时间对你的入学申请不利。

在送交补充申请材料时，要遵守大学的要求。大多数大学在他们的申请指南中都有说明。如果不清楚，可以给招生部门打电话询问。确定你所送出的每一份材料上都有你的姓名，社安号码和对文件的简短说明。

最后需要提醒的是，在大学申请时，不要为了吸引招生官的注意而要小花招。例如，在申请材料上做“录取我”的标记，或者给招生办公室邮一件印有自己名字和设计图案的背心等。你可以试图表现你自己，但是，最好的表现是在你的心里，而不是任何超出申请要求之外的小诡计。不要要小聪明，这只能让你在申请中提前出局。

遵循大学申请的规则和要求，在申请日期截止之前将申请发出，继续努力学好你最后的高中课程，为大学做好准备，才是所有高中生应该做的事。

写好你的申请论文

除了学业成绩表现、课外活动和其他条件之外，大学申请论文是大学招生官评估申请人的另一个重要指标。通过阅读论文，招生官能够了解申请人的写作能力，包括你的文章结构、说服力、你的主张。文章也能揭示你的诚实，成熟，个性特质，是否就是大学要找的学生。文章让招生官看到你是谁，你是怎样想的和你的价值观。事实上，越是好的学校，论文就越重要。决定你命运更多的不是那些客观资料，而是这篇论文的价值。

在写论文之前，你首先要思考“他们”想听什么，同时也不能忘记告诉招生官“你是谁”。你的听众是阅读你论文的招生官，这些招生官通常是有才智的、敏锐的人。他们每年阅读无数聪明和有造诣的申请论文。也就是说，你的标准应该定得高一些。招生官想要看到的是一个有兴趣、有热情和充满激情的你。他们要寻找你的闪光点，而不是你表现出来的缺点和不足。因此，你应该是坦率的、诚实的，甚至有任何弱点也无可厚非。对自己存在的缺点，与其隐藏起来不被招生官发现，不如做一个很好的解释，让他们理解。大学招生官专心致志于他们的工作，非常谨慎地做出决定，但也不可否认，每年的招生季节，他们都要阅读大量的申请文件。你需要写出有强烈影响力、感动人的文章。不要表现出任何的小聪明和文笔模糊不清。

大学招生官极其熟悉什么样的学生能够在未来的校园生活中成功。他们要寻找能够证明申请人才华，作为一名领导者的潜能和你对社区的贡献精神，你的个人特质和你未来目标的证据。他们需要申请人清楚学习和教育的价值。你需要或多或少提供，你成功地拥有这些个人特质的证据。在你写申请论文时，也要熟悉你即将申请的学校的特点。

你的文章应该展示真实的自己，表现你是一个诚实的人。在所有申请大学的程序中，“诚实”二字最重要。招生官们一旦发现申请人的文件中

有任何疑问，你的申请就有可能前功尽弃。大学需要找的是真实的“人”，而不是一堆数字。他们想要制造一个充满各种兴趣、激动人心的课堂，而不是仅仅拥有聪明的大脑或是奔驰在体育场上的体育迷。

有太多读起来相互类似的文章了。大学招生官们要在成千上万份申请材料中挑选出让他们感动的文章。你的目的是利用你现有的写作材料，写出你独有的故事、一个只有你能够讲出的故事。在写作之前，文章的选题非常重要。不能开发利用你自己的题材或者没有经过仔细考虑，可能让你的文章乏味，使你的申请变得普通。避免用陈述句开头，如“我的环球旅游让我探索不同的文化”“我的经历教会我努力工作才能达到我的目标”“和有不同背景文化的同学在一起，我学会了真正的多元价值”等。如果你想得到招生委员会的赞许，这样的陈述没有优势。

开始写作前，最好的方法是重新审视你的个人简历，按照时间回顾你的活动，因为你不可能记住活动中的每一个细节。你可以通过重新阅读你的日记、看家庭照片等唤起你对往事的记忆。

论文草稿完成后要进入反复修改的过程，如果有可能，请有经验的专业人士看看，提出修改意见。要确认你的文章对问题有直接的回答，主题明朗。一篇好的文章，是剔除了无关的内容，包含了所有证明你观点的信息。你的读者需要充足的证据来接受你的陈述，确认你有足够的理由支持你的观点，避免啰唆。

一篇有条理的文章将相似的思想和概念组合在一起，并把它们放在合适的位置上。如果阅读你的草稿就能知道你文章的轮廓，逻辑思维清楚，可以肯定这是一篇有条理的文章。

确认你的文章长短适宜。文字最好限制在规定的字数之内。如果文章过长，要考虑在不影响细节和文章主题的前提下，删除某些多余的部分。如果必须要超出规定的字数，要将文字的超出部分限制在10%以下。换句话说，如果规定字数在500字以内，你的文章字数最多不能超过550字。如果你的文章比要求的字数少，只要成功地表达了你的主要思想，则没有必要一定要增加多余的内容。如果比要求字数少了很多，你可以考虑是否需要对问题做更深刻的回答。如果你感觉没有更多的话可说，应该重新考虑你的选题。

详细检查你的文章引言。文章的开头不仅引导了你文章的主题，而且也极大地吸引读者的注意。一个好的文章引言，能有趣和成功地传达你的主要观点和观念。它至少暗示着文章的方向。例如，假如你要回答的问题是："你的业余爱好是什么，为什么？"你不需要用回答问题的语气："我的爱好是钓鱼。因为……"如果你这样开头："在我七岁生日的早上，爷爷给了我一根鱼竿和一个棕色的午餐袋，开车带我去河边，开始我的第一堂课……"这个文章的引言更有意义，它使用了一个暗示，引诱读者继续读下去。也要避免引用名人名言做文章的引言，不要考虑引用其他人的话来开头，这是你的大学申请，大学招生官想要知道你怎样说你自己。无论你用什么样的方式开头，你的文章引言都应该吸引读者，并为你的文章整体定了调。

将你的论文送给其他人阅读

在你认为满意之后，请有经验的人、你的朋友或了解你的人阅读，多听听他们的意见。他们能够提供给你你自己想不到的看法。对他们的意见要认真思考，但不要被别人的观点所控制，那是你的文章，不是他们的。

认真校对你的文章。为什么？因为，无论你怎样认真，错误都可能发生。在申请发出前，要反复检查所有的文件，避免错误。检查时，要注意发现任何小的错误和遗漏，有时在经过几个人检查之后还可能发生。拼写和语法错误也常常发生。将写好的文章放置几天后，回过头来再看，你可能会有新的发现。

推荐信

很多高中生抱怨，在大学申请过程中，找人写推荐信是浪费时间。他们认为，每个人都能找到为自己说好话的人。也就是说，大多数人都能找到支持自己的人。但是，这种对推荐信重要性的认识是错误的。

推荐信在大学申请中起了一个非常重要的作用。许多学生在申请大学时都请人帮助写推荐信，但却不知道推荐信的内容。并不是每一封信对你的申请都能有帮助。如果一个人为你写了一封不好不坏的推荐信，即使没有说你坏话，对你也是不利的。它甚至让人怀疑，你连一位为你说好话的

人都找不到。一封中庸的推荐信能对你产生伤害，一封坏的推荐信对你的伤害更大。

推荐信是大学申请材料中重要的组成部分，它让招生官从客观的角度审视你，了解其他人是如何评价你的。大学要求申请人提供三封推荐信，两封来自你的任课教师，另一封来自高中升学辅导员。推荐信可以增强申请人的分量，也可以减轻你的重量。

要理解推荐信的重要性，可以举甲和乙两个人做比较。他们两人在学校都是全 A 学生，都选修了最具挑战性的课程。两人都有优秀的 SAT 和 AP 课成绩，都是学校体育队的队长，都有令人感动的论文。两人都应该被所申请的大学录取。像大学录取中常发生的情况一样，招生官面对两个相等条件的学生，但只有一个入学位子。这种情况下，当所有其他条件相同时，推荐信就起了重要的作用。甚至推荐信的语气和用词都会对你产生影响作用。甲的推荐信中语气强劲中肯，列举事例说明他在课堂上是与同学分享个人经验的人，是一个有趣的人，并用老练的方式说出他的弱点。写信人对被推荐人有很多的了解。而乙的推荐信则仅仅陈述他是一个好学生。在比较了两封推荐信后，学生甲最后被学校录取。这就是推荐信的重要之处。也就是说，在两个水平相等的学生竞争一个位置时，推荐信就起到了决定性的作用。

可以说，推荐信是非常重要的，在申请文件中，这是最有价值的一部分。从推荐信中，大学招生官能够了解你所提供的申请材料的真实性，所以，你所陈述的和推荐信上的要保持一致是最重要的。从教师的推荐信中，大学要看到你的创造性，动力，独立，主动性，学习能力，学业成就，课堂的参与，完成作业和学习习惯，发展的潜能及在课堂所占的位置比率。

选择为你写推荐信老师的几点注意事项：

选择了解你的老师。许多老师有机会在课堂内外了解学生（比如篮球队的教练或辩论队的指导老师）。无论在课堂内外，老师了解你越多，越能为你写出详细的、中肯、有说服力和富有感染力的信，而尽可能少局限于谈论你的学习成绩和分数。如果你和老师的关系只限于课堂，你要确认你在课堂上非常活跃并且频繁地和老师取得联系。

选择十一年级或十二年级老师。高中最后两年的老师更了解你现在的详细情况。如果为你写信的是八、九年级教你的老师，大学招生官将对推荐信的效力和相关性提出质疑，除非你能够给出一个很好的理由。

选择你喜欢的老师，同时，你在这位老师的课上非常努力，即使这个课你没有得“A”。事实上，如果你在这个课上倾注了你的努力，投入了极大的兴趣、热情，结果得了“B”，老师可能说更多对你有利的话。而在一个课上你得了“A”，但是没有积极地参与课堂讨论，老师也不一定为你写出很有感染力的推荐信。

选择喜欢你的老师。喜欢你的老师会花时间为你写一封好的推荐信，并且举出具体例证来支持他的观点。严密细致、精心写出的推荐信对你是绝对有帮助的。

如果一个老师能够讲出几点你的特质，而这些特征对申请大学有利，比如你的学术成果和研究成就，你的个人特性（成熟，可信任程度，动力，幽默感，发展成长潜力，领导能力，其他天赋如体育音乐）等，这正是你所要寻找的老师。

除此之外，还可查一下为你写推荐信的老师的经历。很多老师在你之前推荐过其他学生进入了你想要申请的学校，这些老师了解大学所要求的。也就是说，这样的老师熟悉大学所喜欢的推荐信。最后，还要选择那些可靠的、能够在申请日期截止之前准时发出信的老师。

你应该选择核心课的老师（如英文、数学、外语）为你写推荐信，而不是体育课老师。在十一年级即将结束的五月份，就应该考虑为自己写推荐信的人选了。可以有礼貌地问对方是否愿意为自己写一封推荐信。通常情况下，如果对方很高兴地答应，那就是说，他能够负责任地为你的大学申请做推荐人。如果对方表现出犹豫，婉言拒绝，或建议你找其他人，不要勉强他。在表示感谢之后再找其他人。你总是能找到愿意为你写推荐信的人。

给你的推荐人足够的时间，至少一个月以上。因为很多老师有授课任务，也要给其他毕业生写推荐信。你所在的高中有你申请的所有大学信息，以确保每一封推荐信能在申请截止日期前发出。如果学校在临近最后的期限前，还没有得到推荐人的推荐信，你应该非常礼貌地询问你的推荐

人，提醒他大学的申请期限。同时，注意提供给你的推荐人足够多的有关你的信息，使他的工作简单一些，也让他能写出有深刻见解、有力度的推荐信。

在大学申请材料全部发出后，应该写一封感谢信给为你写推荐信的老师，感谢他们为你的劳动和付出，并且将大学申请的结果及时地报告给他们，也要将你最终选择去哪一所学校告诉他们。不要送给他们小的廉价礼物（如花、巧克力或者一本书）。在美国，很少有人这样做，也没有必要。高中老师通常习惯为学生写推荐信，并且将它视为自己工作的一部分，他们不希望学生买礼物回馈他们。表达口头感谢就足够了。

面　谈

很多大学需要对申请人进行面谈。越是录取率低的大学，越是将面谈看成是录取工作中的重要部分。有几个理由使学校希望与申请人面谈。大学渴望录取杰出的“人”，而不是与姓名相连的杰出的考试分数和高中成绩。申请人的个性特质和社会技能在录取决定中也“非常重要”。面谈给学校机会对申请人有更多的了解。没有面对面的接触，有些事情不容易做决定。一个高中学生的面谈能力可以告诉招生官相当多的东西，他的仪表，成熟度，个人魅力，自信心，社交能力和是否适合他所申请的学校。因此，一个申请文件做得很漂亮的申请人，如果面谈时表现不佳，是很难被你心仪的学校所录取的。面谈也给申请人自己一个机会来纠正在申请材料中的某些不足。

大学喜欢做面谈的最后一个理由是，学校能够更好地做市场宣传，更好地推销他们自己。特别是那些美国的精英大学。这些大学要利用所有机会，每年竞争最好的学生，提升他们的声誉，让他们保持不败的顶尖地位。

并不是所有的大学都对申请人做面谈。其原因有多种多样。但美国的常春藤名校视面谈为录取中的重要部分。他们将要面谈大部分申请人，除非学生所在的地区没有他们的校友。面谈也让学校了解你在书面申请中，所陈述事实的真实性。学校对面谈结果的利用也稍有不同。大多数大学将面谈结果作为所有申请文件的最后一部分，所以，它是文件审阅人看到的最后文件信息，面谈评估因此起到封条的作用。那些大学招生官亲自面试的申请人，面试则起到更大的作用。大多数大学声称，面谈对申请人的录取起不了决定性影响，但是，当一个申请人处于录取和拒绝的边界线时，面谈的评价就对录取与否起到关键的作用。

高中四年准备计划

大学申请的准备不是开始于高中的十一年级和十二年级。自你进入高中时起，游戏就开始了！从高中第一年开始，就要为你的成功奠定坚实的基础。你要加强阅读，提高写作能力，掌握对时间的管理和学习技巧。尽早地掌握这些技能，将让你在未来遇到的挑战中表现更好。下面的表格，列出高中四年逐年应该完成的课程和行动方案，仅供参考。

年级	安排计划	暑假安排	建议
	在三年级时，完成以下的高中课程：三年英文，三年数学（代数，几何，三角学，微积分入门，微积分；三年科学课（生物学，化学，物理学，地球/空间科学），以及三年社会科学，两至三年外语和一年表演艺术课。		积极参加高中活动，发现你的才能和天赋。应该参加俱乐部活动、体育项目或加入学生社团。在学校办公室里做义工，在学生会和其他青年组织里争取一个领导职位。在社区里服务。这些都能显示出，你是一个负责任的、愿意接受挑战的人。

续表

年级	安排计划	暑假安排	建议
九年级	1. 参加一个学校俱乐部或者一项体育项目。 2. 练习管理时间，记笔记和学习考试技能。 3. 做好个人简历。 4. 与你的辅导员见面并对你明年的学习做出计划。 5. 利用词汇网站来开始为标准考试做准备。网址为：http：//www. vocabulary. com	选择并阅读至少三本书。如果出去旅行，做好旅行日记。参加一个有意义的暑假活动。（做义工，实习，暑期学术课程或者工作）建立个人活动档案。可以考 ACT	数学的重要性：数学是进入好大学的一张门票。研究表明，学生在高中选修的数学课越多，他对大学的课程的准备就越好。而且，深厚的数学基础使你选择所学的专业领域更宽，例如工程学、建筑学、信息技术、制造业等（选修微积分的学生，73%获得四年制学士学位，而选修普通数学的学生，则只有3%获得此学位）。
十年级	1. 参加一个学校俱乐部或者一项体育活动。 2. 有效地管理时间，做笔记和学习考试技能。 3. 计划 SAT 或 ACT 考试。 4. 参加大学入学讨论会。 5. 参加 SAT 单科考试。 与大学辅导员会面计划明年的课程安排，包括选择荣誉课程。	阅读至少三本书。如果你去旅游，将有意义的事情记录下来。选择参加一项暑期活动（做义工，实习，夏天学术活动或者一种工作）。补充你的个人档案。完成一项职业的评估。	十年级学生有一次 PSAT/NMSQT 和 ACT 的自由选择考试机会。你应该参加这些考试，从中熟悉考试的结构和形式。当你明年参加 SAT 考试时，将大大降低你的紧张程度。

续表

年级	安排计划	暑假安排	建议
十一年级	九月：同升学辅导员讨论和安排 PAST/NMSQT 考试。 十月：参加 PSAT/NMSQT 考试。 参加大学博览会。 十一月：熟悉大学的财政资助的信息。 十二月：完成个人介绍。登录职业远景网站，寻找个人感兴趣的专业。网址为：http：//www.bls.gov/ooh/ 一月：制订 SAT 学习计划。 进入大学理事会网站，查看大学的情况。网址为：https：//www.collegeboard.org/ 二月：参加有关大学财政资助的讨论会。 三月：为五月份的 SAT 考试注册。 四月：为六月份的 SAT I 考试注册。 同辅导员讨论十二年级的选课。计划暑假的活动。 五月和六月： 参加 SATI 或 ACT 考试	参加一个暑期实习，或者一个学术项目。阅读至少三本书。参观大学。如果你去旅行，将你的经历用日记记录下来。更新个人简历。如果需要，注册十月份的 SAT 或者 ACT 考试。建立并整理大学申请资料。正式考虑大学申请论文的写作计划。为高中最后一年做好准备。	当你返回学校时，立即同你的升学顾问联系，注册参加十月份的 PSAT 考试。在这个考试中获得高成绩，能让你有资格入围国家优秀奖项目。在十一年级，你应该考两个标准化考试：秋季的 PSAT 和春季的 SATI 考试。在你考完 PSAT 后，如果你的成绩很好，你就会收到很多学校邮寄给你的大学信息介绍。如果你有时间，开始研究这些资料并且让你自己熟悉大学提供的条件。如果这些材料信息不足，可以去学校的网页上查找。 开始考虑你要选择的大学。你可以在十一年级的春季考 SAT 或 ACT，不要失去这个机会。这样，在十二年级的秋季你可以有时间再次参加考试。同时，在春季学期，你应该考 1 ~ 2 门 SAT II（单科学术考试）。

续表

年级	安排计划	暑假安排	建议
十二年级	九月　在大学理事会网站注册 SAT 考试，其网址为：https：//sat. collegeboard. org/home，或者在 ACT 网站注册 ACT 考试，其网址为：http：//www. actstudent. org/。 收集大学奖学金，大学信息及财政资助信息。 在网络上开始大学申请更新个人简历。 参加大学信息会议。 十月　参加 SAT 或者 ACT 参加 SAT II 学科考试。 要求至少一位升学顾问和两位老师的推荐信。为他们提供你的活动清单。 准备早期决定 ED 和早期行动 EA 的申请材料（如果想进行早期决定和行动的话）。 开始写作并修改申请论文。 十一月　如果你在十月份没有考 SAT，这是你的最后期限。 提交早期决定 ED 和早期行动 EA 的申请。	在秋季所有学生返回学校之前，许多大学为即将入学的新生提供暑期活动。它为新生熟悉校园生活提供了非常好的机会。	这是你高中的最后一年！在这一年里，你必须完成几件事情，才能成功地在你选择的大学获得一个新生的位置。你要重新审视这几年的努力，确定你没有落掉任何一点信息。高中生活即将结束，你必须全力以赴做好你的准备。你要利用所有资源，你的学校和当地图书馆，收集大学信息，大学录取过程，奖学金和财政资助等。 如果你不能确定大学主修专业，没有问题！开始你的大学教育的理想之地是文理学院，这将为你显示更广阔的学术领域空间——在这些领域里，你将发现吸引你的东西。申请大学时，在主修专业一栏，你可以表明“未定”。 高中最后一年充满了挑战，学生不仅仅面临完成所有的高中课程，他们还必须在大学申请截止日前，完成全部大学入学的准备工作。即使

续表

年级	安排计划	暑假安排	建议
	请其他人阅读你的论文并继续修改它。送交你的提前决定或者提前行动申请（如果你想做提早申请）。在十一月底，与你的老师和升学顾问联系，确定推荐信已经完成。 十二月　在申请截止日期之前，将大学申请交给学校升学辅导老师。 一月　在一月一日之后，利用网络，递交财政资助申请表格。 二月和三月　与升学顾问联系，确定你的期中成绩被送到你申请的大学。准备你的家庭报税单。 四月　当你收到大学录取通知后，参加大学校园组织的接待活动。 五月　五月一日是“大学通告日”。所以，你要做好准备，将你的决定通知所有录取你的学校，并且将保证金交给你选择的大学。		是最有效率的年轻人，也会感到压力过大。父母要尽最大力量帮助他们——帮助整理大学文件，确保他们参加重要的活动，掌握最后限期，控制孩子的担心和焦虑。所以，为了提供这些支持，推荐给父母们，在高中最后一年里为孩子奉献更多的时间，与你的孩子共同度过这重要的时光。 三月，四月，五月和六月　你要关注大学对重要文件递交的截止日期，例如最后的学习成绩，免疫记录，学生宿舍的押金等，参加所有的新生会议，注册并参加学校组织的新生活动。

国际申请人注意要点

大学理事会高等教育副主席指出，在下一个十年，越洋寻求较高教育的学生人数可能增加至现在的三倍。好消息是，很多美国的学院和大学最近已经扩大对国际学生的招生数量，海外学生是美国所有名校要优先考虑的重要部分。因为学校想要他们的学生群体构成尽可能多元化，国际学生是多元化重要的部分。国际学生为校园带来了与众不同的思维、背景和文化传统。所以，在入学时，国际申请人被作为特殊案例对待。

评审时，大学招生部门将所有的国际学生申请档案放在一个篮子里相互做比较，而不是与出生于美国本土的申请人相比。大多数大学每年有录取国际学生的数额比例。需要知道的是，他们不仅要与世界其他国家的申请人相竞争，还要与来自相同国家和地区的人竞争。大学录取海外学生的目的，是要为大学创造多元文化，所以，每所大学都尽量避免录取太多同样背景的海外申请人。如果申请人来自印度或中国——这种顶尖大学每年收到大量申请档案的国家，将要比那些来自塞拉利昂和芬兰的申请人面临更大的竞争力。（注意，大学有他们自己特殊录取优先权和国际联系，所以，每所大学从世界各国家和地区录取的数字是不相同的）

招生官将在全局的范围内，评估申请人的背景、受教育史和国籍。并结合他们对外国生活、教育体制和文化准则的了解来评估。与那些出生于美国本土的高中生不同，大多数国家没有提供相同的课外活动和领导能力的机会。招生官们知道这些，并不期望国际申请人有与美国申请人相同的

课外活动成就，但像美国的普通申请人一样，他们将评估你是否充分利用了你所拥有的一切机会。有时，如果来自一个国家和地区的国际申请人过多，他们之间的竞争力就更大。例如近年来，来自中国的申请人数量巨增，被名校录取就变得更困难。另一个在国际申请人中可能存在的问题是财务状况。大多数大学不会给国际学生充足的财务援助，因此迫使他们挑选那些能够承担学费负担的学生，而不是那些更符合要求的学生。所以，如果你需要财务资助，可以考虑申请相对便宜的加拿大学校。

大学录取是一个费力的过程。即使是那些采取主动、有条理的、准备好了的学生，也需要对他们的申请、论文和财政资助表给予帮助。对来自其他国家的学生，大学申请的复杂性和过程就变得更加的艰难。作为一个国际学生来说，以下三个方面是必须注意的：

1. 课外活动的重要性　美国大学要寻找全面好的学生，仅仅分数是不够的。展示课堂之外你做过的任何事情，从义工，到兼职工作，或者演奏一件乐器。

2. SAT 成绩的重要性　除非你是在一个国际知名的高中读书，否则，大学很难认证你的学分。无论大学承认与否，他们都使用 SAT 来评估你未来在大学的学术能力。

3. 好的 TOEFL　考试成绩很重要　国际学生说英语的能力是要被详细审查的，因为它关系到你能否融入课堂和保持好的学习。大学想看到你有很强的英语能力。

申请美国大学对国际学生来说是一个困难的游戏。国际学生需要认识到，他们不能简单地从整体入学状况，去判断他们被录取的机会，因为大多数学校将国际学生的数量限定在学生总数 10%。即使大学不承认比例的限制，这些数字每年也不会有太大的变化，这就是所谓的实际比例。如果你看到一个学校的录取率为 20%，所录取的国际学生比例可能接近 5%——我们先不考虑与 80 多个不同国家的学生竞争的因素，你还要和来自你自己国家的学生竞争。学校可能收到 300 份来自中国的申请人文件，最终只接收两到三个！申请美国大学意味着全世界的竞争！

因此，学生不应该集中于“名牌”学校，这些名校有太多的国际学生申请人，而他们只接收极少数的国际学生。位于乡村的学校和东北部之外的学校，国际学生申请人比较少。研究一下《美国新闻和世界报道》中列出的文理学院，给这些大学更多的关注，比只关心常春藤名校等接收率极低的学校要更好。

下面的几点意见可能帮助你在全球竞争的申请中突显出来：

· 强调你的多元化背景　大学喜欢课堂有来自多个国家和多元文化的学生。

· 强调是什么让你与你学校里的其他学生不同，解释为什么你渴望去美国学习。

· 追求文学艺术教育　解释在美国，这种类型的教育意味着什么。美国的这类教育和以就业为目的、与你所在国家的大学提供课程的不同。

· 如果你不需要财政资助，请告诉大学！需要财政资助的国际学生被大学录取更加困难。

· 练习 ACT 和 SAT 考试，看哪一个更适合你。对国际学生来说，在很多时候，ACT 考试会获得更好的成绩。

找到适合你的学校，并了解每一所大学的具体要求。不要因为他的名字而申请一所学校。亲自参观几所你计划要申请的学校，确信能看到你自己在这里度过未来四年的时光。美国的教育不是国家所掌控的，所以，一所大学的入学要求可能与另一所大学有很大的不同，知道这一点很重要。你的学术证书在不同的大学将会得到不同的评估，你要熟悉这些差别。为了最大限度地增加你被录取的机会，在你的居住国，完成一个你要申请的大学在那里举办的学术项目，也是一个好主意。作为一个国际学生，除了满足大学对申请人的要求之外，你还要证明你的英语能力。

面试中常遇到的问题及回答

大学面试是你和大学相互了解的过程。面试帮助你了解你申请的学校是不是你所喜欢的，它是否适合于你，也帮助大学了解，你是不是他们要找的合适人选。如何准备面试？在面试之前，申请人要回顾你感兴趣的事情，这是做面谈的人最想知道的。你是如何探索和追求你感兴趣的事，准备好去讲它。你每天读的报纸，书籍，你参加的学校俱乐部活动，做面试前，应该大声地自己练习几遍。放松紧张的情绪，把面试看成一次陈述你兴趣的简单谈话。

大学通常采用三种不同的面谈形式，校友、招生官和在校就读的学生。大多数学校采用校友面谈，他们多是工作在美国和世界各地的大学校友，在工作之余帮助学校完成面试新生的任务。大学招生人员也在大学校园和高中面试学生。最近几年，一些大学也采用在校的高年级学生帮助承担面试的工作。在面试前，大多数面试官只知道申请人一般和简单的情况，并不清楚申请人的学业成绩，分数，推荐信或申请文章。所有的面谈要求严肃认真，不涉及候选人的申请情况，不谈论候选人的个人隐私和不涉及其他人的情况。

如果你申请的学校为你提供了面谈机会，并且为了方便将面谈安排在你所住的地区，你就应该接受邀请。谢绝面谈对申请人是非常不利的。如果你所在的地区和城市没有这些面试条件，面试一项就可以免除。大学通常派代表去美国各大区和主要城市及世界主要招生地区去面试学生。

预先做好面谈的准备

面谈对大学录取很重要，对申请人也非常重要。面谈是强化你在申请中的陈述和展示你自己的机会。要做好面谈，你需要对面谈中可能会被问到的问题做充分的准备，知道如何表现你自己才能让自己和面试官满意。也就是说，你应该分析你可能遇到的问题，按照实际的情形做演练。这样做的目的是避免面试时的紧张，避免忘记重要的细节，尽量让面试在轻松的氛围中顺利进行。

一些申请人担心和害怕面谈，对自己没有信心。他们常常对面试抱有侥幸心理，试图用微笑和和善的表现顺利结束面试。其实，这是一个非常正面地表现自己和对你的大学申请做最后努力的机会。要对你自己定一个更高的标准—— 一定要达到最好的结果。利用面试加强你在申请文章中和推荐信的陈述。

面试的时间通常在 20 分钟到 60 分钟之间。面试开始的前几分钟可能不会切入正题，但却是面试官对你形成印象的关键。因此，尽最大努力表现出自信和轻松。然后，在深入进行谈话前，回答开始提出的问题。在面试前，要熟悉你要做面试的学校，除了准备回答面试官可能提出的问题外，你也要预先准备几个你要向面试官提的问题。面试中试着让自己放轻松。面试应该是你人生中一个很好的经历。面谈的内容一般包括以下几个方面：

学术生活和兴趣：在高中你喜欢什么科目？为什么？你不喜欢的科目是什么，为什么？你在高中最喜欢和最不喜欢的是什么？在高中阶段你的学习是如何进步的？你在高中遇到的最大挑战是什么？你最喜欢和最不喜欢的老师是谁？为什么？你最大的学术成就是什么？你最大的学习失误是什么？你是如何看待，比较你和你的高中同学的学术表现和努力的？你的高中成绩是否准确地反映了你的学习能力？如果从新开始你的高中生涯，你会做与现在不一样的事吗？

大学和未来的目标：你为什么想上大学？你为什么要申请这所大学？当你进入大学后，你最希望看到的是什么？你衡量大学最重要的标准是什么？如果你不能上大学，你想做什么？你喜欢的大学专业是什么？你未来

的职业目标是什么？我们学校如何能帮助你实现你的目标？你人生中最重要东西的是什么？

个人生活：介绍你自己，包括你的家庭背景和成长经历。你的朋友是如何评价你的个性的？你喜欢读什么书？为什么？你最近（不包括课堂要求）读了什么书？对你影响最大的书是什么？怎样影响你的？你最喜欢的作者是谁？为什么？你经常读什么杂志和报纸？为什么？你最喜欢哪一部分？你最喜欢看哪一部电影？为什么？你最喜欢的电视节目是什么？如果你是美国总统，在公众面前你最想讲的一件事是什么？你是怎样度过你的课余时间的？你最喜欢和最有价值的活动是什么？对你人生影响最大的人是谁？你崇拜的英雄是谁？为什么？你最大的个人成就是什么？你的失败是什么？为什么我们要接受你？

课外活动：你最喜欢的活动是什么？你在课外活动中最大的贡献是什么？请举出一个在活动中你做为领导者的例子。请举一个在活动中展示你的团队精神和合作精神的例子。你是一个领导者还是追随者？在过去几年中，两者是如何转换的？在课外活动中，你最大的成功是什么？失败是什么？如果给你机会做一项活动，你将选择和朋友，陌生人，你的家人一起做，还是你独自一人去做？事后想来，有任何高中的活动你想要做但却没有做的吗？

下面是一些在面试中最常出现的问题及回答建议。同时给出英文问题，仅供参考：

1. **这个夏天你做什么了？** What did you do this summer?

在回答这个问题时，即使你在这个夏天什么也没有做，也不能直接回答："我玩了很多游戏。"试着回答那些你已经做过的，并从中学习到了一些经验的事情。

2. **你做得最好的事情是什么？** What do you do best?

回答这个问题可以有很多方式。但是，面试官想要听到的回答是，你是如何看待你的才华的。这个才艺并不一定出现在你的大学申请中，无论你是乐队的第一小提琴手，还是你在家里做的拿手菜，或者是你能在肥皂上雕刻出一只小动物，都是最好的回答。面试是一个机会，将那些没有写在申请材料中、你的另一面展示出来。

3. 你希望大学毕业后做什么？ What do you hope to do after graduation?

很多高中生对未来要做什么没有一个明确的目标，没有关系。你可以用一个设想来回答这个问题。你可以说你还不能确定你的职业目标，但是，试着给出几种可能。

4. 你为什么要上大学？ Why do you want to go to college?

这是一个涉及面很宽的问题，可能让你感到惊讶。为什么上大学？这很容易让你想到物质利益（我想要一个好工作，赚很多钱）。回答这个问题时，将谈话的内容集中到你的学习计划上，你具体的职业目标，没有一个大学教育是不可能的。

5. 你是如何定义“成功”的？ How do you define success?

这是另一个你要避免的物质问题。成功意味着你为世界做的贡献，不是你的钱袋子。

6. 你最钦佩的人是谁？ Who do you most admire?

这个问题的重点是，你所钦佩的这个人是谁并不重要，重要的是为什么你钦佩他？面试官想要看到的是，你看待别人最有价值的特征是什么？

7. 你最大的弱点是什么？ What is your biggest weakness?

这是一个普通的问题，也是一个比较难回答的问题。太过诚实的回答可能是危险的（例如，我总是把我的文章拖延到最后一刻才开始写）。但是，回避地回答，或者是在努力地表现自己的优势（例如，我最大的弱点是我有太多的兴趣，我不得不努力地工作），又可能让面试官不满意。在回答这个问题时，要诚实，同时又不伤害到你自己。面试官是想了解你是如何看待你自己的。

8. 告诉我关于你的家庭。 Tell me about your family.

当你做大学面试时，像这样的问题能够帮助你很容易地进入谈话中去。试着详细地描述你的家庭。讲述一些他们有意思的怪癖或趣事。通常，尽可能地加以描绘——你想表现你自己是一个有趣的人，不是一个过于严肃的人。

9. 让你与别人不同的是什么？ What makes you special?

或者面试官也可以问：“是什么让你与众不同？”这是一个比较困难的问题。做一项体育运动或者得到好的成绩，是很多高中生做过的事，这些

成就是不能用“特殊”或“唯一”来表达的。试着用这些成就之外的、真正能代表“你”的事例来回答。

10. **你认为我们学校能够给你提供些什么其他学校不能提供的？** What can our college offer you that another college cant?

这个问题与问你为什么你要进某所具体的大学有些不同。在做面试之前，你应该对你要面试的大学特点做些研究和了解。在学术方面有哪些特殊之处？学校第一年有哪些特殊的项目？是否提供其他学校里没有的合作课程或者实习机会？

11. **在大学，除了上课之外，你还计划做些什么？** In college，what do you plan to do outside of the classroom?

这是一个相对简单的问题。但是，你需要知道大学里存在的课外活动的机会。例如，如果学校没有无线电台，你却说你想要去主持一个电台的节目，听起来就是一个很笨的回答。面试官的这个问题，是想了解，你能为大学的校园贡献些什么。

12. **用三个形容词来形容你自己？** What three adjectives best describe you?

避免使用平淡的或者常见的词，如“有才智的”“有创造性的”和“好学的”这类词。面试官更可能记住一个学生的是“笨拙的”“着迷的”“抽象的”一类词。试着找出其他申请人没有说的词。

13. **你认为最近的重要新闻是什么？** What do you think about the latest news headline?

面试官的这个问题，是想了解你是否知道世界发生的主要事件，你是否对那些事件有所思考。你对那些事件持什么样的立场并不重要，重要的是你知道它并且思考过。

14. **你心目中的英雄是谁？** Who is your hero?

这是一个很多面试都要问的问题。你的英雄不一定是某些著名的人，例如一位总统或是一个体育明星。面试之前，花几分钟思考一下，你最钦佩的人是谁，为什么你钦佩那个人。

15. **你最钦佩的历史人物是谁？** What historical figure do you most admire?

这是一个和上个问题相类似的问题。你不需要有明显的选择如林肯或甘地。如果你知道得更多，你可以教面试官了解更多的知识。

16. **在高中的经历中，对你最重要的事情是什么？** What high school experience was most important to you?

这个问题，面试官要了解的是你在高中最有意义的经历和你是如何回溯高中生活的。确定你能够表达清楚为什么这个经历对你是重要的。你取得今天的成就，对你帮助最大的人是谁？面试官想要知道的是，你是如何承认和感激那些帮助过你的人。

17. **你取得今天的成就，对你帮助最大的人是谁？** Who most helped you get to where you are today?

这个问题比回答一个“英雄”或是“你最钦佩的人”的问题稍有难度。面试官想要知道的是，你是否有感恩的心。

18. **请告诉我一些你的社区服务**。Tell me about your community service.

很多有竞争力的大学申请人都做过一些社区服务。然而，也有一些申请人只是简单地做一下，为了在大学申请中添上一条。如果面试官问你有关社区服务，是要了解你为什么做这项工作，这项服务对你意味着什么。思考你做过的工作对你有什么帮助，你从这项工作中学习到了什么，它又是怎样帮助你成长为一个成年人的。

19. **如果你有一千美元要给出去，你将要用它做什么？** If you had a thousand dollars to give away，what would you do with it?

这个问题是要看你的激情是什么。无论你是否要捐献给某一慈善事业，都在很大程度上反映了你的价值观。

20. **在高中，你遇到的最具挑战的科目是什么？** What subject in high school did you find the most challenging?

即使你是一个全A学生，你也会遇到有的学科比其他的学科更难的问题。面试官有兴趣知道对你有挑战性的是什么，你是怎样解决这些挑战的。

21. **介绍一下你自己**。Tell me about yourself.

这个问题看似很简单，你怎样用几句话来介绍你自己的全部生活呢？避免使用普通的回答，例如“我很友好”或“我是个好学生”。当然，你想表现你的友善和好学，在这里也不妨试图去说一些特殊的、让你区别于

其他大学申请人的事情。

22. **你为什么对我们的学校感兴趣？** Why are you interested in our college?

回答这个问题时要尽量详细，表明你已经做过研究。同时，也要避免诸如“我想要赚很多钱”或者“从你们的大学毕业能得到好工作”之类的话。你要突出你的天赋和兴趣，不是你对物质的欲望。从自己的认识出发，谈谈这所学校与其他学校的具体区别。

23. **关于我们学校，你还需要了解些什么？** What can I tell you about our college?

在面试时，面试官一定会为你提供提问的机会。你也要准备几个问题，并且，这几个关于学校的问题是你经过仔细思考的。避免“申请截止日期是什么时候”或者“你们学校有多少专业”之类的问题。这些信息让人提不起兴趣，你在学校的网页上就能够找到。提一些有深度和焦点的问题：“你们学校的毕业生认为在他们的四年学习中，最有价值的是什么？”“我看到，你们提供一个各学科间相互关联的专业。你能告诉我更多的信息吗？”

24. **在你的生活中，对你影响最大的人是谁？** Who in your life has most influenced you?

你可以把这个问题理解为“你心目中的英雄是谁？”“你最喜欢的历史人物是谁？”相同一类的问题。如果你没有准备，这可能是个比较难回答的问题。所以，在回答之前，花几分钟考虑一下。找出几个真正的历史人物，充分表达清楚为什么你钦佩他们。

25. **为什么你想学习这个专业？** Why do you want to major in ________?

当你在申请大学时，你不需要马上做出你的专业决定，如果你说，你有很多兴趣，在最后选定一个专业之前，你还需要学更多的课程，面试官也不会感到失望。但是，如果你已经选择了一个你将要学习的专业，你就要准备解释一下为什么。避免说，你想要学习这个专业，因为你想要赚钱——你对一个科目的兴趣将让你成为一个好的大学生，而不是贪欲。

26. **你能给我们的大学校园带来什么？** What will you contribute to our campus community?

你应该尽量详细地回答这个问题。一个“我会努力地工作”的回答听起来就很平淡和乏味。想一想，是什么让你与众不同。你确实能带给学校什么，让校园具有多样性？

27. **告诉我一个你所战胜的挑战**。Tell me about a challenge that you overcame.

这个问题是要看你过去解决过的问题。当你遭遇挑战时，你是如何处理这种情况的？大学里将充满了挑战，所以，大学想要确定，他们招收的学生能够处理这些挑战。

29. **你是如何有趣地度过你的空闲时间的？** What do you do for fun in your free time?

“玩游戏”是对这个问题很无力的回答。很明显，大学生活并不全部是做作业，所以，大学招生人员希望他们的学生在他们不学习时，做他们有趣和有效率的事。写作？徒步旅行？打网球？用一个词就是，你能够表明你是一个有多种兴趣的全面的学生。

30. **十年之后的你将会做什么？** What do you see yourself doing 10 years from now?

如果你遇到这样一个问题，你不需要假设你未来的生活图形。很少有学生在进入大学时就能准确地预见他们未来的职业。然而，你的面试官的确想要知道你未来的打算。如果你能够看到你自己做三种不同的事情，诚实地，敞开思想地说出来，将引来别人的赞同。

31. **你的高中成绩记录能准确地反映出你的努力和能力吗？** Does your high school record accurately reflect your effort and ability?

在面试或你的申请中，你常常有机会对一个“不太好的成绩”或一个“不好的学期”做解释。做这件事时需要小心——你不想成为一个抱怨者或者因为一个低成绩而责备别人。然而，如果你真的有正当的理由，应该让大学知道。

32. **请向我推荐一本好书**。Recommend a good book to me.

通过这个问题，面试官试图完成几件事情。第一，是否你真的读过那么多书。第二，要求你运用批判性思维的技巧，清楚地表达“为什么”一本书是值得读的。第三，你的面试官可能得到了一本你推荐的好书！

33. 如果你可以改变你在高中做过的一件事，那件事是什么？ If you could do one thing in high school differently，what would it be?

这个问题可能将你带回到你所犯过的错误和后悔中去。试着从正面来回答。也许你对从事一项活动或者音乐感到好奇。也许你想要试一试学生报纸。也许，回想一下，学习中文可能比学西班牙语对未来的职业更有帮助。一个好的回答能够显示，你在高中期间，没有时间去探索你感兴趣的每一件事。

面试的服装准备

大学申请面试的服装与工作面试稍有不同，不需要穿戴得太过正式。只要穿着得体，干净利落，整洁大方，像个校园里的学生就可以。不要穿牛仔裤，短裤，T恤衫，或穿过于暴露的服装。不要喷洒香水，不要戴帽子、墨镜，穿不整洁的衣服，或穿宽松的沙滩鞋。男孩子如果戴领带，你的领带要在中央，领结要拉紧在领口下方，而不是松松地挂在胸前。女孩子如果穿裙子，裙子不能太短，不能短于膝盖部位，衬衫不能太紧，不能露出肚脐。如果化妆，不要太过妖艳，可以化淡妆。

需要注意的几点事项

确定你知道面试的准确地点。如果是在市区，停车位可能是个问题，所以，应该事先问清楚，以免浪费时间。稍微提早一些到达指定的地点，让你有时间去洗手间准备一下你的着装，也有时间镇定你自己。

随身携带一份大学申请材料和履历复印件备用。也要带好面试官的姓名和电话以备用。

你的面试目的是回答面试官的问题，支持你的大学申请和表现出对大学的兴趣。面试官知道，面试对大多数高中生都是人生的第一次，表现出情绪紧张是很正常的。在面试中，尽最大努力保持微笑和镇静，与面试官握手致意，说话和回答问题时，要注视对方的眼睛和面部表情。当面试官示意你时再坐下。不要将你的东西放在面试官的桌子上。不要抽烟，吃喝东西。身体要坐正，放松，不要左顾右盼，表现出心神不宁。不要拨弄首饰、手机和个人物品，不要嚼口香糖。不要将双手抱在胸前或放在脑后。

保持你的声调清楚，有活力，用正常的语速说话，不要急，语速快常常意味着紧张和缺少信心。

面试时要保持乐观和正面的态度，强调你的强项。不要抱怨和倾诉任何人，任何事情。

诚实。说话坦诚，回答问题不能说谎。但诚实不意味太直率。通常，面试官并不掌握你大学申请的全部情况。如果面试官不过问，不需要主动提供自己负面的信息和考试成绩。呈现真实的你自己。不要为了给面试官留下好印象而去刻意模仿他人。很少有人能成功地做到这一点。

采取与面试官相似的态度。如果面试官比较严肃，避免开玩笑。如果面试官表现轻松愉快，你也不必表现出一本正经。对面试官要恭敬，但也不要表现出过分的恭顺。要称呼面试官的姓氏，不要直呼其名，除非你被要求那样做。

将面试看作一次谈话。一个好的面试就是一场你来我往的谈话。如果谈话出现了停顿，考虑你是否对问题做了完整的回答。

表现对面试的兴趣。不要看手表或表现厌倦，无论谈话进行多久都没有关系。

面试结束，不要问面试官对你的印象如何，这会让人很尴尬，也让人感觉你不成熟，不机智，对你的成功与否没有任何的帮助。

在面试结束之前，面试官经常会问你，是否有什么问题要问。如果你没有提出任何问题，给人的感觉是，你没有做好要准备的功课，或者对学校是否录取你不感兴趣。提问让你有机会表现你对学校有了解和你对未来教育的主动态度。事先应该准备两到五个问题去提问。

如果面试地点是在餐馆或咖啡厅，要注意的几点是：

如果你提前到达，在餐厅的入口处耐心等待面试官，不要自己先坐在桌前。

得到面试官示意之后再坐下。

你来的目的是要与面试官谈话，而不是享受美食，因此，选的食物不要太多太贵。选普通的简单易吃的饮料或食物。避免选用那些需要用手或吃起来很脏的食物。不要选任何酒精饮料。不要对任何食物或者服务及装饰评价。对餐馆的服务生要有礼貌。

面试后要注意的几点：

面试结束之后你需要做几件事。首先，简单地总结一下自己，哪些做得好，哪些地方做得不够，为什么。这将帮助你做好其他学校的面试。

第二，给面试官发一封简短的信，表示感谢。必须提醒的是，面试官的姓名一定要拼写正确。在面试结束前，记住向面试官索要一张名片以备需用。

面试中常见的十个错误

在你进入面试的房间之前，确定你对普通的面试问题有了答案。记住，大学面试在你的申请中可能不是最重要的部分，但是，如果你表现得好，它能够帮助你。不好的表现能够降低你被录取的机会。

1. 迟到

你的面试官是很忙的人。校友面试官可能是全职人员抽出时间来为你做面试，大学面试官常常将要面试的学生排好了时间表。你的迟到打破了他们的时间表，并且显示出你的不负责任。

2. 不合适的着装

非正式的职业装是最安全的着装，主要是看起来要整洁配套。如果你穿着牛仔裤去面试，看起来好像是你不太在乎。

3. 面试中很少说话

你的面试官想要了解你。如果你用“是”“不是”或者哼声来回答每一个问题，你就不会感动任何人。也不能展现出你能贡献给大学校园你的聪明智慧。

4. 一个准备好的讲话

在面试中，你要真实地表现你自己。如果你已准备好了问题的答案，可能听起来会有些虚假或不诚恳。

5. 嚼口香糖

是个让人分心和令人讨厌的行为。

6. 带上你的家长

面试官想要了解的是你，不是你的父母。如果你的父亲代替你问所有的问题，很难看出你有足够上大学的成熟度。

7. 表示没有兴趣

有些学生可能会说，面试是件轻而易举的事儿。一个“你是我的后备学校”，或者“是我的父母要我申请这所学校的”，是在面试中丢分的简单方式。

8. 对申请的大学没有充分的了解

如果你提出的问题是在学校的网页中能够轻易找到答案的，就给面试官传递了一个信息，你没有对你申请的学校给予足够的关心，没有认真地做研究。你可以问一个已经知道的问题：“我对你们的荣誉项目感兴趣，能告诉我更多有关它的信息吗?”

9. 说谎

一些学生在面试中，捏造一半事实或者夸大事实，的确让他们自己陷入麻烦之中。

10. 行为粗俗无礼

良好的举止走得远。握手，称呼面试官名字，说“谢谢”。如果你的父母在等候室里，介绍你的父母。事后发一个感谢的短信。

选择大学需要考虑的几个因素

在做决定之前，你需要正确地评估自己的各项指标和自己向往的大学录取要求，上一年你所在高中的录取率等，将自己的目标缩小到9～10所大学，根据个人的情况，可以多，也可以少。如果你已经花时间做好了功课，做这个选择并不困难。记住，每一所大学的申请费用都在$75左右。无论你怎样选择，你最终决定要申请的大学一定要包括三个原则：

三到四所安全学校

两到三所可能学校

两到三所梦想学校

安全学校——是你非常有把握被录取的学校。可能学校——是你有50%把握能够被录取的学校。梦想学校——是你有可能被接受，但是却完全没有把握的学校。

如何能知道自己有多大可能被录取呢？一个比较好的方法，是看这所学校最近一年录取新生的统计数字。看GPA和SAT考试分数的统计图表和录取的新生高中年级排名表，看平均值和中间值。用这些新生的数字比较你自己。如果你的成绩和分数低于平均值，那么，这所学校就是你的梦想学校。如果你的成绩和分数达到中间值周围，这所学校应该是你的可能学校。如果你的成绩和分数在1/4以上，这所大学就是你的安全学校。需要提醒的是，对众多的合格申请人来说，精英大学拒绝的学生比率非常高。因此，这些统计数字也只能在申请时提供参考。如果你的成绩达到大学统计数字的中间值，你就必须向大学展示你学术之外的其他成就，及特殊才能或体育技能等，这样会增加被录取的机会。

为了保险和防止最终没有学校可以去，建议至少要申请两所安全学校，这两所学校的申请不是你随意发出去的，也不是为了满足学校升学顾问的要求而写进去的，是你真正喜欢去的。因为在申请大学时，意料之外的事情常常会发生。很有可能你将进入这些学校，所以，应该提前去参观这些学校，同梦想学校一样充满热情地去考察它们。

尽早进入申请大学的程序，避免在最后申请期限时出现手忙脚乱。在选择大学时，不要过分看重大学排名。大学排名不能帮助你决定哪一所大学更能够适合你，你要根据自己的情况和需要来做出选择。此外，很多综合性大学下属几个本科生学院，有些学院的入学录取比其他学院相对容易一些。你不应该为了录取相对容易，而选择你本不打算学习的专业。大学常常只允许你选择一个专业。通常来讲，从一个学院转到另一个学院并不是件容易的事，特别是在两个专业和项目不相关的情况下。如果你对所学习的专业没有兴趣，也很难有出色的学习成绩，而对转学生的评估就基于你第一年的大学学术能力。

在选择大学时，除了大学排名，还需要考虑很多其他的因素，如学校规模的大小，是公立还是私立，学校的使命和教育理念，学校拥有哪些最强学科，甚至教授与学生的比率，学校的位置（城市或郊区），学校所拥有的学生团体及活动等。其中重要的是学校的规模。大学的规模，从只有几百名学生的小学校，到有五万人以上的大学。无论大小都各有特点，不同程度上影响你的学术和社交生活。所以在申请之前，应该花点时间去参观一下学校。大学校提供给学生丰富的课外活动项目，也给你在四年中认识更多的新人创造机会，如果你想丰富你的社会关系，让你的大学生活不枯燥，大的学校应该是个很好的选择。大学校通常招收更多的研究生，可能更加重视研究生教育。综合性大学通常为学生提供更多可供选择的课程和专业。需要注意的是，很多在大学目录中列出的课程，并不是向所有的学生开放的。很多大学课程虽多，但一些课程只限于适当专业的学生。为防止学生因为有限的座位而发生争执，专业之外的学生参加某些课程的活动也受到限制。

大学校提供更多的课外活动。因为有一个相对大的学生群体和众多的个人兴趣，也会有更多的学生组织。但同时，由于大学校园里学生人数多，你想进入学校的体育队，或想在学校报纸做编辑就更加困难。

在大学校里，你要有自我管理的能力。主动与教授交流，在没有任何人帮助的情况下主动学习。主动寻找机会，而不是等待机会出现在你的面前。一个活跃积极的个性是在大学校生存的关键；被动和懒惰的学生在一个大学校里可能失去学术的兴趣和社交能力。

在规模较小的学校里，学生之间关系更加紧密。一个只有几千人的学校，你可能更容易结交朋友和熟悉新的面孔。很多小的学校更重视学生的本科教育。在一些没有研究生院的小大学，你将会有更多的机会与教授和学校工作人员接触，因为由教授亲自授课而不是依赖于研究生。学校课堂里学生和教授比例较小，能得到更多的注意和关照。

与规模较大的学校相比，小的私立大学通常提供的课程和专业比较少，但小学校常提供给学生比较自由的选课机会。也让学生更多地卷入学校的课外活动，特别是那些没有经验的生手，因为在一个组织和群体中，一个职位的竞争并没有那么激烈。但是，课外活动的数量可能会受到限制。所以，应该依照自身喜好选择适合自己的学校。以下几点可作为选择学校时的参考：

1. 大学的学术声誉——大学通常因为它们的一些最重要的学科而著名。你的目标是将你的学术兴趣与提供这个专业最好的大学相匹配。

2. 学术辅导教师——对新生来说，学术辅导老师是你在大学可利用的最重要的资源。学术辅导老师帮助制订你的学习计划，也提供你需要的其他方面的服务。他们要确定你修的学位所要求的所有课程和学分，保证你能够按时毕业。

3. 毕业率——毕业率告诉你，在一所大学里，有多少学生在四年或者六年毕业。从这个比率可以看出大学提供给学生满足学位要求的条件。

4. 费用——大学费用是要认真考虑的。所有大学都有各类财政资助项目，帮助你满足入学花费。需要提醒的是，如果你需要贷款来满足你的财务需求，你就应该考虑选择自己有支付能力的学校。

5. 校园生活——在大学里，学生用在教室里的时间相对比较少。你的大部分时间是在图书馆，实验室，宿舍，学生活动中心，自助餐厅，以及其他学生聚集的地方。因此，当你参观校园时，去这些地方体会一下你的感觉。

6. 男女同校或男女分校的学院——大多数的大学是男女同校，然而，一些学生也喜欢男女分校的学校，一般说来，男女分校学校的学生毕业率高一些。

7. 学校的位置——你想住在学校校园里还是住在家里？你是否想去另一个州上学？你喜欢乡村生活，郊区，还是都市环境？你喜欢寒冷的气候吗？这些只是你在选择大学位置时自己需要回答的问题。

8. 多样性——很多大学非常多样性（种族、宗教、性别等）。而有些大学则比较单一。无论你选择什么环境，重要的是要知道，大学包容和尊重所有入学的学生，对它的学生，管理人员和教职人员有同样的要求。在参观校园时，向工作人员、学生及校友直接提出你的问题。学校报纸也是了解校园风气的一个窗口。

9. 规模——规模从小、中、到较大的学校，都有不同的优势。小大学提供更多的个性化经历。而大学校提供更多的各类学术选择，体育和社交事务。重要的是你感觉最舒适的是什么。

常用大学搜索网站

www. campusexplorer. com	大学规划和搜寻
www. collegenet. com	大学搜寻和财政资助信息
www. mycollegeguide. org	大学搜寻/参观大学网站
www. petersons. com	大学主修科目及财政资助搜寻
www. privatecolleges. com	私立学院及大学搜寻
www. todaysmillitary. com	军事学院搜寻
www. usnews. com/rankings	美国新闻及世界报告“最好大学排名榜”

——标准化考试及准备网站——

www. actstudent. org	ACT 考试准备及注册信息
www. sat. collegeboard. org	SAT 考试注册及信息
www. princetonreview. com	普林斯顿考试复习网站
www. kaplan. com	卡普考试复习网站
www. freevocabulary. com	SAT 5000 单词

——财政资助及奖学金网站——

www. collegeboard. org	大学理事会综合信息搜寻
www. fafsa. ed. gov	联邦学生助学金申请指南
www. fastweb. com	奖学金搜寻

www. finaid. org	大学费用及财政资助评估
www. uncf. org	6000 种以上奖学金

安全——美国“校园安全法案”（1990），要求所有高等教育机构都要收集和做出“校园犯罪”公开统计数据，请参考 http：//ope. ed. gov/security/可以查阅任何一所学校校园的犯罪统计数据。

图书在版编目（CIP）数据

常春藤之约：看一个华裔家庭如何拼妈/李丽萍著．—北京：中国文史出版社，2016. 11

ISBN 978－7－5034－8532－9

Ⅰ. ①常…　Ⅱ. ①李…　Ⅲ. ①家庭教育—通俗读物
Ⅳ. ①G78－49

中国版本图书馆 CIP 数据核字（2016）第 269150 号

责任编辑：殷　旭

出版发行：**中国文史出版社**

网　　址：www. chinawenshi. net

社　　址：北京市西城区太平桥大街 23 号　　邮编：100811

电　　话：010－66173572　66168268　66192736（发行部）

传　　真：010－66192703

印　　装：廊坊市海涛印刷有限公司

经　　销：全国新华书店

开　　本：16

印　　张：19　　　字数：292 千字

版　　次：2017 年 1 月北京第 1 版

印　　次：2017 年 1 月第 1 次印刷

定　　价：45. 00 元